汽车电气系统故障诊断与维修

主　编◎李黎华
副主编◎朱翠艳
参　编◎牛光辉　杨　盟

電子工業出版社
Publishing House of Electronics Industry
北京·BEIJING

内 容 简 介

本书基于工作过程系统化的方法编写，在企业真实工作任务中融入相关知识点和技能点，内容分为汽车灯光系统认知和检查、汽车电气系统认知与常用导线修复、汽车基本电路识读与故障检测、汽车电子控制延时电路识读与故障检测、汽车占空比控制电路识读与故障检测5个学习单元。本书突出专业重点，重视细节，主要以上汽大众和华晨宝马等常见车型为例，介绍汽车电气系统的结构组成、电路控制和工作原理，汽车电气系统常用检测工具的使用，以及汽车电气部件及简单控制电路的检测与维修策略。本书图文并茂，充分展示了汽车电气系统的结构原理和操作细节。同时，对于重难点内容配有相应的教学视频，扫描相关二维码即可观看。图文与视频相结合的方式，可以更好地提升学生的学习效果。

本书适合职业院校汽车运用与维修专业的学生学习，也可作为培训教材供广大汽车维修从业人员阅读。

图书在版编目（CIP）数据

汽车电气系统故障诊断与维修 / 李黎华主编. —北京：电子工业出版社，2024.4
ISBN 978-7-121-47711-9

Ⅰ. ①汽…　Ⅱ. ①李…　Ⅲ. ①汽车－电气设备－故障诊断②汽车－电气设备－车辆修理　Ⅳ. ①U472.41

中国国家版本馆CIP数据核字（2024）第077379号

责任编辑：张镨丹
印　　刷：三河市良远印务有限公司
装　　订：三河市良远印务有限公司
出版发行：电子工业出版社
　　　　　北京市海淀区万寿路173信箱　邮编　100036
开　　本：880×1 230　1/16　印张：15　字数：336千字
版　　次：2024年4月第1版
印　　次：2024年4月第1次印刷
定　　价：45.00元

凡所购买电子工业出版社图书有缺损问题，请向购买书店调换。若书店售缺，请与本社发行部联系，联系及邮购电话：（010）88254888，88258888。

质量投诉请发邮件至zlts@phei.com.cn，盗版侵权举报请发邮件至dbqq@phei.com.cn。

本书咨询联系方式：（010）88254549，zhangpd@phei.com.cn。

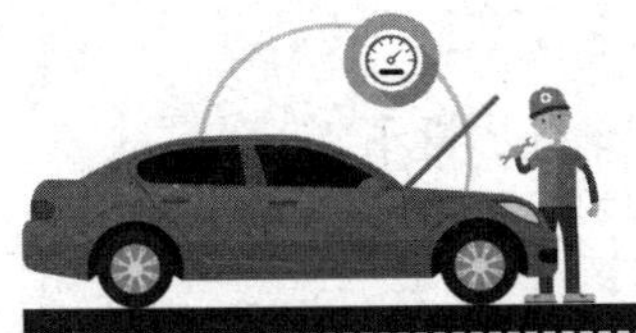

前 言
PREFACE

为深入贯彻全国职业教育大会和全国教材工作会议精神，教育部办公厅印发了《“十四五”职业教育规划教材建设实施方案》(以下简称《方案》)。《方案》强调，规划教材建设要突出重点，加强公共基础课程和重点专业领域教材建设，补足紧缺领域教材，增强教材适用性、科学性、先进性。《方案》还强调，规划教材编写应遵循教材建设规律和职业教育教学规律、技术技能人才成长规律，紧扣产业升级和数字化改造，满足技术技能人才需求变化，依据职业教育国家教学标准体系，对接职业标准和岗位（群）能力要求。

本书以汽车维修企业的典型工作任务和工作情境为载体，基于工作过程系统化理念和活页式理念进行编写。通过前期对汽车维修企业的岗位能力进行广泛深入的走访调研，本书有机融合了汽车维修企业岗位技能要求、全国职业院校汽车机电维修项目技能竞赛、“1+X”汽车运用与维修职业技能等级证书标准的有关内容，实现了“岗课赛证”的融通，提高了教材的实用性。本书分为汽车灯光系统认知和检查、汽车电气系统认知与常用导线修复、汽车基本电路识读与故障检测、汽车电子控制延时电路识读与故障检测、汽车占空比控制电路识读与故障检测 5 个学习单元。各学习单元的设计源于企业的真实工作任务，每个学习单元都以汽车维修企业典型的工作任务为载体，按照“情境引入—知识与技能储备—计划与决策—任务实施—任务评估—任务反思”的工作过程展开教学，同时为了保证教学的有效性，每个学习单元都制定了具体的三维学习目标。

本书依照“汽车工匠”成长规律和我国汽车发展史，从劳动态度、劳动精神、工匠精神出发，顶层设计了以爱岗敬业、安全规范、精益求精、创新发展、民族自信为主线的课程思政环节，并以“思政园地”的方式，循序渐进地讲述思政主题故事，不断提升学生的职业认同感。

全书的学习单元按照由简单到复杂的顺序编排，每个学习单元又是相对独立的，使用者可以灵活方便地对内容进行组合、增减和更新，在教学上具有很强的灵活性。教材的开发者也可以根据汽修技术发展和产业升级情况灵活地对本书中所涉及的工作任务进行单独更新和优化组合，以解决传统教材修订周期长的问题，进而提高本书反映新知识、新技术、新工艺、新标准、新岗位的时效性。为贴近实际操作，本书中出现的汽车电路图均以汽车制造商公开的资料为准，遵循不同制造商的电路图绘制特点。

本书由北京市昌平职业学校的李黎华担任主编，朱翠艳担任副主编，参与编写的老师还有牛光辉和杨盟。其中，李黎华编写学习单元 1、学习单元 5；朱翠艳编写学习单元 2；牛光辉编写学习单元 3；杨盟编写学习单元 4。李黎华负责全书的统稿和定稿工作。

由于编者水平有限，书中难免存在疏漏和不足之处，敬请广大读者批评指正。

编　者

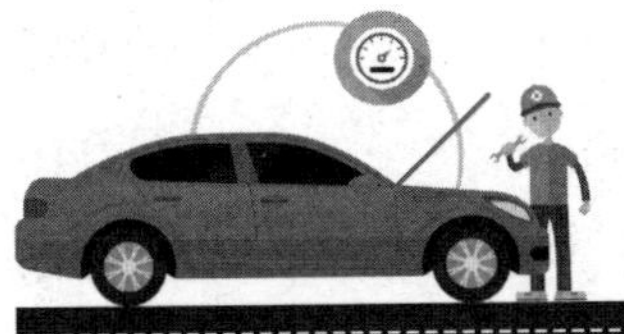

目 录
CONTENTS

学习单元 1

汽车灯光系统认知和检查——对车辆进行车灯测试

思政园地

爱岗敬业

学生：老师，这个专业是父母替我选择的，不知前景如何？

老师：据公安部统计，截至 2023 年 9 月底，全国机动车保有量达 4.3 亿辆。而每辆车定期维护保养的规范一般为 5000～10000km/5 个月，所以每辆车一年至少维护保养两次，全国机动车一年的维护保养量高达 8.6 亿次以上。所以，汽车服务业一直被业界称为汽车产业链上最大的利润来源。同时，汽车服务业的市场十分稳定，具有巨大的发展潜力，“只要车在路上跑，汽车维修人员就不会轻易失业”。

规范的车辆维护保养可以降低油耗，降低汽车故障率约 30%；保持汽车良好的技术状况可以降低交通事故发生率达 5%～10%。汽车维修人员作为“汽车医生”，精心维护好每一辆车，是对车主、社会的最大贡献。

分享一个专治车辆疑难杂症的“名医”——魏俊强的故事。魏俊强，我国汽车维修界数一数二的人物，曾获北京市十大能工巧匠、首都楷模、全国劳动模范等荣誉称号和全国五一劳动奖章。他的绝活：通过给汽车加速、减速听出汽车存在的问题与故障等。1998 年夏天，时任美国总统的克林顿来华访问，乘坐的林肯轿车出了故障，美国驻华使馆紧急向魏俊强求助。魏俊强通过与美方随行维修人员电话交流，找出了故障所在，并最终解决了问题。从扮演学徒角色的普通工人到拥有自己名字品牌的全国劳模，一路走来，魏俊强凭的是“认真”

二字。他说："什么事情都怕认真，一遍不行做两遍，两遍不行做三遍。"

同学们，我想说的是：爱岗敬业，我们每一个人都可以在平凡的岗位上铸就辉煌的人生。

1.1 学习目标

素质目标	知识目标	技能目标
1. 建立安全规范意识，严格遵守操作规范。 2. 能够专注学习，独立思考、完成学习任务。 3. 能够主动与他人协作，高效完成工作任务。 4. 能够在 5 分钟内阅读 200 字的文字材料，并正确标记处理文本。	1. 了解关于车辆照明系统的国家法律规定。 2. 明确车灯的类别和要求。 3. 掌握车灯的安装位置和用途。 4. 了解车灯用灯泡的类别和结构特点。 5. 了解有关前照灯调节的国家标准。	1. 能够熟练操作各类灯光开关并进行灯光功能检测。 2. 能够检测和调节前照灯。

1.2 情境引入

1.2.1 情境描述

王女士的车辆在行驶时，被朋友告知有车灯不亮的情况，故开车来到汽车修理厂，希望维修人员帮助进行车灯测试，确认车灯是否存在故障。

1.2.2 接受任务

思考：作为一名维修接待人员，当遇到王女士到汽车修理厂求助时，应该如何进行接待呢？请依据情境描述，编写客户接待话术，做好接待客户的准备工作。客户接待话术表见附录 A。

角色扮演：请按照上面编好的话术进行角色演练，并从着装规范、举止得体等 8 个方面分别给予评价，5 分为完美，1 分为差得很远。客户接待评价表见附录 B，客户任务工单见附录 C。

1.2.3 任务分析

结合实际情况进行分析，在自己已经具备的能力或条件前的方框内画"√"，未画"√"的内容就是需要从本学习单元学习和掌握的知识、技能和素质。

对车辆进行车灯测试需要具备下面的能力或条件：

☐车外防护　☐车内防护　☐车辆启动前检查　☐车辆启动

☐安放车轮挡块　☐连接尾排　☐识别车辆身份信息　☐操作车灯

☐识别车灯位置　☐确认车灯损坏情况　☐双人协作

1.3 知识与技能储备

1.3.1 初识汽车灯光系统

汽车灯光系统包括汽车照明系统和汽车信号系统两大部分。

1.3.1.1 汽车照明系统概述

1. 汽车照明系统的作用

汽车照明系统是为了保证车辆在黑夜、恶劣天气等能见度不好的条件下，以及复杂交通状况下的行车安全和运行速度而设置的，主要用于车外照明、车内照明、辅助照明等。

在《机动车运行安全技术条件》（GB 7258—2017）等国标中，对汽车照明装置的配备、安装位置、灯光亮度、照明要求、使用条件、改装限制等都有严格要求和规定，所有在我国境内使用的汽车都必须遵守这些规定，否则将不能上路行驶。

2. 汽车照明系统的组成

汽车照明系统中用于车外照明的灯包括前照灯、雾灯、牌照灯等；用于车内照明的灯包括仪表灯、顶灯、阅读灯等；用于辅助（工作）照明的灯包括行李箱灯、发动机罩灯等。此外，还有用于汽车装饰的灯。随着汽车电子技术应用程度的不断提高，汽车照明系统正向着智能化方向发展。

3. 汽车照明系统的基本要求

在《机动车运行安全技术条件》（GB 7258—2017）等国标中，对汽车照明装置的数量、位置、光色、最小几何可见度、使用要求、改装等都有严格要求和规定，所有在我国境内使用的汽车都必须遵守这些规定，否则将不能上路行驶。其中，对照明、信号装置的基本要求如下。

（1）机动车的灯具应安装牢靠、完好有效，不得因机动车震动而松脱、损坏、失去作用或改变光照方向。所有车灯的开关应安装牢固、开关自如，不得因机动车震动而自行开关；开关的位置应便于驾驶员操纵。

（2）机动车不应安装或粘贴遮挡外部照明和信号装置透光面的护网、防护罩等装置（设计和制造上带有护网、防护罩且配光性能符合要求的灯具除外）。除转向信号灯、危险警告信号灯、紧急制动信号灯，以及校车、护栏清洗车、洗扫车、吸尘车等专项作业车在工作状态下使用的指示灯，以及消防车、救护车、工程抢险车和警车安装使用的标志灯外，其他外部灯不得闪烁。

（3）用户不得对外部照明和信号装置进行改装，也不应加装强制性标准以外的外部照明和信号装置，如货车和挂车向前行驶时向后照射的灯。

1.3.1.2 汽车信号系统概述

1. 汽车信号系统的作用

汽车上除有汽车照明系统以外，还有用来指示车辆行驶意图或状态，以保证在复杂交通状况下的行车安全或者车辆自身状况的信号系统。汽车信号系统设备主要通过声、光信号向环境和驾驶员发出有关车辆运行状况的信息，确保行车安全。

2. 汽车信号系统的组成

根据发出信号手段的不同，汽车信号系统可以分为灯光信号装置和声音信号装置。

其中，灯光信号装置又可分为外部灯光信号装置和内部灯光信号装置。外部灯光信号装置有转向灯、制动灯、尾灯、倒车灯、示宽灯等。内部灯光信号装置泛指仪表盘内的指示灯，用来指示汽车各系统的工作状态或在车辆出现故障时及时发出警告、报警等信息。

汽车的声音信号装置指发出声音信号的装置，如喇叭、蜂鸣器等。

3. 汽车信号系统的基本要求

在《机动车运行安全技术条件》（GB 7258—2017）等国标中，对汽车信号装置的数量、位置、光色、最小几何可见度、使用要求、改装、声级等都有严格要求和规定，所有在我国境内使用的汽车都必须遵守这些规定，否则将不能上路行驶。其中，对灯光信号装置的基本要求与对汽车照明系统的一致。对汽车喇叭的基本要求如下。

机动车（手扶拖拉机运输机组除外）应设置具有连续发声功能的喇叭，喇叭声级在车前2m、离地高1.2m处测量时，发动机最大净功率（或电机额定功率总和）为7kW以下的摩托车为80～112dB（A），其他机动车为90～115dB（A）。乘用车、专用校车的喇叭在车钥匙取下及车门锁上时，在车内应仍能正常使用；在任何情况下，所有供乘员上下车的车门均能从车内打开（乘用车车门安装的儿童锁锁上时除外），或安装有自动探测报警装置、在车钥匙取下及车门锁上时能自动探测车内是否有移动物体，且在发现移动物体时能发出明显警示信号的乘用车、专用校车，应视为满足要求。教练车（三轮汽车除外）还应设置辅助喇叭开关，其工作应可靠。

1.3.1.3 初识汽车灯光系统-工作页

请在15分钟内完成对“1.3.1 初识汽车灯光系统”内容的阅读，并完成下列各题。

1. 请写出汽车照明系统的作用。

2. 用于车外照明的灯包括__________、__________、__________等。

3. 判断对错：我国境内使用的汽车都必须遵守国标《机动车运行安全技术条件》（GB 7258—2017）的规定，否则将不能上路行驶。（　　）

4. 请用关键词写出汽车信号系统的作用。

5. 根据发出信号手段的不同，汽车信号系统可以分为__________和__________。

6. 汽车灯光信号装置可分为__________和__________。

7. 判断对错：在《机动车运行安全技术条件》（GB 7258—2017）中规定：机动车（手扶拖拉机运输机组除外）应设置具有连续发声功能的喇叭。（　　）

1.3.2 汽车外部灯检查

汽车灯光检查

汽车外部灯的光色一般采用白色、橙黄色和红色；执行特殊任务的车辆，如消防车、警车、救护车、工程抢险车，使用的闪光警示灯则采用具有优先通过权的红色、黄色或蓝色。

目前，大多数汽车采用组合灯，即把前照灯、前转向灯、前示宽灯等组合在一起，构成前组合灯，如图 1-1 所示；把倒车灯、后雾灯、后转向灯、后示宽灯、刹车灯等组合在一起，构成后组合灯，如图 1-2 所示。近年来，发光 LED 在汽车组合灯中的应用日渐广泛，如图 1-3 所示。

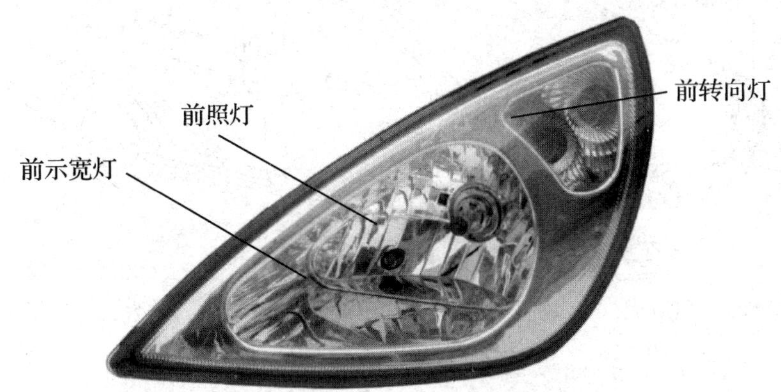

图 1-1 前组合灯

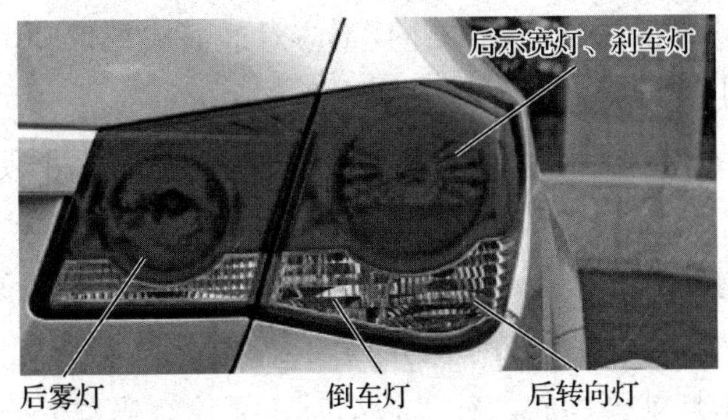

图 1-2 后组合灯

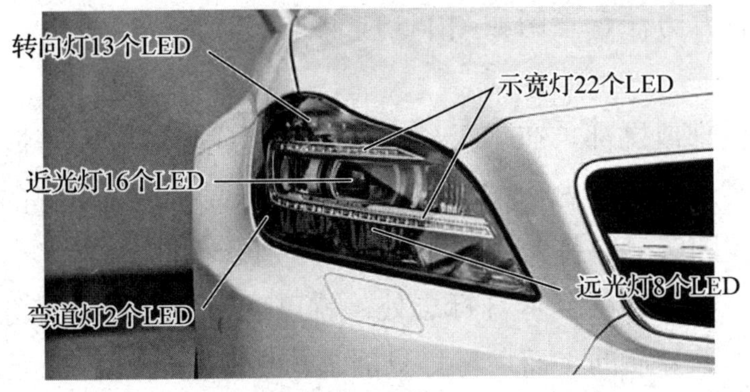

图 1-3 发光 LED

1.3.2.1 汽车外部照明灯检查

1. 前照灯

前照灯是汽车上最主要的光源，其作用是在夜间行车时照亮前方的路。前照灯俗称为大灯或头灯，装在汽车头部两侧（见图 1-4），有两灯制、四灯制之分。四灯制前照灯并排安装时，装于外侧的一对应为近、远光双光束灯；装于内侧的一对应为远光单光束灯。远光灯的功率一般为 40～60W，近光灯的功率一般为 35～55W。

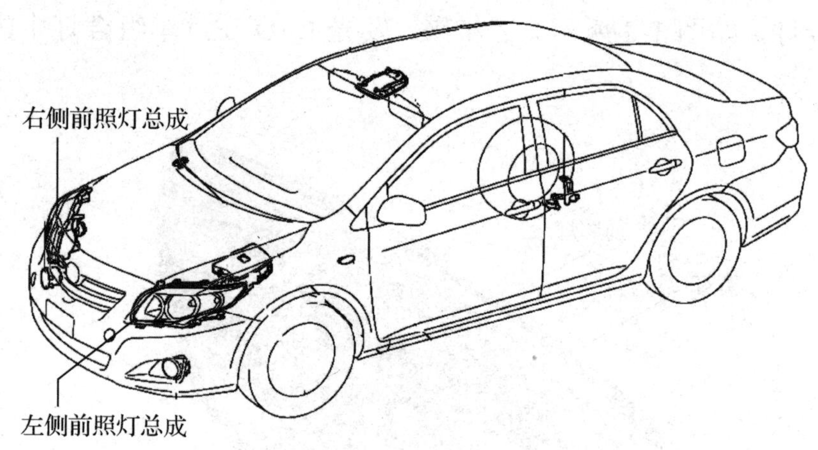

图 1-4 汽车前照灯

汽车行进道路照明是汽车夜间安全行车的必备条件。现代汽车车速较高，要求照明设备能提供车前 100m 明亮均匀的道路照明，并且不应对迎面来车驾驶员造成目眩。随着车速的不断提高，要求道路照明的距离也相应增大。

前照灯应具有防止目眩的装置，确保夜间两车迎面相遇时，不使对面驾驶员因目眩而造成事故。

前照灯的打开方式有两种：一是在 AUTO 挡时随着外部光线的变暗自动开启；二是将拨杆拨动到近光灯标志处，此时前照灯的照明光为近光，若需切换成远光可将拨杆往外拨一次，仪表上的远光灯开启指示灯就会亮起。往里拨动时，无论灯光总开光是否打开，远光灯都会亮，手松开时，远光灯灭，拨杆回到原位置。不停拨动，远光灯闪烁，警示前车要超车，此时为超车灯。前照灯打开方法示意图如图 1-5 所示。

2. 雾灯

雾灯安装在汽车头部或尾部，在雾天、下雪、暴雨或尘埃弥漫等情况下，用来改善车前道路的照明情况。前雾灯的功率为 45～55W，光色为橙黄色。后雾灯的功率为 21W 或 6W，光色为红色，以警示尾随车辆保持安全间距。图 1-6 所示为前雾灯。

开启示宽灯之后，将旋钮拧到雾灯标志处，就可以开启雾灯。雾灯打开示意图如图 1-7 所示，前雾灯是可以单独开启的，而后雾灯只能与前雾灯同时开启，无法单独开启。

大多数大众品牌车的雾灯开启方法比较特别，将旋钮拧至任意灯光挡位，向外拉一下旋钮，可开启前雾灯，拉两下则开启前、后雾灯，如图 1-8 所示。

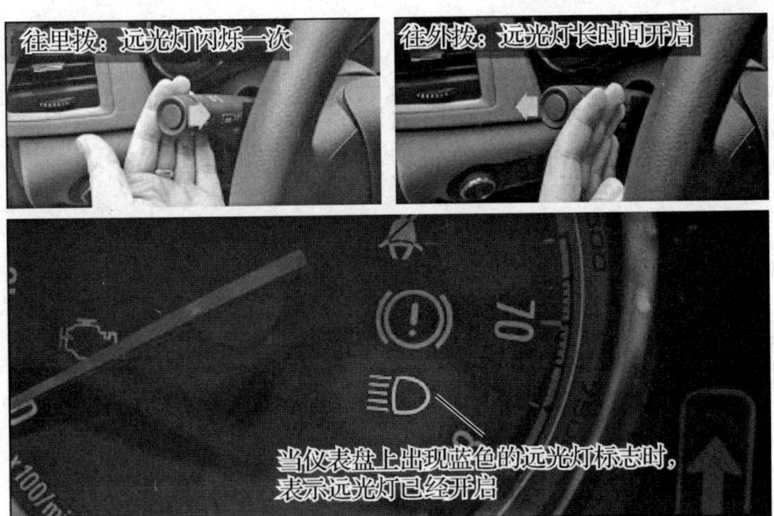

图 1-5　前照灯打开方法示意图

图 1-6　前雾灯

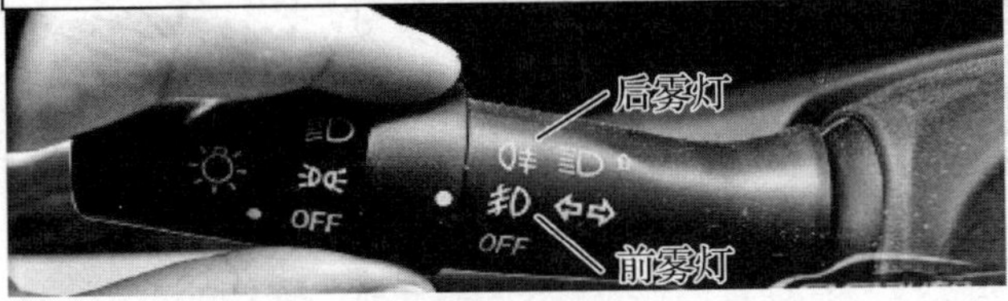

图 1-7　雾灯打开示意图

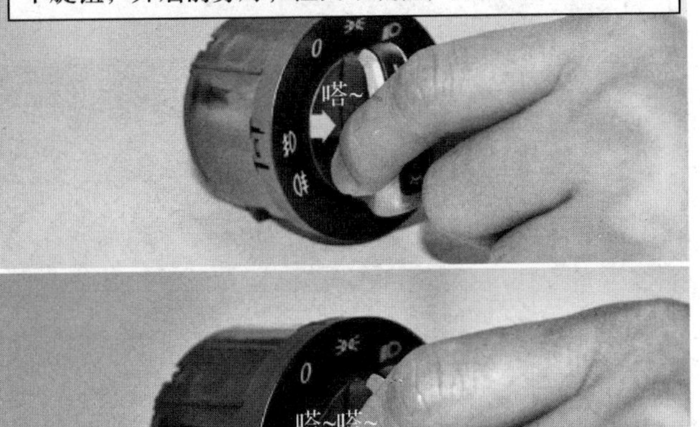

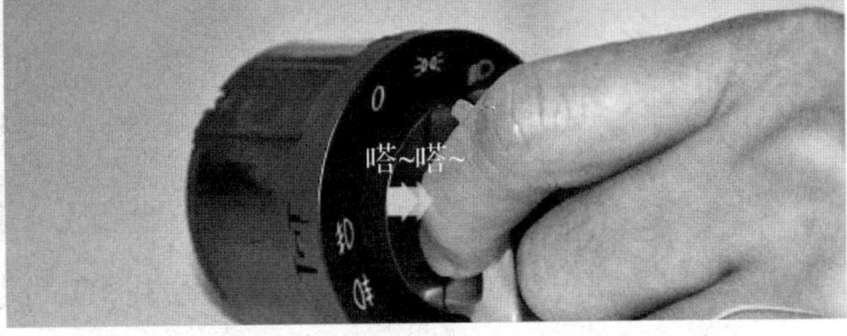

图 1-8　大众品牌车的雾灯开启方法

3. 牌照灯

牌照灯装于汽车尾部牌照上方或左右两侧，用来照明后牌照，功率一般为 5～10W，确保人在车后 20m 范围内能看清牌照上的内容。牌照灯灯光如图 1-9 所示。开启示宽灯之后牌照灯亮起。

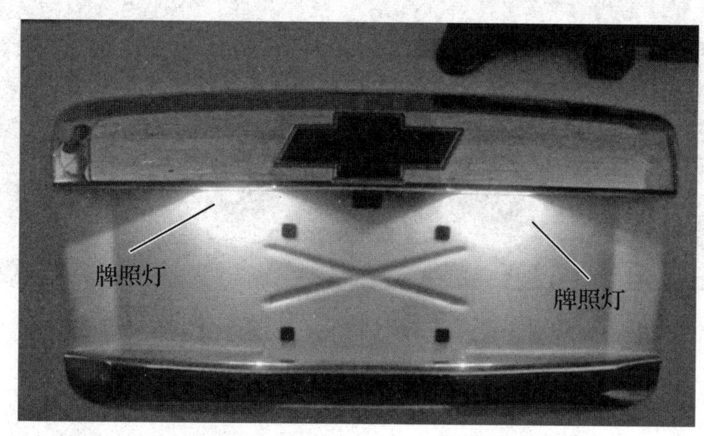

图 1-9　牌照灯灯光

4. 控制开关的类型

汽车上各照明灯、信号灯的开关通常都集中在方向盘的下方，俗称组合开关，或安装在仪表台上，都在驾驶员触手可及的地方。但车型不同，控制开关的样式不同。目前市场上的控制开关主要有两种类型，旋钮式和拨杆式。

（1）旋钮式：在德系品牌车上比较常见（福特、荣威等品牌车也采用该类型的开关），位置在中控台左侧出风口下方。开启车灯时，需要将旋钮向顺时针方向拧动。旋钮式控制开关如图 1-10 所示。

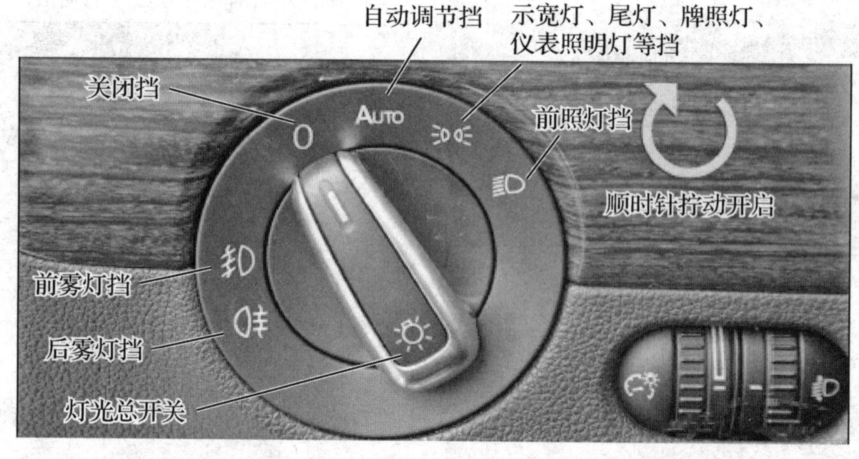

图 1-10　旋钮式控制开关

（2）拨杆式：除德系车外，其他品牌车的控制开关大多采用这种类型，位置在方向盘的下方。开启车灯时，需要将拨杆外侧旋钮逆时针拧动。拨杆式控制开关如图 1-11 所示。

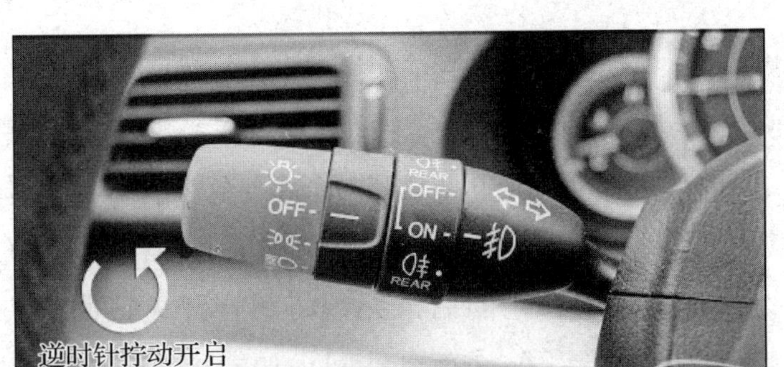

图 1–11　拨杆式控制开关

1.3.2.2　汽车外部信号灯检查

1. 倒车灯

倒车灯安装在汽车尾部，当变速器挂入倒挡（R）时，如图 1-12 所示，倒车灯自动亮起，照明车后侧，同时警示后方车辆、行人注意安全。功率一般为 20～25W，光色为白色。倒车灯灯光如图 1-13 所示。

图 1–12　变速器挂入倒挡

图 1–13　倒车灯灯光

2. 制动灯

制动灯俗称为刹车灯，安装在汽车尾部。在踩下制动踏板（见图 1-14）时，制动灯发出较强红光，以示制动。功率为 20～25W，光色为红色，灯罩显示面积较后示宽灯大。为避免尾随大型车对轿车碰撞的危险，轿车后窗内会加装由发光二极管成排显示的高位制动灯。制动灯灯光如图 1-15 所示。

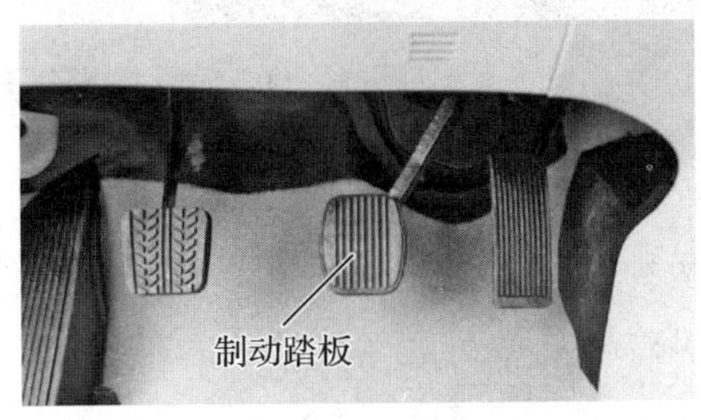

图 1–14　制动踏板

图 1–15　制动灯灯光

3. 转向灯

转向灯一般安装在汽车头、尾部的左右两侧，前组合灯中的转向灯灯光如图 1-16 所示，能发出亮灭交替的闪烁灯光，颜色为琥珀色，用来指示车辆行驶趋向，提醒周边车辆和行人注意。一般在汽车车侧中间还装有侧转向灯。近年来，在小型车上把侧转向灯安装到左、右后视镜上渐成趋势，如图 1-17 所示。所以，目前车辆上至少有 6 个转向灯，前、后、侧面各 2 个。驾驶员想向左转向时，只需往下拨动开关，如图 1-18 所示，便可让左侧的 3 个转向灯闪烁，对左侧车辆和行人发出警示。转向后，无须将组合开关拨回，方向盘回正后，组合开关会自动回到原位（转向时，组合开关具有自动回正功能）。向右转同理。

图 1-16　前组合灯中的转向灯灯光

图 1-17　后视镜上的侧转向灯灯光

主转向灯的功率一般为 20～25W，侧转向灯的功率为 5W。转向时，灯光呈闪烁状态，频率规定为 1.5±0.5Hz，启动时间不大于 1.5s。在紧急遇险状态需其他车辆避让时，可按下位于中控台中间的危险报警灯开关（红色开关上有三角标记，如图 1-19 所示），接通所有转向灯，使其同时闪烁，此时的转向灯称为危险报警灯，俗称双闪。

转向灯开关：往上拨（顺时针）表示向右转，往下拨（逆时针）表示向左转。

图 1-18　车内的转向灯开关

图 1-19　危险报警灯开关

闪光器，俗称为闪光继电器。汽车转向灯的闪烁就是通过闪光器控制电流的通断来实现的。闪光器有电容式、电热式和电子式三种，前两种在车辆上用得很少，目前广泛采用电子集成式闪光器，它具有闪光频率稳定、灯光亮暗明显和工作可靠等特点。

4. 示宽灯

示宽灯又称为示位灯、位置灯，功率一般为 5～20W，安装在汽车前面、后面和侧面。将灯光总开关旋转到示宽灯挡位，如图 1-20 所示，前示宽灯灯光如图 1-21 所示，一般示宽灯、仪表灯和牌照灯同时发亮，以标识车辆的形位等。此外，在接通前照灯、雾灯时，上面所列的三种灯也会同时发亮。前示宽灯俗称为小灯，光色为白色或黄色，后示宽灯俗称为尾灯，光色为红色；侧位灯光色为琥珀色。空载车高3.0m以上的车辆还应安装示廓灯，以标示车辆轮廓。

图1-20 打开示宽灯

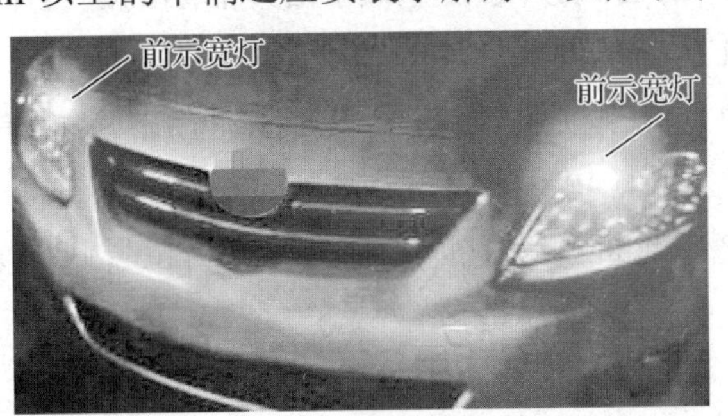

图1-21 前示宽灯灯光

5. 驻车灯

驻车灯装于车头和车尾两侧，驻车灯灯光如图1-22所示。要求在车前和车尾150m远处能确认灯光信号，要求车头驻车灯光色为白色，车尾驻车灯光色为红色。夜间驻车时，将驻车灯打开，标示车辆形位。

图1-22 驻车灯灯光

6. 日间行车灯

日间行车灯简称为日行灯，是指使车辆在白天行驶时更容易被识别的灯具，装在车身前部，不同于普通的近光灯，当汽车发动机启动时，日间行车灯会自动开启，并不断增加亮度以引起路上其他机动车、非机动车及行人的注意。当夜晚降临时，驾驶员手动打开近光灯后，日间行车灯会自动熄灭。日间行车灯多采用发光二极管（Light Emitting Diode，LED）。日间行车灯灯光如图1-23所示。

7. 警示灯

警示灯一般装于车顶部，用来标示特殊类型车辆，功率一般为40～45W。消防车、警车的警示灯灯光为红色，救护车的警示灯灯光为蓝色，旋转速度为每秒2～6次；公交车和出租车的警示灯灯光为白色和黄色。出租车空车警示灯装在仪表台上，功率为5～15W，常显示为红底、白字。图1-24所示为警车警示灯。

图1-23 日间行车灯灯光

图1-24 警车警示灯

1.3.2.3 汽车外部灯检查-工作页

1．请在阅读汽车外部灯相关信息的过程中，找到关键信息，并完成下面各题。

（1）汽车外部灯的光色一般采用____________、____________和____________。

（2）汽车前照灯包括远光灯和近光灯，其中，远、近光灯的功率分别是（　　）。

A．40～60W　　B．35～55W　　C．10～20W　　D．5～10W

（3）判断对错：前照灯应具有防止目眩的装置，确保夜间两车迎面相遇时，不会使对面驾驶员因目眩而造成事故。　（　　）

2．请分析总结汽车外部照明灯的结构特点，以关键词的方式按要求完成下表的填写。

类　别	前 照 灯	雾　灯	牌 照 灯
作用			
数量、颜色			
安装位置			
国标要求			

3．请在了解控制开关类型后，到实车上找到和本书中讲述对应的开关类型，并完成下面各题。

（1）常见的汽车车灯开关有____________和____________两种，其中，德系、福特等品牌车上常见的是____________；其他品牌车多采用____________。

（2）判断对错：当仪表中出现蓝色远光灯标志时，说明近光灯开启。　（　　）

（3）（　　）是可以单独开启的，而后雾灯只能与前雾灯同时开启，无法单独开启。

A．前、后雾灯都不　　B．前雾灯和后雾灯

C．后雾灯　　D．前雾灯

（4）判断对错：开启示宽灯之后牌照灯亮起。　（　　）

（5）请在下面所示的拨杆式车灯开关的图上标出各符号的含义。

1　2　3　4　5　6　7

OFF　OFF　ON　REAR

逆时针拧动开启

1：__________；　2：__________；　3：__________；　4：__________；

5：__________；　6：__________；　7：__________。

4．完成下表中“操作方法”一列的填写，并在实车上进行实际操作，确认完成后，请在“操作”一列对应单元格中画“√”。

灯光名称		操作方法	操作
示宽灯、牌照灯、仪表灯			
仪表灯亮度调节			
前照灯	近光灯		
	远光灯		
	超车灯		
雾灯	前雾灯		
	后雾灯		

5．请提炼关键词，总结分析各种信号灯的作用、特点及控制方法，完成下表的填写。最后在实车上进行实际操作，确认完成后，请在“操作”一列对应单元格中画“√”。

信号灯	作用	安装位置	颜色	数量	控制方法	操作
倒车灯						

6．自测题。（请在学习结束后，不借助任何资料，在15分钟内完成下面各题。）

（1）请解释汽车转向灯的自动回正功能。

（2）下图所示为什么开关？何时使用？使用时哪些灯会亮起？

（3）判断对错：倒车灯的光色为红色。（ ）

（4）判断对错：制动灯的光色为强红光。（ ）

（5）在（ ）时倒车灯自动亮起。

A．变速器挂入倒挡　　B．踩下制动踏板

C．打开点火开关　　D．拉起手刹

（6）在（ ）时制动灯亮起。

A．变速器挂入倒挡　　B．踩下制动踏板

C．打开点火开关　　D．拉起手刹

（7）汽车转向灯的闪烁是通过（ ）控制电流的通断来实现的。

A．继电器　　B．电容器　　C．开关　　D．闪光器

（8）汽车转向灯闪光器有__________、__________和__________三种，前两种在车辆上用得很少，目前广泛采用电子集成式闪光器，它具有__________、__________和__________等特点。

（9）汽车转向灯闪光器的闪光频率为（ ）。

A．20 次/min　　B．80 次/min　　C．40 次/min　　D．120 次/min

（10）判断对错：前示宽灯俗称为小灯，光色为白色或红色。（ ）

（11）判断对错：夜间驻车时，将驻车灯打开，标示车辆形位。（ ）

（12）判断对错：当汽车发动机启动时，日间行车灯会自动开启，打开示宽灯则自动熄灭。（ ）

（13）消防车、警车的警示灯灯光为__________色，救护车的警示灯灯光为__________色，公交车和出租车的警示灯灯光为__________色。

1.3.3 汽车内部灯检查

1.3.3.1 汽车内部灯检查概述

汽车内部照明主要用于保证各控制器件和变速器的安全操作，以及反映操作情况（它们都应尽可能少地分散驾驶员的注意力），因而要求有良好照明的仪表盘和各种控制件（比如音响和导航系统）的单独照明灯，以满足轻松和安全操作的基本要求。视觉和声音信号应当按其优先顺序传达给驾驶员。

常见内部照明灯有顶灯、阅读灯、行李箱灯、门灯、踏步灯、仪表灯、工作灯等。常见内部照明灯如图 1-25 所示。

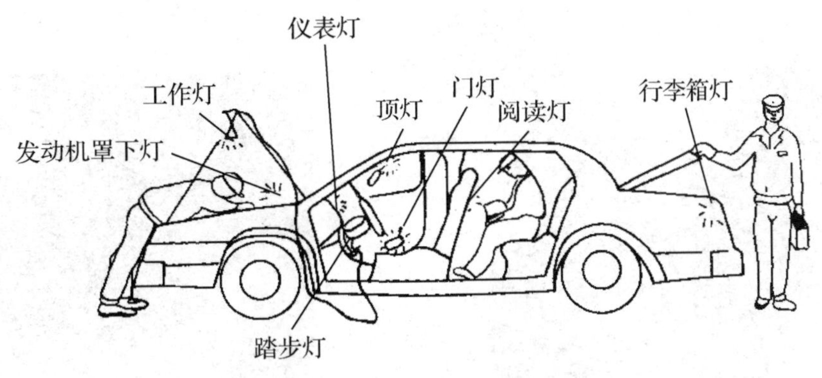

图 1-25　常见内部照明灯

1. 顶灯

轿车及载货汽车一般仅设一个顶灯（见图 1-26），用作室内照明，当驾驶员或乘员需要灯光照明时就可开启，也可以在驾驶员用遥控钥匙开启车门时自动亮起，在锁车后延迟关闭，便于驾驶员操纵车辆。顶灯还可以起监视车门是否可靠关紧的作用，只要有车门未可靠关紧，顶灯就发亮。

图 1-26　顶灯

顶灯开关如图 1-27 所示，将开关处于中间位置时顶灯为关闭状态；将开关向上拨到常亮标志时顶灯为常亮状态；将开关向下拨到门控标志时，打开车门顶灯亮起，关闭车门延时一段时间后其自动熄灭。

2. 阅读灯

阅读灯（见图 1-28）装于乘员席前部或顶部，乘员看书聚光时不会使驾驶员目眩，其照明范围小，有的还有光轴方向调节机构。

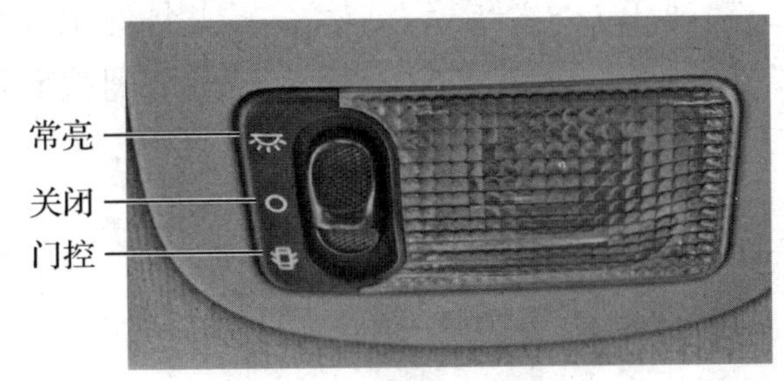

图 1-27　顶灯开关

图 1-28　阅读灯

3. 行李箱灯

行李箱灯（见图 1-29）装于轿车或客车行李箱内，当开启行李箱盖时，自动亮起。

4. 门灯

门灯（见图 1-30）装于轿车外张式车门内侧底部，光色一般为红色。夜间开启车门时，门灯亮起，以告示后方来人、来车注意避让。

图 1-29　行李箱灯

图 1-30　门灯

5. 踏步灯

踏步灯装在大中型客车门内的台阶上，夜间开启车门时，照亮踏板，便于乘客上下车。

6. 仪表灯

仪表灯（见图 1-31）装在仪表盘反面，用来照亮仪表指针及刻度板，亮度可调。

图 1-31　仪表灯

7. 工作灯

工作灯（见图 1-32）是维修车辆时可以移动使用的一种随车低压照明工具，电源来自发电机或蓄电池，也有自带充电电池的。工作灯常带有挂钩或夹钳，插头有点烟器式和两柱插头式两种。

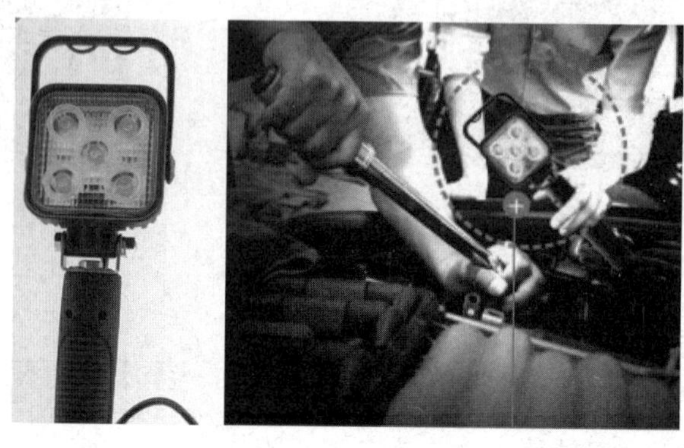

图 1-32　工作灯

1.3.3.2 汽车内部灯检查–工作页

1. 请在下图所示的汽车示意图中标出位于不同位置的汽车内部照明灯的名称，并在实车上找到这些灯的具体位置。

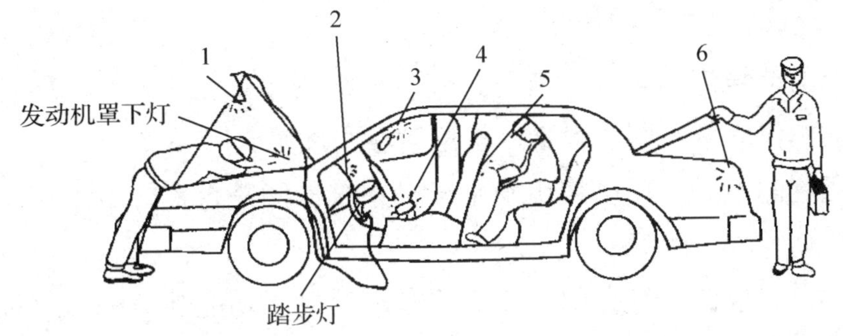

1：____________；　2：____________；　3：____________；　4：____________；

5：____________；　6：____________。

2. 请完成下表的填写，并在实车上进行实际操作，完成后，请在“操作”一列对应单元格中画“√”。并完成下面两道判断题。

灯光名称		开关操作方法	操　作
内部照明灯（顶灯）	关闭		
	打开		
	门控		

（1）判断对错：顶灯可以在驾驶员用遥控钥匙开启车门时自动亮起，在锁车后立刻关闭，便于驾驶员操纵车辆。（　　）

（2）判断对错：行李箱灯装于轿车或客车行李箱内，当开启行李箱盖时，自动亮起。（　　）

1.3.4 认知汽车指示灯与报警灯

汽车内部信号灯装置主要指位于驾驶员前方的仪表总成（见图 1-33），主要包括两类：报警灯和指示灯。当打开点火开关时，汽车仪表盘上的所有信号灯都会亮起，几秒后部分灯会熄灭，车辆启动后，几乎所有灯都应该熄灭，如果有异常，应及时进行处理。

图 1-33　仪表总成

仪表盘上信号灯的亮起位置、颜色、状态等所代表的含义各不相同。驾驶员在驾驶车辆前，应认真查阅车辆的用户手册，了解该车报警灯和指示灯的含义及应对方案，确保驾驶安全。而维修人员在维修车辆前，也应该认真观察报警灯的状态，以便更好地进行维修。

1.3.4.1 仪表盘上信号灯的含义

汽车仪表盘上的信号灯一般分为黄色、红色、绿色和蓝色四大类，而且会以不同的文字或图形来显示，它们代表着不同的含义，提醒驾驶员注意。

根据信号灯颜色的不同，可以初步确定车辆系统性能是否良好、工作状态是否正常、是否可以正常运行车辆等。

黄色信号灯：当黄色信号灯亮起时，说明车辆发生了功能性故障，可以继续行驶，但应尽快开到汽车修理厂进行检修。

红色信号灯：当红色信号灯亮起时，说明车辆发生的故障会影响驾驶安全或可能造成严重损伤，要立即熄火停车等待救援，不能再继续行驶。

绿色信号灯：当绿色信号灯亮起闪烁时，说明一些辅助系统功能正在运行。

蓝色信号灯：当蓝色信号灯亮起时，说明车辆某功能进入工作状态，起到提示作用，如车辆的远光灯已打开等。

根据显示的信号灯文字或图案，如图 1-34 所示，可以确定车辆出现故障、异常情况的系统，以及各系统处于何种工作状态等。

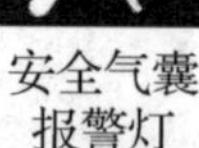

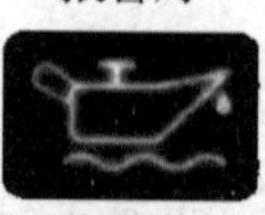
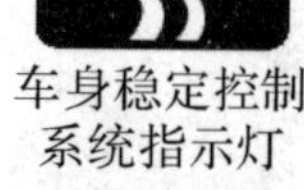

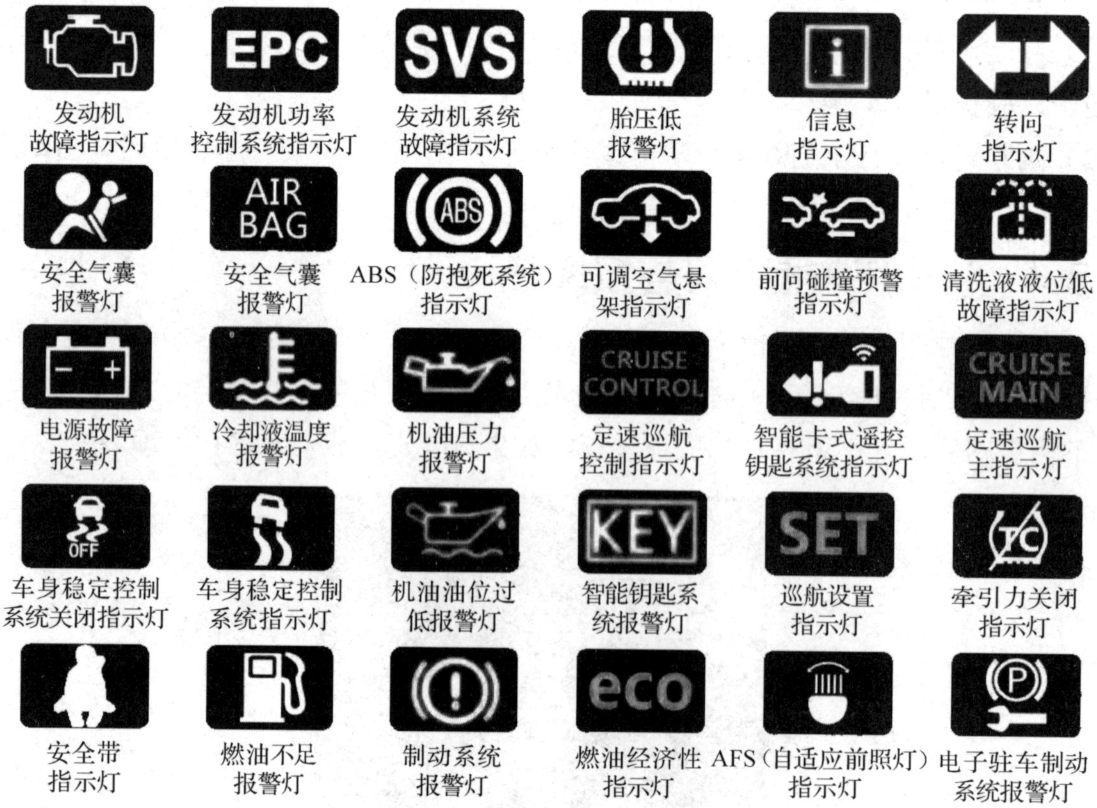

发动机故障指示灯　发动机功率控制系统指示灯　发动机系统故障指示灯　胎压低报警灯　信息指示灯　转向指示灯

安全气囊报警灯　安全气囊报警灯　ABS（防抱死系统）指示灯　可调空气悬架指示灯　前向碰撞预警指示灯　清洗液液位低故障指示灯

电源故障报警灯　冷却液温度报警灯　机油压力报警灯　定速巡航控制指示灯　智能卡式遥控钥匙系统指示灯　定速巡航主指示灯

车身稳定控制系统关闭指示灯　车身稳定控制系统指示灯　机油油位过低报警灯　智能钥匙系统报警灯　巡航设置指示灯　牵引力关闭指示灯

安全带指示灯　燃油不足报警灯　制动系统报警灯　燃油经济性指示灯　AFS（自适应前照灯）指示灯　电子驻车制动系统报警灯

图 1-34　信号灯文字或图案

1.3.4.2 汽车上重要的报警灯和指示灯

汽车报警灯和指示灯的种类很多，结构组成各不相同，但绝大部分都包括：用来收集系统性能、工作状态的传感器，用来对信息进行判断、比较并发出指令的控制单元，用来显示系统性能及工作状态的显示装置。下面介绍几种车辆上最常见、对车辆行驶性能和状态影响最大的信号装置。

1. 机油压力报警装置

汽车上装有机油压力报警装置，当润滑系统的机油压力低于允许值时，报警灯常亮，如图1-35所示，以引起驾驶员注意，此时应及时靠边停车，关闭发动机，等待救援。在故障解除前，不能再次启动车辆，避免发生重大事故。

机油压力报警灯亮，表示机油压力过低，提醒驾驶员注意；灯灭，说明润滑系统的机油压力达到允许值。机油压力报警灯只有在车辆启动且润滑系统建立起正常的机油压力后才能熄灭。

图1-35 机油压力报警灯

2. 冷却液温度报警装置

汽车上除了装有水温表（见图1-36），用来指示车辆发动机的温度，还装有冷却液温度报警装置。当发动机温度过高时，报警灯常亮，如图1-37所示，以引起驾驶员注意，此时应及时靠边停车，关闭发动机，等待冷却液温度降低，报警灯熄灭后再进行处理。如果继续行驶，就会出现常说的“发动机开锅”现象，严重时会损坏发动机，甚至造成重大交通事故。当发动机温度过高，报警灯亮起时，一定不要擅自打开散热器盖进行冷却液的添加，一定要等到冷却液温度降低后再进行处理，避免冷却液喷射而出，对自身安全造成伤害。最好是等待专业人员处理或咨询专业人员后再进行处理。

图1-36 水温表

图1-37 冷却液温度报警灯常亮

3. 燃油不足报警装置

汽车上除了装有燃油表（见图1-38），用来指示车辆燃油量，还装有燃油不足报警装置。当油箱内的燃油减少到规定值以下时，仪表盘上的燃油不足报警灯亮起，如图1-39所示，提醒驾驶员应及时寻找最近的加油站进行加油。很多车辆在燃油不足报警灯亮起后，还会显示剩余燃油可以行驶的里程，没有显示剩余里程的车辆大概还能行驶 30km。当燃油不足报警灯亮起时，一定要尽快补充燃油，避免燃油泵过热而损坏。

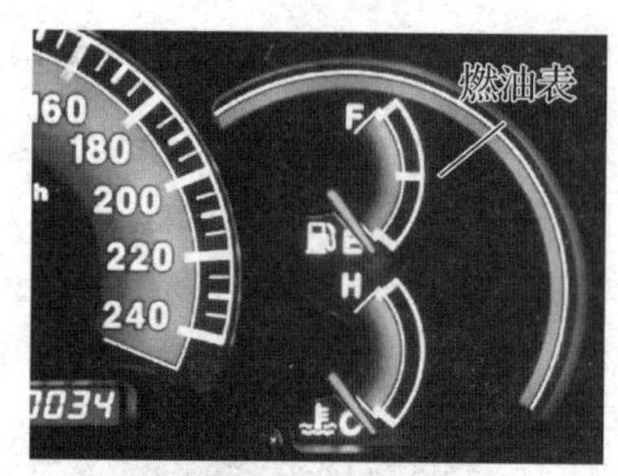

图 1-38 燃油表

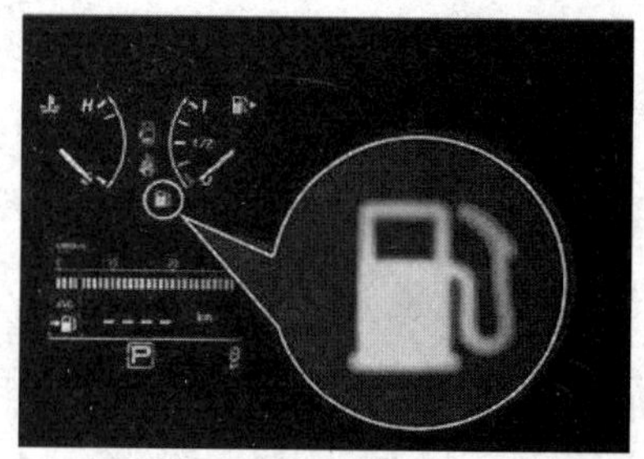

图 1-39 燃油不足报警灯亮起

4. 制动蹄片磨损过量报警装置

汽车上装有制动蹄片磨损过量报警装置，当制动蹄片磨损到使用极限厚度时，制动系统报警灯会亮起，如图 1-40 所示。出现该信号时，应及时到修理厂更换制动蹄片，以免因制动力不足而出现安全事故。

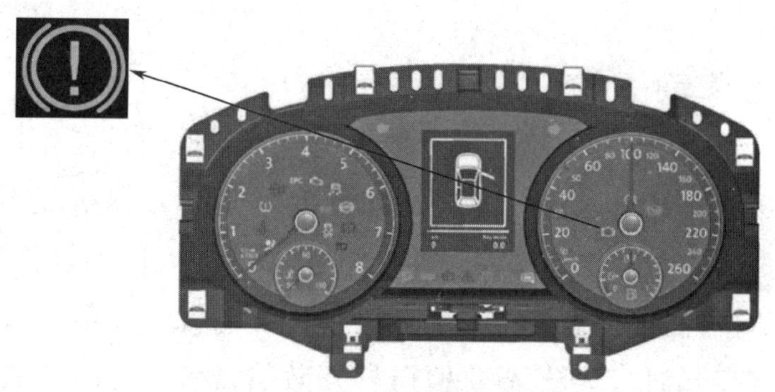

图 1-40 制动系统报警灯

1.3.4.3 汽车电子显示组合仪表

现代汽车技术的发展日新月异，传统的汽车仪表为驾驶员提供的信息已经远远不能满足要求。随着电子信息技术的飞速发展，电子数字显示及图像显示的仪表以多功能、高灵敏度、高精度、读数直观、显示模式自由化等优点被广泛应用在现代汽车上，汽车电子显示组合仪表如图 1-41 所示。

图 1-41 汽车电子显示组合仪表

汽车电子显示组合仪表显示的数据来自汽车各系统的传感器，其电子控制单元（ECU）通过车载网络与汽车各系统的 ECU 连接，来自汽车各系统 ECU 的测量数据通过车载网络进入汽车电子显示组合仪表的 ECU，ECU 对所有数据进行比较、分析和处理，将需要显示的各种测量参数和提示信息，通过仪表盘显示器分时循环或同时在不同区域显示。

1.3.4.4 智能仪表显示系统

HUD 是英文 Head-Up Display 的缩写，意为“抬头显示”，也称作“平视显示器”。它是一种基于人机工程学优化的仪表系统，可以把重要的信息，如车速、发动机转速、挡位、灯光状态、车道偏离报警、导航、限速、温度、胎压和倒车雷达指示等信息，通过投射方式显示在车辆挡风玻璃上，使驾驶员不必低头，就能看清重要的信息。汽车上的 HUD 如图 1-42 所示。这种显示系统原是军用战斗机上的显示系统，飞行员不必低头，就能在风窗上看到所需的重要信息。这种显示系统的优点如下所述。

（1）驾驶员不必频繁低头就可以看到信息，从而避免了分散对前方道路的注意力。

（2）驾驶员可即时查看信息并快速判断车况，避免因未及时查看信息而未发现车辆的故障，导致车辆相关部位、部件受损，或出现更大的问题。

图 1-42 汽车上的 HUD

1.3.4.5 汽车声音信号装置

汽车的信号系统除了信号灯，还包含能发出声音信号的装置，如喇叭、蜂鸣器等。

1. 喇叭

喇叭是汽车的声音信号装置。在汽车行驶过程中，驾驶员根据需要和规定发出必需的声音信号，警告行人和引起其他车辆注意，保证交通安全，同时还用于催行与传递信号。

喇叭按其发声动力有电喇叭和气喇叭之分；按外形分为螺旋形、筒形和盆形三类；按声频可分为高音喇叭和低音喇叭；按接线方式可分为单线制喇叭和双线制喇叭；按有无触点可分为有触点式（普通式）电喇叭和无触点式（电子式）电喇叭。其中，气喇叭主要用于具有空气制动装置的重型载重车；电喇叭（见图 1-43）具有结构简单、体积小、质量轻、声音悦耳且维修方便的特点，因而在中小型车辆中获得了广泛应用。

图 1-43　电喇叭

电喇叭的开关通常在方向盘的中间（见图 1-44），按下开关，喇叭发出警示音。

2. 蜂鸣器

蜂鸣器（见图 1-45）一般安装在仪表盘或仪表台内，可发出声音对驾驶员进行警告或提醒，比如提醒忘关前照灯、钥匙忘拔、门没关好等。还有一些车辆会安装倒车蜂鸣器，在倒车时，发出声音信号，警告车后行人和车辆。

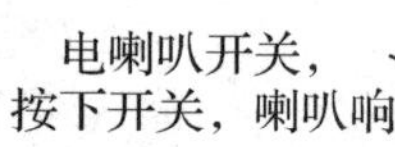

图 1-44　电喇叭开关

图 1-45　蜂鸣器

1.3.4.6　认知汽车指示灯与报警灯-工作页

1. 请认真阅读前面的内容，完成下面各题。

（1）汽车内部信号灯主要包括两类：__________和__________。

（2）判断对错：当黄色信号灯亮起时，说明车辆发生了功能性故障，可以继续行驶，但应尽快开到汽车修理厂进行检修。（　　）

（3）判断对错：当红色信号灯亮起时，说明车辆发生了功能性故障，可以继续行驶，但应尽快开到汽车修理厂进行检修。（　　）

（4）判断对错：当绿色信号灯亮起闪烁时，说明一些辅助系统功能正在运行。（　　）

（5）判断对错：汽车远光信号灯是蓝色的。（　　）

（6）当（　　）亮起时，说明车辆发生的故障会影响驾驶安全或可能造成严重损伤，要立即熄火停车等待救援，不能再继续行驶。

A．蓝色信号灯 B．红色信号灯 C．绿色信号灯 D．黄色信号灯

2．请认真分析报警灯和指示灯的内涵，说明下表中四个报警灯或指示灯的类别，以及常亮时的含义及处理方法。

图　标	报警灯/指示灯	常亮时的含义及处理方法

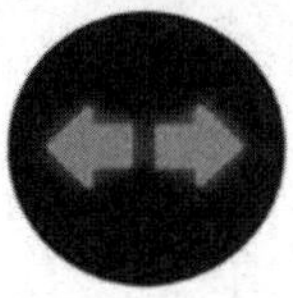		

3．客户询问：仪表盘上的机油压力报警灯在打开点火开关后，仍然不会熄灭，是红色灯，此时，车辆没有启动，是不是车辆有故障了？你认为下列维修人员给予的回复中哪一个是最合理的。（　　）

A．是的，请不要启动车辆，原地等待救援

B．是的，请将车及时开到汽车修理厂进行修理

C．这是正常现象，只有车辆启动后，此灯才会熄灭

D．我不太清楚，请咨询该车的制造商

4．判断对错。

（1）当发动机温度过高，冷却液温度报警灯亮起时，请及时打开散热器盖进行冷却液的添加和散热。（　　）

（2）燃油不足报警灯亮起时，请及时加油。（　　）

（3）制动蹄片磨损过量报警灯亮起时，说明需要及时更换车辆四个车轮的蹄片。（　　）

（4）汽车电子显示组合仪表所需要的绝大部分测量数据都直接来自各传感器，不需要经过其他系统的控制单元。（　　）

5．请提炼关键词，查阅相关信息，说说你对智能仪表显示系统的理解。

1.3.5 了解汽车车灯常用灯具的结构和工作原理

汽车上常用的灯具有金属灯丝灯、卤素灯、气体放电灯、发光二极管、激光灯等，近年来，发光二极管因其省电、环保、寿命长等优点，在汽车上的使用越来越广泛。

1.3.5.1 汽车车灯常用灯具的结构和工作原理

1. 金属灯丝灯

金属灯丝灯的灯丝由钨制成，又称为白炽灯（见图 1-46），其熔点约为 3400℃。为了防止在高温下发生氧化（烧毁），并且可以轻易地将产生的热量导出，灯泡首先要排气，并冲入少量氩和氮等惰性气体，这些惰性气体在工作时会受热膨胀，使灯泡内产生较高的压力，用以减小灯丝中金属钨的蒸发，延长灯泡的使用寿命。

2. 卤素灯

卤素灯（见图 1-47）为在填充气中添加卤素（溴、碘）的金属灯丝灯。卤素灯在运作时与金属灯丝灯的区别如下。

图 1-46 白炽灯

图 1-47 H4 型卤素灯

（1）金属灯丝和玻璃灯泡发亮时的温度更高。

（2）填充气体的内压更高（最高达到约 40Pa）。

（3）由于金属灯丝发亮时温度很高，所以可以得到更高的光效率。

卤素灯的灯泡是用石英玻璃制成的，图 1-47 所示为 H4 型卤素灯。它的尺寸非常小，因此在运行时，温度可以达到 300℃。蒸发的钨丝微粒在经历了一个化学过程后，会沉积到灯丝最热的位置（循环过程）。在卤素灯中，玻璃灯泡始终保持洁净，因为这个循环过程中蒸发的钨丝微粒不会沉积到灯泡上。

为了避免前照灯的强光线使对面来车的驾驶员目眩，同时还要保持良好的路面照明，汽车上普遍采用双丝灯泡的前照灯。其中一根灯丝为远光灯丝，光度较强，灯丝放在反射镜的焦点上；另一根灯丝为近光灯丝，光度较弱，位于焦点的上方或前方，其向上的反射光会被灯泡中的遮盖挡住，避免使对面来车的驾驶员目眩。

3. 气体放电灯

气体放电灯由内弧管、电极、灯管套和灯座组成（见图 1-48），它的电极位于一个很小的球形玻璃灯泡中，在两个电极之间，高压脉冲在氙气气体中触发弧光。灯泡内的金属盐蒸发并电离形成火花放电，此时，发出辐射光，并防止电极被侵蚀。与用于反射系统的气体放电灯相反，用于投射系统的灯在玻璃灯泡上没有色调的明暗层次。用于反射系统的气体放电灯需要色调的明暗层次来形成明暗界限。

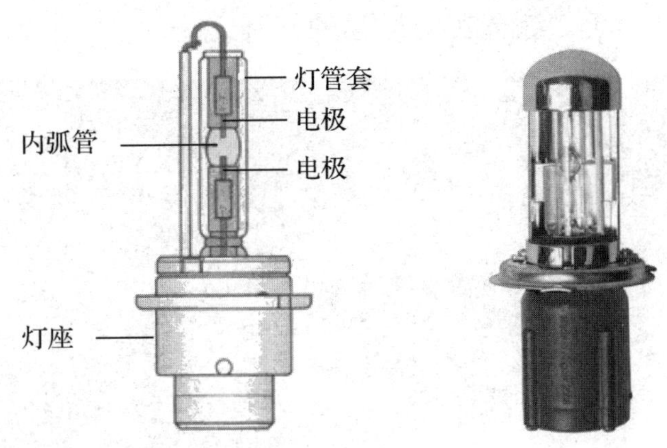

图 1-48 气体放电灯

和卤素灯相比，气体放电灯有一个显著缺点，它需要 5s 的时间来达到满照明强度；而卤素灯仅需要 0.2s。为了使其尽快达到理想的运行状态，与气体放电灯串联的控制仪器在起始阶段增大了灯的电流。

和卤素灯相比，气体放电灯具有如下优势。

（1）更高的照明亮度（见图 1-49）。

（2）更低的电流消耗。

（3）发光量不依赖于汽车的电源电压。

（4）较低的热量消耗。

（5）更长的使用寿命。

（6）近似日光的光色。

（a）卤素灯前照灯的亮度

（b）氙气放电灯前照灯的亮度

图 1-49 卤素灯与氙气放电灯前照灯的亮度比较

此外，氖气放电灯能在约 0.2s 的时间内达到满照明强度，主要用作额外制动灯。

4. 发光二极管

发光二极管（LED）是一种能够将电能转换为可见光的固态的半导体器件，可以直接把电能转换为光能，如图 1-50 所示。根据需要的照明强度和希望得到的光色，可以将一定数量的发光二极管一起连接到一个部件中。通过多个发光二极管并联，可以降低整体运行失灵的可能性。目前，发光二极管不仅适用于制动灯、尾灯、日间行车灯等，更因其节能、低成本、超长寿命、高耐用性、更小的体积的优点全面超越了卤素灯和氙气放电灯，成为制造商标配。发光二极管是目前应用最广泛、综合实力最强的灯具之一。

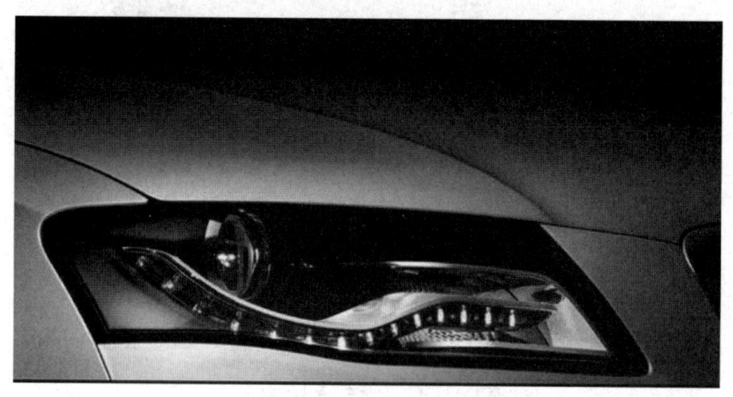

图 1-50　发光二极管

发光二极管具有如下优点。

（1）节能。发光二极管直接将电能转换为光能，其耗电量仅相当于传统汽车灯泡耗电量的 1/10，能更好地节省油耗，保护汽车电路不被过高的负载电流烧坏。

（2）环保。光谱中没有紫外线和红外线，既没有热量，也没有辐射，眩光小，废弃物可回收，没有污染，不含汞元素，可以触摸，属于典型的绿色照明灯具。

（3）寿命长。灯体内没有松动的部分，不存在灯丝发光易烧、热沉积、光衰等缺点，在适当的电流和电压下，使用寿命可达 8 万～10 万小时，是传统光源寿命的 10 倍以上，具有一次更换、终身使用的特点，灯光故障率低。

（4）高亮度，耐高温。电能直接转换为光能，发热小，光转换效率高，完全可用手触摸。

（5）体积小。设计者可以随意变换灯具模式，令汽车造型多样化、个性化。

（6）稳定性能好，抗震性能强。采用树脂封装，不易碎裂，容易储藏和运输。

（7）发光纯度高，色彩清晰鲜艳。无须灯罩滤光，光波误差在 10nm 以内。

（8）反应速度快，无须热启动时间，毫秒内即可发光，用作制动灯等，通电后亮起的时间会比采用金属灯丝灯快约 0.5s，可有效防止追尾，确保行车安全。

5. 激光灯

继发光二极管之后，激光灯（见图 1-51）被称为“合理的下一步”。激光灯里的激光是一种由激光发光二极管产生的蓝色平行光，相比于发光二极管的灯光，其可控性和强度更大。

图 1-51 激光灯

激光灯除了具有发光二极管的效率高、寿命长、稳定性好、响应速度快、体积小等优点，其还是最先进的汽车照明技术之一。激光灯最大的缺点是成本太高，比发光二极管要高得多。

1.3.5.2 了解汽车车灯常用灯具的结构和工作原理-工作页

1．请基于对汽车车灯常用灯具的了解，在 10 分钟内完成下列各题。

（1）目前汽车上常用的灯具有______________、______________、______________、______________、______________等。

（2）判断对错：金属灯丝灯内不需要充入气体。（　　）

（3）判断对错：卤素灯内需要充入卤素（溴、碘）。（　　）

（4）用作前照灯的 H4 型灯是一种（　　）。

A．双丝灯泡　B．单丝灯泡　C．卤素灯　D．金属灯丝灯

（5）双丝灯泡中的远光灯丝，（　　），可得到良好的路面照明。

A．光度较弱，位于焦点的上方或前方

B．光度较强，灯丝放在反射镜的焦点上

C．光度较弱，灯丝放在反射镜的焦点上

D．光度较强，位于焦点的上方或前方

（6）双丝灯泡中的近光灯丝，（　　），既能照亮路面，又可防止使对面来车的驾驶员目眩。

A．光度较弱，位于焦点的上方或前方

B．光度较强，灯丝放在反射镜的焦点上

C．光度较弱，灯丝放在反射镜的焦点上

D．光度较强，位于焦点的上方或前方

（7）氙气放电灯是一种气体放电灯。（　　）

（8）和卤素灯相比，气体放电灯有一个缺点，它需要____的时间来达到满照明强度，但是，____能在约____时间内达到满照明强度，主要用作额外制动灯。（　　）

A．0.2s，氖气放电灯，5s　B．5s，氖气放电灯，0.2s

C．5s，氙气放电灯，0.2s　D．0.2s，氙气放电灯，5s

（9）发光二极管是一种能够将电能转换为可见光的固态的（　　），可以直接把电能转换为光能。

A．半导体器件　B．晶体管器件　C．金属丝　D．导体

（10）发光二极管用作制动灯等，通电后亮起的时间会比采用金属灯丝灯快约（　　）。

A．2s　B．0.5s　C．2ms　D．5s

（11）激光灯里的激光是一种由（　　）产生的蓝色平行光，相比于发光二极管的灯光，其可控性和强度更大。

A．金属灯丝灯　B．卤素灯　C．气体放电灯　D．激光发光二极管

（12）判断对错：氙气放电灯的灯光颜色是蓝色。（　　）

（13）判断对错：激光灯的灯光颜色是蓝色。（　　）

1.3.6　汽车前照灯的组成、工作原理、测试与调整

1.3.6.1　汽车前照灯的组成及工作原理

1．前照灯的类型

汽车前照灯按结构可分为封闭式前照灯和半封闭式前照灯。封闭式前照灯采用的是不可更换灯泡的结构，发光灯丝、反光镜和配光镜做成一体，内部抽成真空。半封闭式前照灯采用可更换灯泡的结构，以便更换损坏的灯泡。

汽车前照灯按形状可分为圆灯、方灯和异形灯。小尺寸圆灯和小尺寸方灯通常用于组成汽车四灯制照明系统，即汽车左前方有两只灯具，右前方有两只灯具，位于外侧的两只灯具要求是远、近光双光束灯，内侧的两只灯具一般是远光单光束灯。异形灯是近些年才出现的一种灯具，其结构与车辆外观设计相协调，融为有机整体。

汽车前照灯按安装的数量分为两灯制和四灯制。两灯制［见图 1-52（a)］是指近光灯丝和远光灯丝装在同一个反射镜中，光照由双丝灯泡提供，共同使用一个反光镜（双丝灯泡，如 H4 型卤素灯）。四灯制［见图 1-52（b)］是指有两组前照灯，第一组中包括近光灯和远光灯或仅有近光灯，第二组中仅有远光灯。

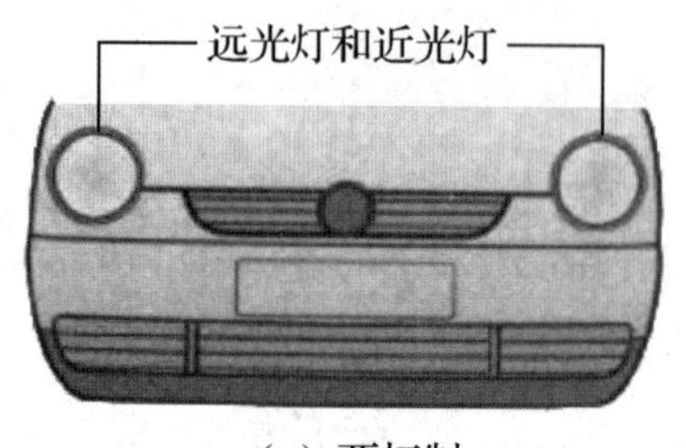

（a）两灯制

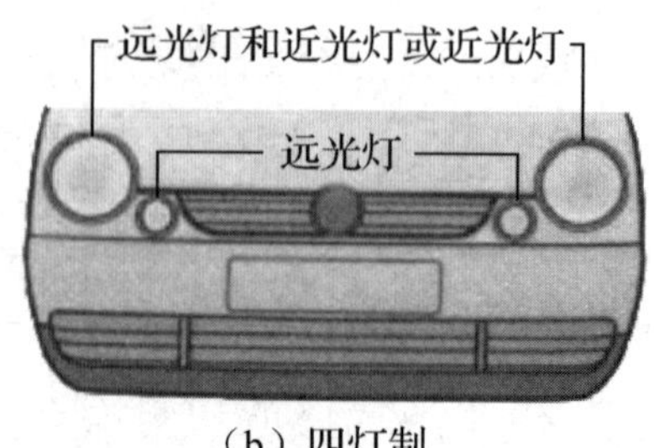

（b）四灯制

图 1-52　按照安装数量分类的前照灯

2. 前照灯的结构

前照灯主要由灯泡、反射镜和配光镜三部分组成，其结构如图1-53所示。

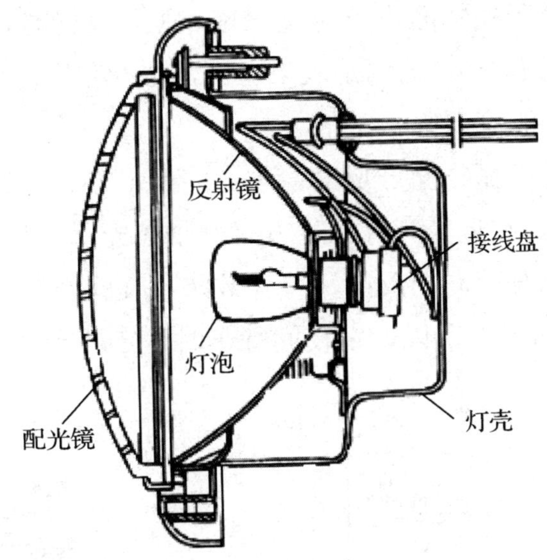

图1-53 前照灯的结构

1）灯泡

前照灯可以使用以下种类的灯泡：金属灯丝灯、卤素灯、气体放电灯、发光二极管、激光灯等（见图1-54）。目前汽车前照灯常用的灯泡有卤素灯、气体放电灯、激光灯。

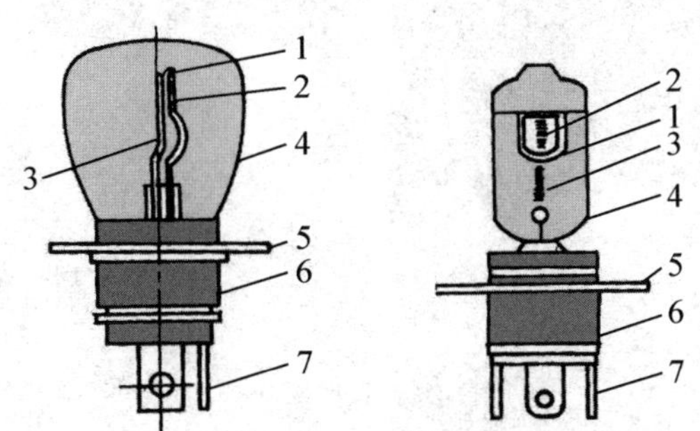

1—配光屏；2—近光灯丝；3—远光灯丝；4—灯壳；5—定焦盘；6—灯头；7—插片。

图1-54 前照灯灯泡

2）反射镜

反射镜的表面形状呈抛物面形、椭圆形或自由形状，一般由0.6～0.8mm的薄钢板冲压而成，或由玻璃或塑料制成。其内表面镀银、铝或铬，然后抛光处理。目前反射镜内表面采用真空镀铝的较多。反射镜的作用是将灯泡的光线聚合并导向前方，使光度大大增强，增强几百乃至上千倍，达到2万～4万坎以上，以保证在汽车前方150～400m范围内有足够的照明。

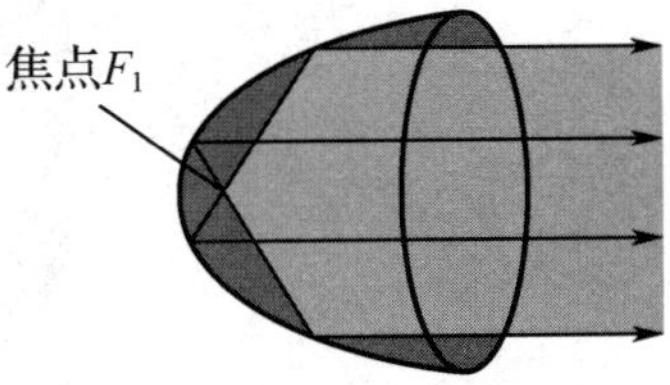

图1-55 抛物面形反射镜

（1）带抛物面形反射镜（见图1-55）的前照灯系统。抛物面是由抛物线绕其轴旋转形成的曲面。旋转轴线也是反射镜的光学轴，反射镜内有一个焦点。抛物面形反射镜适用于单灯丝灯泡和双灯丝灯泡，常与 H4 型卤素双灯丝灯泡配合使用，以形成前照灯远光和近光。

远光：远光灯的灯丝位于抛物面形反射镜的焦点上。发光时，光被反射，集结成束，与前照灯轴线平行射出（见图 1-56）。因为是成束射出，与没有反射镜的相比，带反射镜的金属灯丝灯在照射范围内的光照强度要强一千倍。

近光：近光灯的灯丝位于抛物面形反射镜焦点的前上方。光的射线与光轴呈一个向下的倾斜角度射出（见图 1-56）。在近光灯灯丝下方有一个遮光罩（见图 1-57），该装置可以防止光线照射到反射镜的下半部分而向上反射，可有效防止夜间两车交会时对驾驶员造成目眩。远光灯和近光灯如图 1-58 所示。所以，在夜间行车时一定要合理使用远光灯、近光灯。

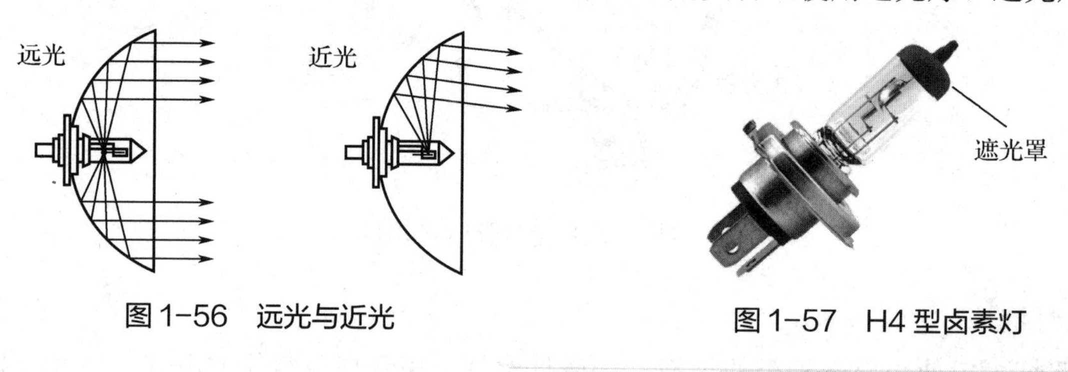

图 1-56　远光与近光　　图 1-57　H4 型卤素灯

图 1-58　远光灯和近光灯

多级式反射镜（见图 1-59）：反射镜面由多个不同焦距的抛物面形反射镜的不同部分组成（多焦点反射镜），具有照明效率高、照明效果好等特点。

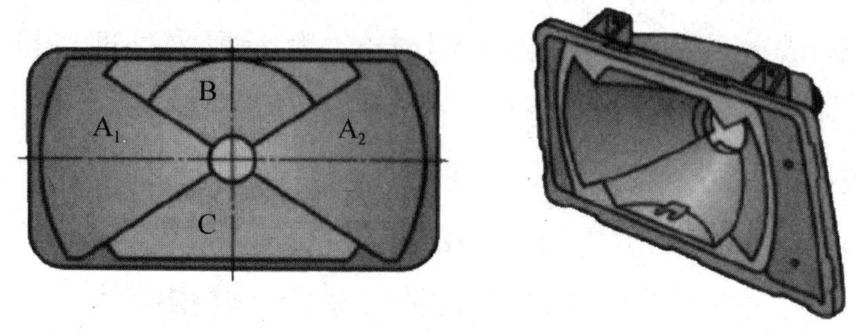

图 1-59　多级式反射镜

（2）带椭圆形反射镜（见图 1-60）的前照灯系统。椭圆形反射镜的曲面是由椭圆绕其轴线旋转一周形成的。椭圆的轴线也是反射镜的光学轴。椭圆形反射镜具有两个焦点，适用于单灯丝的近光灯和雾灯。带椭圆形反射镜的前照灯系统主要由椭圆形反射镜、遮光板、配光镜和散光屏组成，如图 1-61 所示。

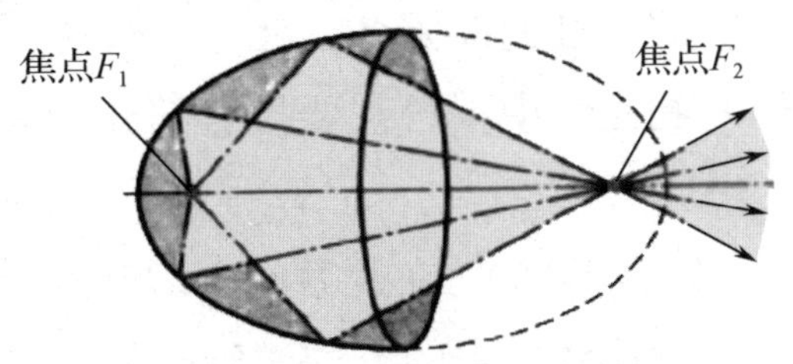

图1-60 椭圆形反射镜

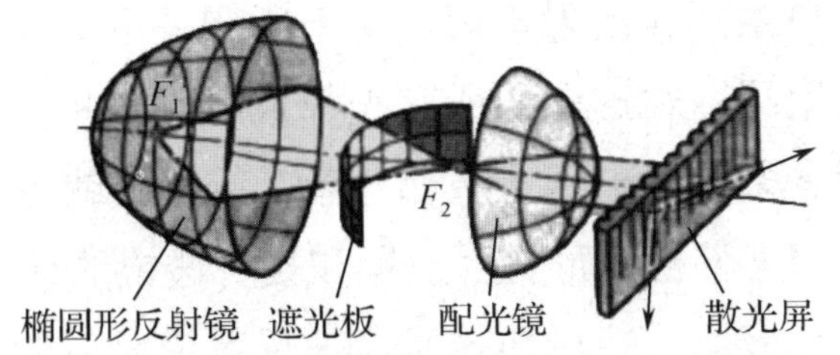

图1-61 带椭圆形反射镜的前照灯系统

在焦点 F_1 处有一个卤素单丝灯泡，从焦点 F_1 射出的光线会经椭圆形反射镜反射，通过遮光板聚焦到焦点 F_2 上，并从焦点 F_2 发射到具有聚光作用的配光镜上。配光镜将光线聚成几乎平行的光束，透过散光屏后照亮路面。位于焦点 F_2 前的遮光板使光照形成了清晰的明暗界限。散光屏使光线得到均匀的分配。相对于抛物面形反射镜，椭圆形反射镜的照明效率更高。

多轴椭圆形反射镜（见图 1-62）：多轴椭圆形反射镜由两个有着相同顶点、相同长轴但不同短轴的椭圆形组成（制造商将三轴椭圆形反射镜称为 DE 反射镜；将多轴椭圆形反射镜称为 PES 反射镜），它由反射镜、遮光板和配光镜组成。由于其形状复杂，这种反射镜使用合成材料制成。由于多轴椭圆形反射镜具有特殊的几何形状，故有非常高的照明效率，散射的光很少，适用于单丝灯泡或采用气体放电灯的近光灯或雾灯。

（3）带自由形状（不规则形状）反射镜的前照灯系统。自由形状反射镜（见图 1-63）具有无限多变化的焦点（聚焦点），在空间上没有固定形态，反射镜镜面上的每一个点都对应着道路上需要照明的某一个区域。运用这种结构，反射镜镜面上几乎所有的点都可以用于反射出近光，从反射镜所有部位反射的光都会向下照射到路面上。制造商给这种反射镜使用过的名称有自由形状反射镜（FF 反射镜）、变化焦点反射镜（VF 反射镜）、数值计算均匀表面反射镜（HNS 反射镜）。

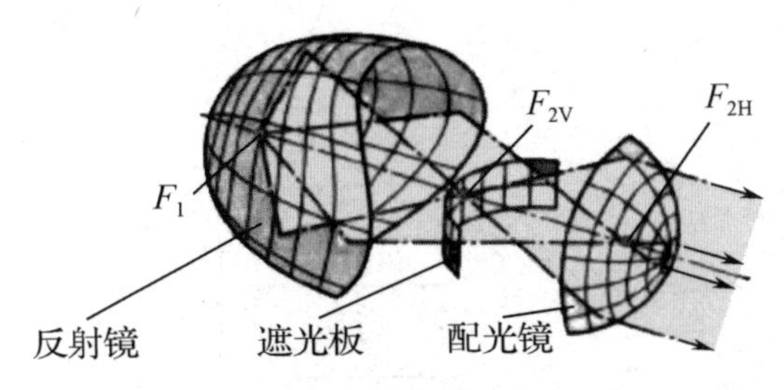

图1-62 多轴椭圆形反射镜

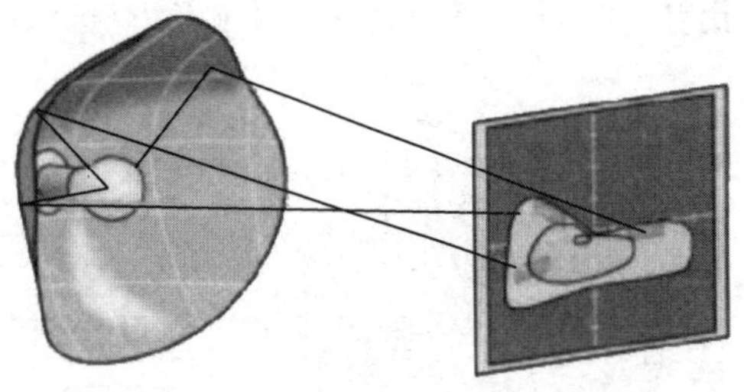
图1-63 自由形状反射镜

按照各汽车制造商的要求，反射镜表面的形态设计决定了道路光线的分布和照亮程度（见图 1-64）。每个单独区域都各自承担相应的功能。

- 区域Ⅰ：不对称部分，照亮道路右侧较远区域。
- 区域Ⅱ：对称部分，照亮光线明暗界限下方的区域。
- 区域Ⅲ：接近视野部分，用于道路的主要照明。
- 区域Ⅳ：接近视野部分，用于道路边缘的照明。

自由形状反射镜可以用于所有采用单丝灯泡或气体放电灯的前照灯。在近光灯中，不需要使用罩盖，产生的所有光都可用于照亮道路。此外，配光镜中不再需要折射部分，只需使用没有条纹的玻璃或塑料片覆盖反射镜就可以了。

（4）带自由形状反射镜和投射透镜的前照灯系统（见图 1-65）。在此系统中，反射镜表面的设计应用了自由面技术，使反射镜反射的光线能按照设计者要求的方向进行照射，确保尽可能多的光线通过遮光板。经反射镜反射的光线可在遮光板的高度形成光线分配，通过配光镜投射到道路上。这种技术能确保前照灯有更大的照明宽度，以及对道路边缘更高的照明亮度，光线大部分集中在明暗界线附近。该系统可用于反射单丝灯泡的近光和气体放电灯发出的灯光。

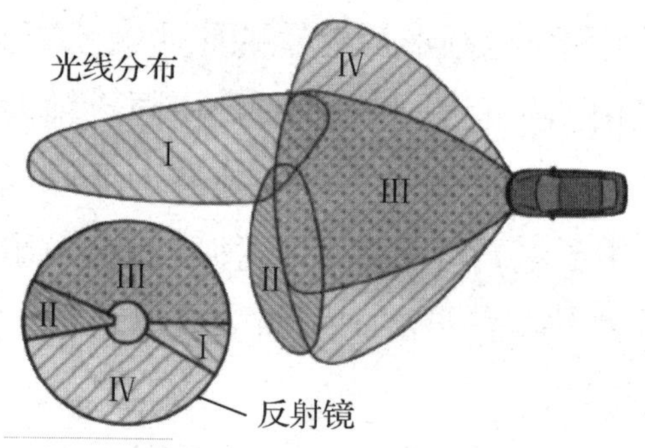

图 1-64　自由形状反射镜的光线分布

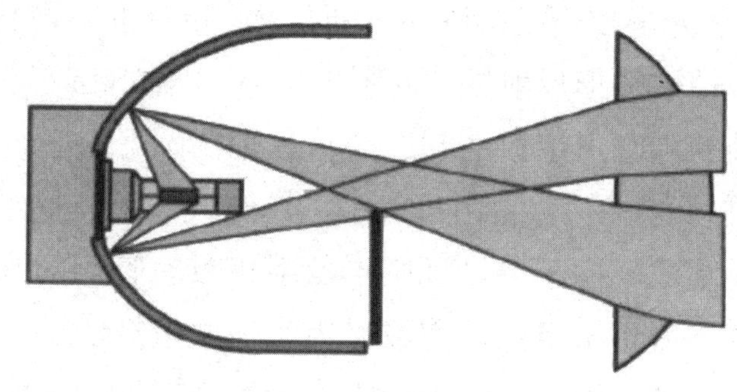

图 1-65　带自由形状反射镜和投射透镜的前照灯系统

3）配光镜

配光镜又称为散光玻璃。它用透光玻璃压制而成，是很多块特殊的棱镜和透镜的组合，其几何形状比较复杂，外形一般为圆形和矩形，其作用是对反射镜反射出的平行光进行整形，使车前路面和路缘具有良好而均匀的照明，散光玻璃使平行光束在水平方向扩散，使竖直光束向下折射。配光镜的结构和工作原理如图 1-66 所示。

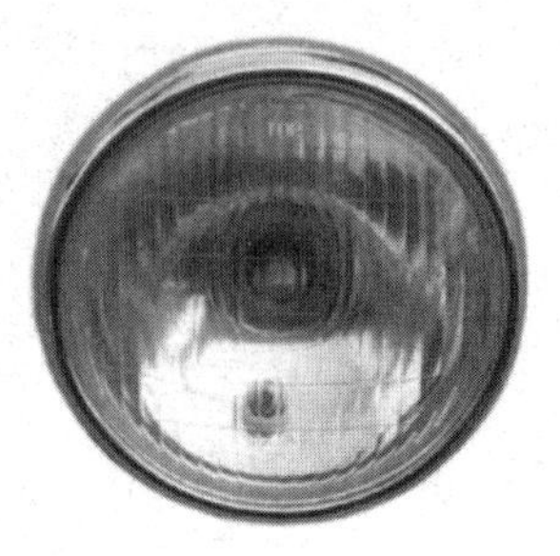

（a）结构

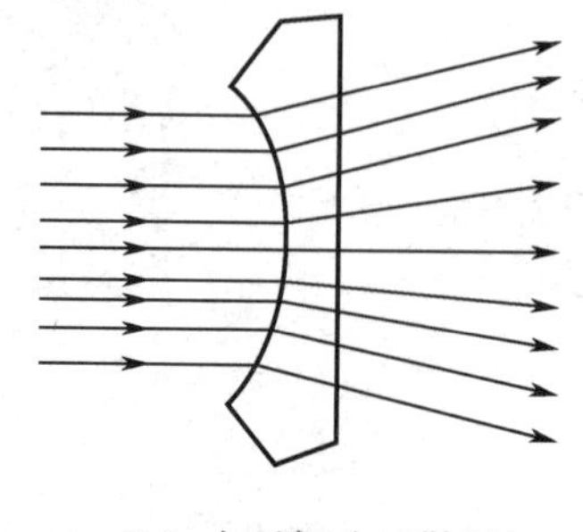

（b）水平部分（散射）

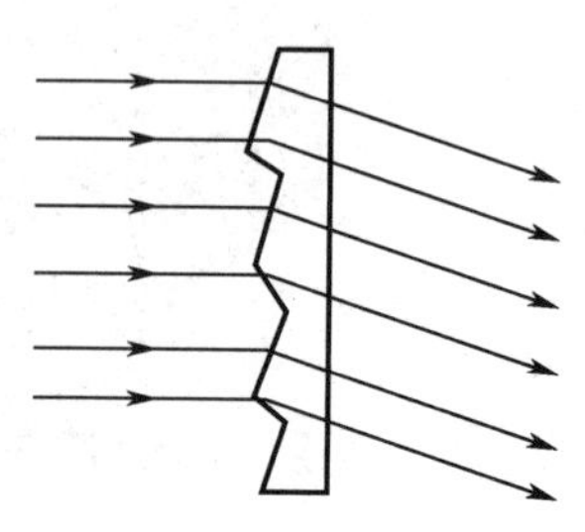

（c）垂直部分（折射）

图 1-66　配光镜的结构和工作原理

3. 前照灯的防目眩原理

当前照灯射出的强光束突然映进人的眼睛时，对视网膜产生刺激，瞳孔来不及收缩会造成视盲的现象，这种现象叫作目眩。夜间行车时，强烈光束会使对面行驶车辆的驾驶员目眩，从而容易引发交通事故。为避免此类情况发生，前照灯采取了以下防目眩的措施。

1）采用带有遮光罩的双丝灯泡

图 1-67 所示为带有遮光罩的双丝灯泡。其中一个灯丝为近光灯丝，另一个灯丝为远光灯丝。远光灯丝的功率较大，位于反射抛物面的焦点处；而近光灯丝的功率相对较小，位于反射镜焦点的上方（前方）。在夜间行车时，若有迎面车，使用近光，使光束倾向路面，从而避免迎面车辆驾驶员目眩，并使车前 50m 范围内的路面被照得十分清楚。当无迎面车时，则使用远光，使前照灯光束射向远方，便于提高车速。

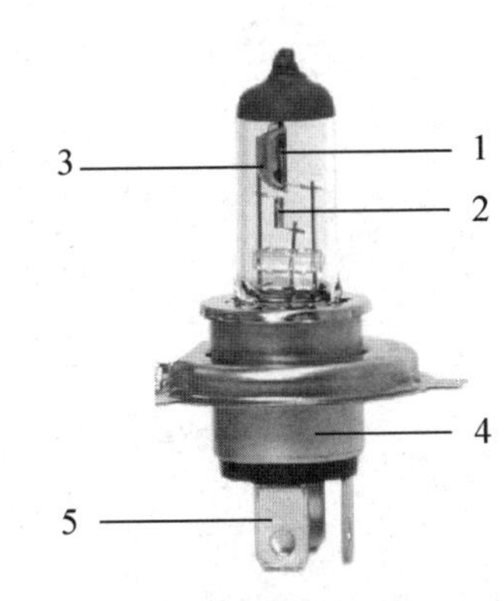

1—近光灯丝；2—远光灯丝；3—遮光罩；4—灯座；5—插脚。

图 1-67　带有遮光罩的双丝灯泡

为了取得更好的防目眩效果，获得合适的光束（配光），应在灯泡内设有遮光罩。远光和近光反射效果如图 1-68 所示。远光灯丝位于反射镜焦点处，而近光灯丝位于焦点的前方且稍高出光学轴线，并在近光灯丝下面装有由金属制成的遮光罩，由近光灯丝射向反射镜上部的光线反射后倾向路面，遮光罩挡住了灯丝射向反射镜下部的光线，故没有向上反射可能引起目眩的光线。

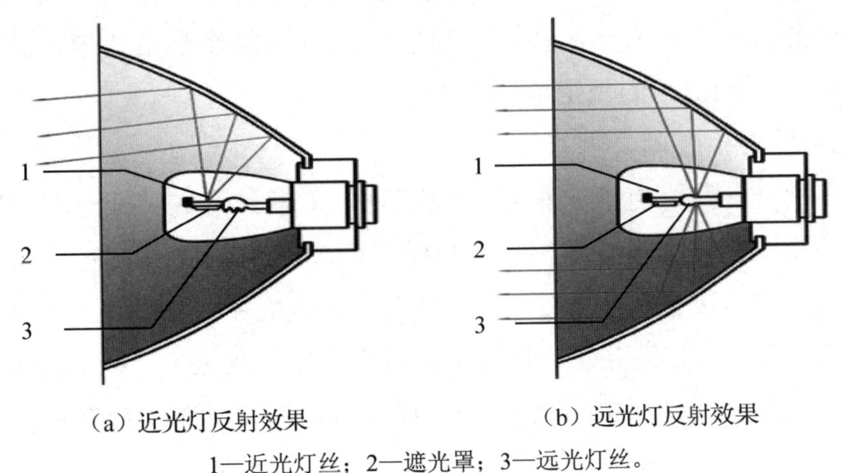

（a）近光灯反射效果　（b）远光灯反射效果

1—近光灯丝；2—遮光罩；3—远光灯丝。

图 1-68　远光和近光反射效果

2）采用非对称配光

带有遮光罩的双丝灯泡在会车使用近光时，近光灯仅能照亮前方 50m 范围内的路面，因而车速受到限制。为了达到既能防止使对面车驾驶员产生目眩，又能以较高车速会车的目的，许多前照灯采用非对称配光。其中有一种是 E 形非对称配光，将近光灯右侧亮区倾斜升高 15°，即将本车行进方向光束照射距离延长；还有一种是 Z 形非对称配光，该光形能使本车行进方向亮区平行升高，光形效果更加优越。前照灯非对称配光光形如图 1-69 所示。

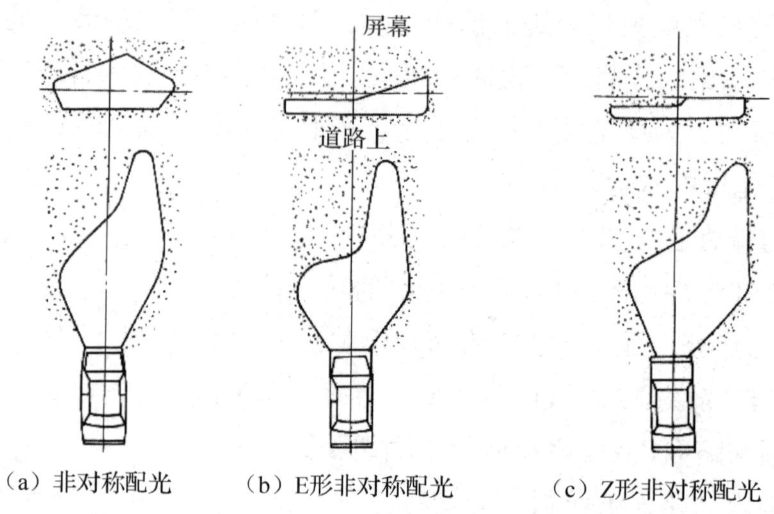

（a）非对称配光　（b）E形非对称配光　（c）Z形非对称配光

图 1-69　前照灯非对称配光光形

1.3.6.2　汽车前照灯的测试与调整

汽车前照灯在长期使用过程中，由于灯泡的逐渐老化、外部环境的污染，前照灯的发光强度会降低；同时汽车在行驶中受到的震动，也可能引起前照灯正常安装位置的改变，从而改变前照灯正确的照射方向。为了保证夜间行驶安全，前照灯的发光强度和光束照射位置必须符合国家标准的有关规定。

前照灯具有明亮均匀的照明和防目眩是夜间安全行车的重要保障，因此，对前照灯的检测是汽车安全检查的必要项目之一。我国对前照灯的测试与调整主要依据《机动车运行安全技术条件》（GB 7258—2017）的规定进行。

1. 前照灯光束照射位置的要求

（1）机动车在检查前照灯近光光束照射位置时，车辆只允许乘载一名驾驶员，轮胎气压应符合汽车制造厂的规定。前照灯近光光束照射在距离其 10m 的屏幕上，近光光束明暗截止线转角或中点的垂直方向位置（H_2），对于近光光束透光面中心（基准中心）高度（H）小于或等于 1000mm 的机动车，应在相对于近光光束透光面中心所在水平面以下的 50～300mm 的直线之间；对于近光光束透光面中心高度大于 1000mm 的机动车，应在近光光束透光面中心所在水平面以下的 100～350mm 的直线之间。除装用一只前照灯的三轮汽车和摩托车外，前照灯近光光束明暗截止线转角或中点的水平方向位置，与近光光束透光面中心所在垂直面 V 相比，向左偏移应小于或等于 170mm，向右偏移应小于或等于 350mm。前照灯的光束照射位置如图 1-70 所示。

（2）在车空载状态下，对于能单独调整远光光束的汽车、摩托车前照灯，前照灯远光光束照射在距离其 10m 的屏幕上，其发光强度最大点的垂直方向位置应不高于远光光束透光面中心所在水平面（高度值为 H）以上 100mm 的直线，且不低于远光光束透光面中心所在水平面以下 0.2H 的直线。除装用一只前照灯的三轮汽车和摩托车外，前照灯远光发光强度最大点的水平位置 V 与远光光束透光面中心所在垂直面相比，左灯向左偏移应小于或等于 170mm，且向右偏移应小于或等于 350mm，右灯向左和向右偏移均应小于或等于 350mm。

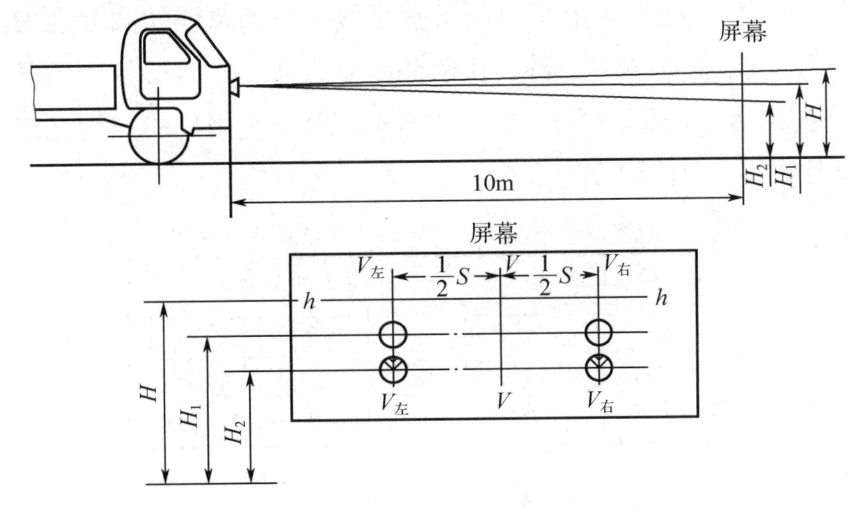

图 1–70 前照灯的光束照射位置

（3）机动车装有远光和近光双光束灯时，应以调整近光光束为主。对于只能调整远光光束的灯，只需调整远光单光束。

2. 前照灯发光强度的要求

机动车前照灯发光强度的要求如表 1-1 所示。测试时，其电源系统应处于充电状态。

表 1–1 机动车前照灯发光强度的要求

单位：cd

机动车类型		新注册车			在用车		
		一灯制	两灯制	四灯制[①]	一灯制	两灯制	四灯制[①]
三轮汽车		8000	6000	—	6000	5000	—
最高设计车速小于 70km/h 的汽车		—	10000	8000	—	8000	6000
其他汽车		—	18000	15000	—	15000	12000
普通摩托车		10000	8000	—	8000	6000	—
轻便摩托车		4000	3000	—	3000	2500	—
拖拉机运输机组	标定功率＞18kW	—	8000	—	—	6000	—
	标定功率≤18kW	6000[②]	6000	—	5000[②]	5000	—

注：① 四灯制是指前照灯具有四个远光光束；采用四灯制的机动车，其中两只对称的灯达到两灯制的要求时视为合格。

② 允许手扶拖拉机车组只装一只前照灯。

3. 前照灯测试与调整方法

前照灯测试与调整方法有屏幕测试法、专用检测仪测试法。对于前照灯测试与调整标准，各国略有差异，因此，测试与调整时应参照该车说明书和技术手册进行。

1）屏幕测试法

前照灯的屏幕测试法，只能测试前照灯的光束照射位置，不能测试发光强度。其方法如下：将汽车停在平坦路面上，按规定充足轮胎气压，并擦净前透镜。在离车头照灯 S 远处挂一块幕布（或利用白墙壁），在幕布上画出两条水平线，一条离地的高度为 H，另一条比它低 D。再在幕布上画一条汽车的垂直中心线，在两侧距垂直中心线 $A/2$ 处画两条垂直线，与离地高度为 H 的线相交的点为前照灯的中心点，与较低的水平线相交的点为光点中心，A 为两灯中心距。屏幕测试法如图 1-71 所示。

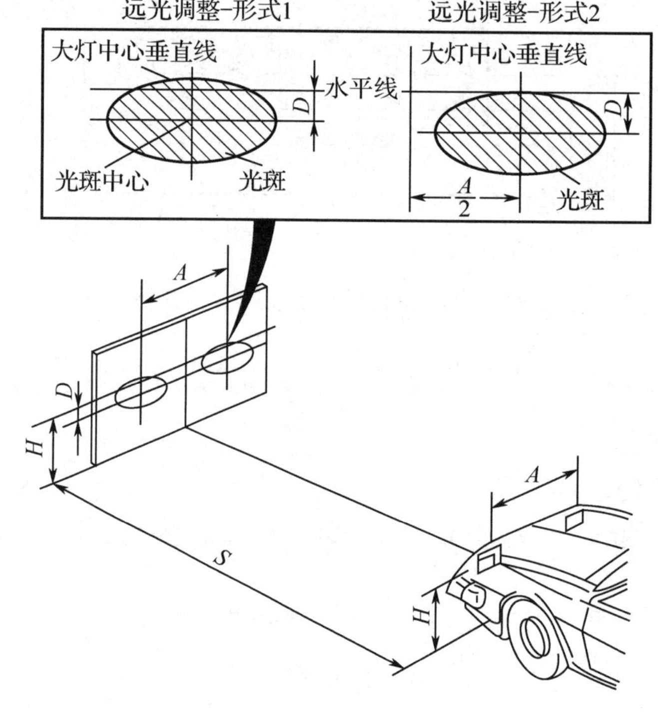

图 1-71　屏幕测试法

（图中 A、D、H、S 应参照车型规定的标准数据）

调整时，先遮住右侧的前照灯，调整左侧的前照灯。对于垂直方向，调整垂直方向调整螺栓；对于水平方向，调整水平方向调整螺栓，使左侧前照灯射出的光束中心对准屏幕上的光点中心。然后以同样的方法调整右侧前照灯，前照灯调整部位如图 1-72 所示。

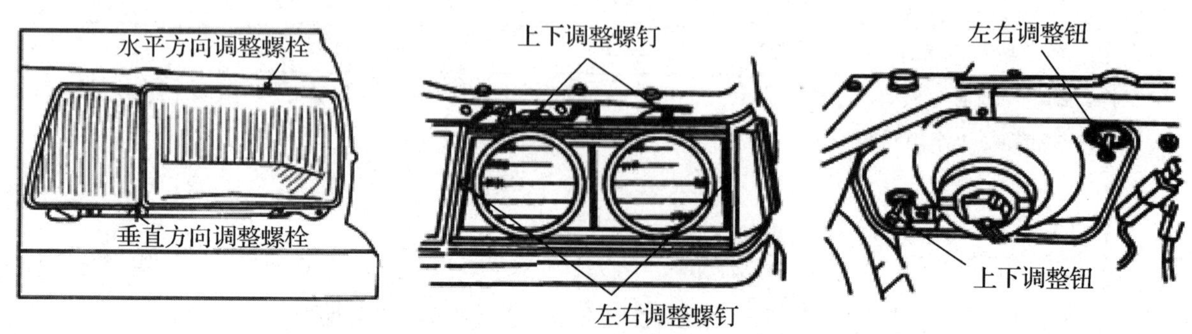

图 1-72　前照灯调整部位

2）专用检测仪测试法

专用检测仪测试法不仅能测试前照灯的光束照射位置，还能测试前照灯的发光强度。按测量距离和方法的不同，前照灯检测仪可分为聚光式、屏幕式、投影式、自动追踪光轴式和全自动式（见图1-73）等。

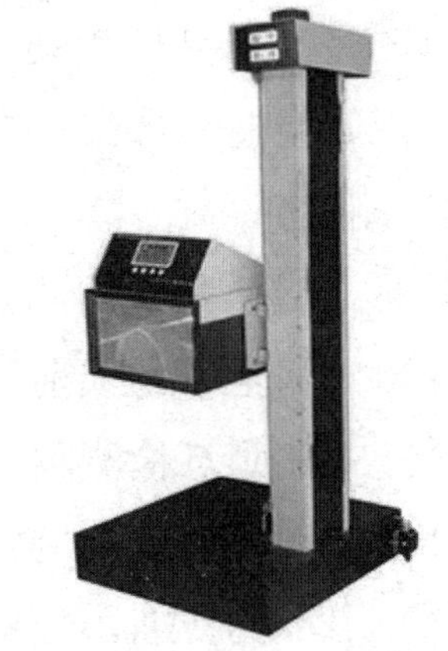

图1-73 全自动式前照灯检测仪

各类检测仪的使用方法虽各不相同，但测试原理基本一致。一般均采用能把吸收的光能变成电流的光电池作为传感器，按照前照灯主光束照射光电池产生电流的大小和比例，来测试前照灯的发光强度和光轴偏斜量。

（1）发光强度的测试原理：把光电转换元件与光度计处理电路连接起来，当检测仪的受光镜组接收到前照灯光束的光能后，光电转换元件对应发光强度的大小产生相应的电流，使光度计动作。据此即可测得前照灯的发光强度。

（2）光轴偏斜量的测试原理：把4个光电转换元件分成两组，并严格对称地布置在仪器的垂直轴线与水平轴线上，位于上下位置的光电转换元件接有上下偏斜计；位于左右位置的光电转换元件接有左右偏斜计。在汽车前照灯光束照射后，各光电转换元件分别产生电流，根据其电流的差值可使上下偏斜计或左右偏斜计产生动作，从而获得前照灯光束光轴的偏斜量。

前照灯检测仪主要由接收前照灯光束的受光器、使受光器与汽车前照灯对正的校准装置、前照灯发光强度指示装置、光轴偏斜方向和偏斜量指示装置，以及支柱、底板、导轨、汽车摆正找准装置等部件组成。

4. 前照灯测试与调整步骤

汽车前照灯的测试因仪器型号、制造商的不同而有所不同，具体步骤和要求应参考使用说明书。这里仅介绍通用的检测过程。

1）测试前准备

测试前照灯前，检测仪和被测车辆需要做好充分准备。

检测仪的准备如下。

（1）清洁检测仪受光面。

（2）确定检测仪处于水平位置。

（3）轨道内应无杂物，确保仪器移动顺滑。

（4）确定检测仪测试精度无误。

被测车辆的准备如下。

（1）清洁前照灯表面。

（2）汽车胎压应符合规定。

（3）保持汽车蓄电池处于充足电状态。

（4）确定车辆只载乘一名驾驶员。

（5）如果前照灯采用气体放电灯，那么测试前应预热。

2）测试

不同类型检测仪的测试方法是有一定差异的。下面就以聚光式前照灯检测仪、屏幕式前照灯检测仪和全自动式前照灯检测仪为例进行说明。

聚光式前照灯检测仪的测试方法如下。

（1）被测车辆驶到规定距离，且与检测仪导轨垂直。

（2）用车辆找准器使检测仪与车辆对正。

（3）打开前照灯，用前照灯找准器使检测仪与前照灯对正。

（4）将光度计、光轴转换开关扳向光轴侧。

（5）转动光轴刻度盘，使光轴偏斜指示计指向零，此时光轴刻度盘上的指示值即光轴偏斜量。

（6）光轴刻度盘不动，将光度计、光轴转换开关拨向光度侧，此时光度计的指示值即前照灯的发光强度值。

屏幕式前照灯检测仪的测试方法如下。

（1）被测车辆驶近检测仪，距检测仪 3m，与检测仪导轨垂直。

（2）用车辆找准器使检测仪与车辆对正。

（3）打开前照灯，用前照灯找准器使检测仪与前照灯对正（固定屏幕调整到和前照灯同样高度，受光器与前照灯中心重合）。

（4）使左右光轴刻度尺的零点与活动屏幕上的基准指针对正。

（5）将受光器上下左右移动，使光度计指示达到最大值，此时受光器上基准指针所指活动屏幕的上下刻度值和活动屏幕上基准指针所指固定屏幕的左右刻度值即光轴的偏斜量。

（6）光度计上的指示值，即前照灯发光强度值。

全自动式前照灯检测仪的测试方法如下。

（1）被测车辆驶到规定距离，且与检测仪导轨垂直。

（2）用车辆找准器使检测仪与车辆对正。

（3）变速器置于空挡，开启前照灯远光灯。

（4）检测软件发出启动测试的指令，仪器自动搜寻被测前照灯，并测量其远光发光强度及远光照射位置偏移值。

（5）被测前照灯转换为近光光束，检测仪自动检测其近光光束明暗截止线转角（或中点）的照射位置偏移值。

（6）在对并列的前照灯（四灯制前照灯）进行测试时，应将与受检灯相邻的灯遮蔽。

1.3.6.3 汽车前照灯的组成、工作原理、测试与调整-工作页

1．请提炼关键词，并按不同的分类方式说明汽车前照灯的种类。注意要清楚表达相互间的关系，以及不同类型前照灯的特点。

2．请阅读相关资料，提炼关键词，并完成下列各题。

（1）前照灯主要由__________、__________和__________三部分组成。

（2）目前汽车前照灯常用的灯泡有__________、卤素灯、气体放电灯、发光二极管、激光灯等。

（3）请解释下列词语。

反射镜：

配光镜：

防目眩：

（4）在图形的下方写出对应的名称。

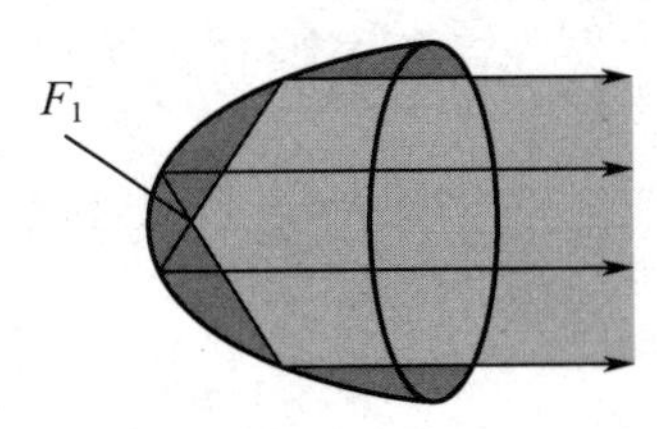

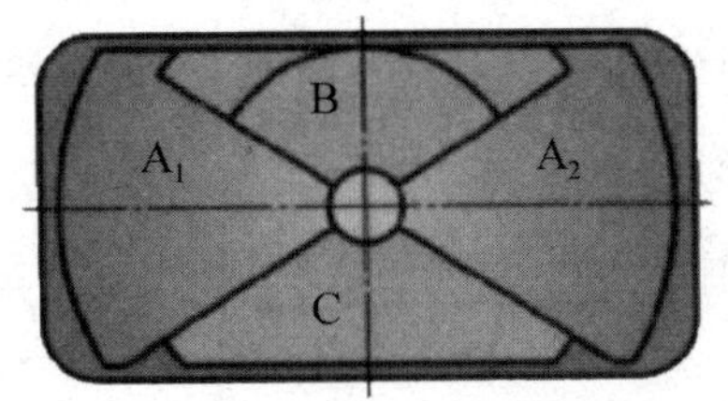

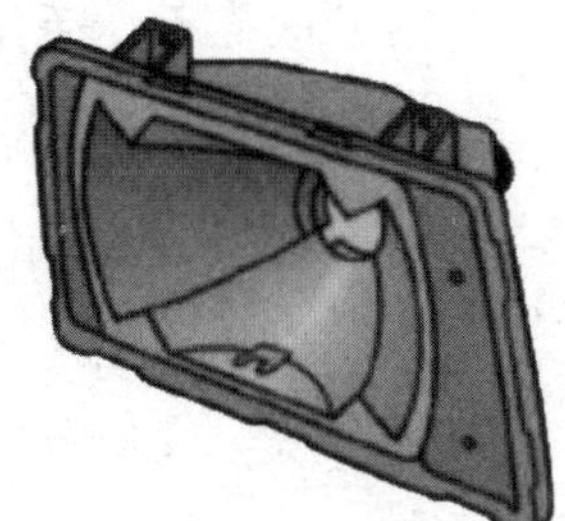

____________________ ____

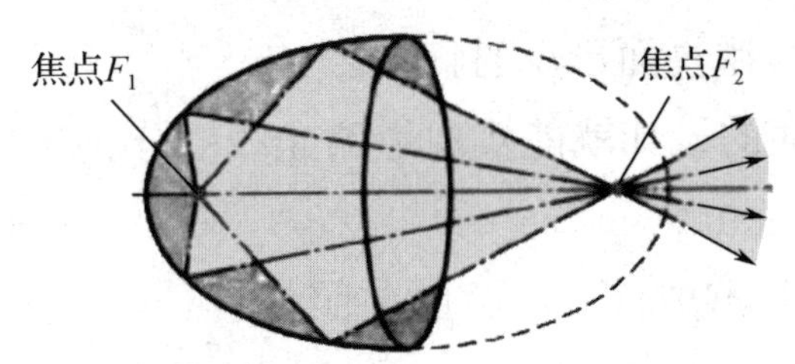

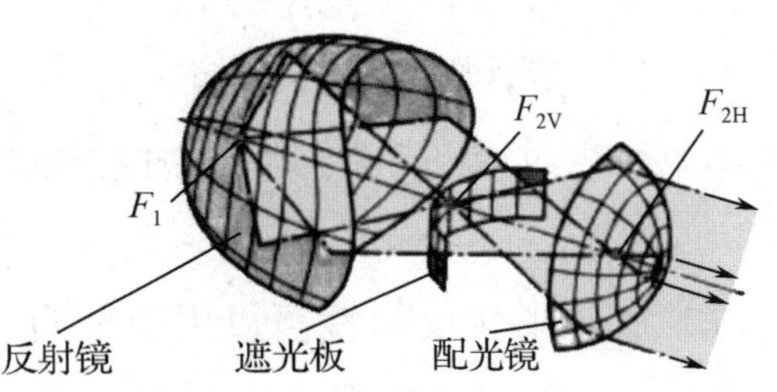

______________________________ ______________________________

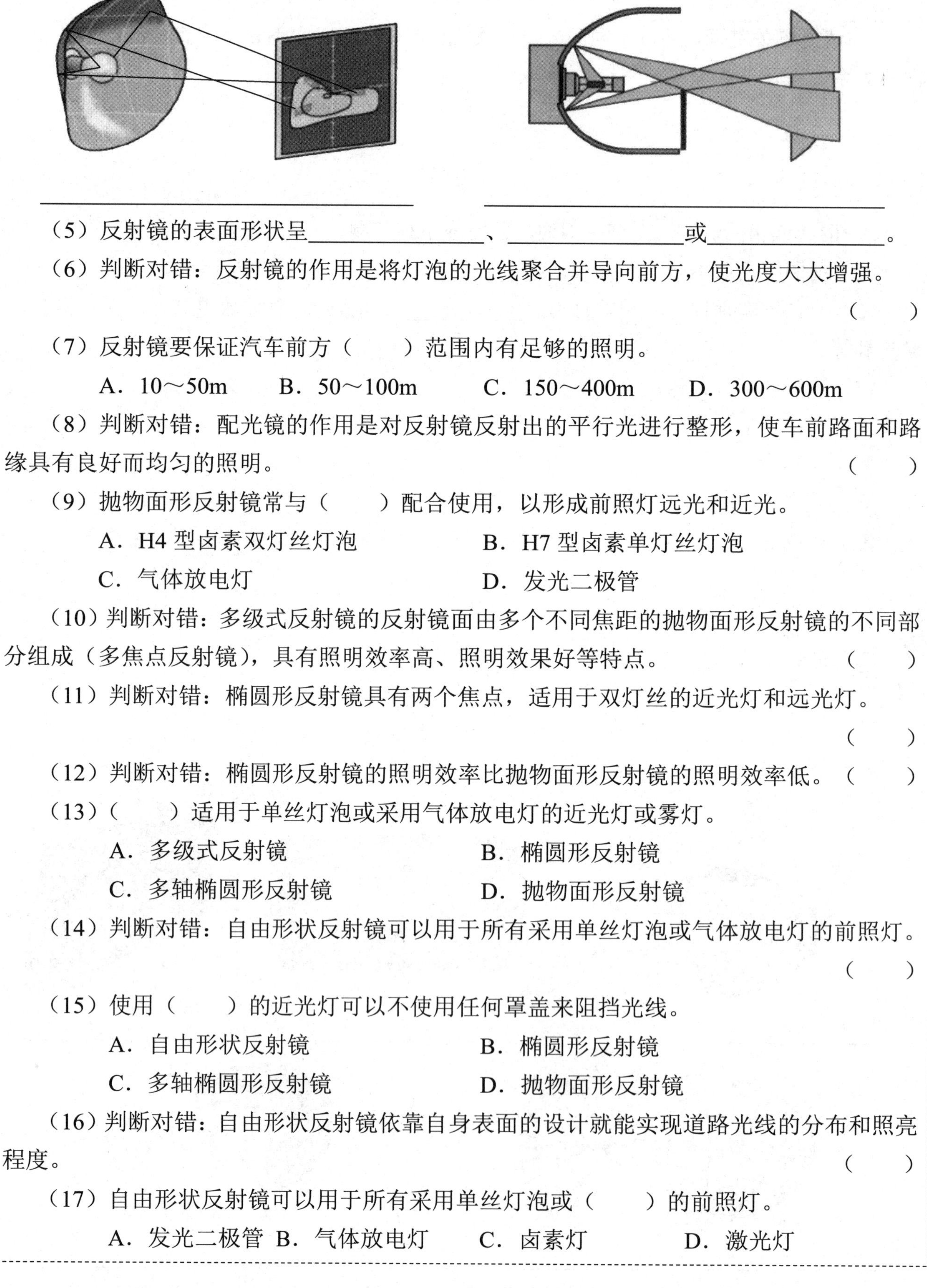

（5）反射镜的表面形状呈________、________或________。

（6）判断对错：反射镜的作用是将灯泡的光线聚合并导向前方，使光度大大增强。（　）

（7）反射镜要保证汽车前方（　）范围内有足够的照明。

A．10～50m　B．50～100m　C．150～400m　D．300～600m

（8）判断对错：配光镜的作用是对反射镜反射出的平行光进行整形，使车前路面和路缘具有良好而均匀的照明。（　）

（9）抛物面形反射镜常与（　）配合使用，以形成前照灯远光和近光。

A．H4 型卤素双灯丝灯泡　B．H7 型卤素单灯丝灯泡

C．气体放电灯　D．发光二极管

（10）判断对错：多级式反射镜的反射镜面由多个不同焦距的抛物面形反射镜的不同部分组成（多焦点反射镜），具有照明效率高、照明效果好等特点。（　）

（11）判断对错：椭圆形反射镜具有两个焦点，适用于双灯丝的近光灯和远光灯。（　）

（12）判断对错：椭圆形反射镜的照明效率比抛物面形反射镜的照明效率低。（　）

（13）（　）适用于单丝灯泡或采用气体放电灯的近光灯或雾灯。

A．多级式反射镜　B．椭圆形反射镜

C．多轴椭圆形反射镜　D．抛物面形反射镜

（14）判断对错：自由形状反射镜可以用于所有采用单丝灯泡或气体放电灯的前照灯。（　）

（15）使用（　）的近光灯可以不使用任何罩盖来阻挡光线。

A．自由形状反射镜　B．椭圆形反射镜

C．多轴椭圆形反射镜　D．抛物面形反射镜

（16）判断对错：自由形状反射镜依靠自身表面的设计就能实现道路光线的分布和照亮程度。（　）

（17）自由形状反射镜可以用于所有采用单丝灯泡或（　）的前照灯。

A．发光二极管　B．气体放电灯　C．卤素灯　D．激光灯

3．请认真阅读相关信息资料，并完成下列各题的填写。

（1）为了保证夜间行驶安全，在我国，汽车前照灯必须依据《机动车运行安全技术条件》（GB 7258—2017）的规定和标准进行前照灯________和________的测试与调整。

（2）机动车在测试前照灯近光光束照射位置时，车辆只允许载乘________，________应符合汽车制造厂的规定。

（3）机动车装有远光和近光双光束灯时，应以调整（　　）为主。

A．远光光束　　B．近光光束

C．远光光束和近光光束　　D．无须调整

（4）在对前照灯发光强度进行测试时，汽车电源系统应处于（　　）状态。

A．充电或放电　B．放电　C．充足电　D．不工作

（5）前照灯测试与调整方法有________和________，测试与调整时应参照该车说明书和技术手册进行。

（6）屏幕测试法只能测试________。

（7）专用检测仪的类别有________、________、________、________和________等。专用检测仪测试法可以测试________和________。

4．请结合相关信息与维修手册、设备使用说明书等资料，用关键词在下列表格中写出进行前照灯测试与调整的步骤、操作要点、安全规范等，并在实际操作过程中进行完成情况记录。

步　骤	操作要点	安全规范	完成情况记录

1.4 计划与决策

1.4.1 制订汽车灯光检查的工作计划

请回顾任务情境，应用从本学习单元学到的知识和技能，制订汽车灯光检查的工作计划，为实车操作做准备。

汽车灯光检查的工作计划

客户需求描述：			
人员分工： 负责人： 操作员：　　　　记录员： 安全员：　　　　质检员： 双人协作要点：			
任务计划执行时间：　　分钟		任务实际执行时间：　　分钟	
一、车辆基本信息			
车型		VIN 码	
人员分工			
二、工具设备准备			
□车外防护用品　□车内防护用品　□清洁用品　□车钥匙　□车轮挡块　□尾排			
三、操作步骤			
步　骤	**操作要点及注意事项**	**人员具体分工**	**操作情况记录**
1. 车身防护			□完成
2. 安放车轮挡块			□完成
3. 连接尾气排放装置			□完成
4. 汽车启动前检查			□完成
5. 汽车启动			□完成
6. 车灯操作			□完成
7. 车灯损坏情况检查			□完成 损坏情况记录：

续表

步 骤	操作要点及注意事项	人员具体分工	操作情况记录
8．前照灯测试与调整			□完成
四、维修建议			

1.4.2 确定任务实施内容及步骤

请确定任务实施内容及步骤要求，工作页见附录D。

1.5 任务实施

1.5.1 汽车灯光检查的安全注意事项

在进行灯光检查的过程中，一定要按如下规范操作，保证操作安全。

（1）挡位应处于空挡位置，手刹拉起。

（2）安装车轮挡块、尾排。

（3）启动汽车时确保车前无人。

（4）挂入倒挡（R 挡）时一定要踩住制动踏板（自动挡）/不能松离合（手动挡），直到重新挂入空挡（N 挡）。

1.5.2 汽车灯光检查的实车操作

操作过程记录：请严格按照工作计划进行实车操作，并在计划表上做好操作记录。

操作结果记录：在进行灯光检查时，请在灯光检查记录表中记录检查结果。

灯光检查记录表

检查项目		检查结果记录	仪表上亮起的指示灯	控制开关
前示宽灯	左	□正常 □不正常	仪表盘灯 示宽灯指示灯	灯光总开关1挡
	右	□正常 □不正常		
近光灯	左	□正常 □不正常		灯光总开关2挡
	右	□正常 □不正常		

续表

检查项目		检查结果记录	仪表上亮起的指示灯	控制开关
远光灯	左	□正常　□不正常	远光指示灯	变光开关
	右	□正常　□不正常		
超车灯	左	□正常　□不正常	远光指示灯	超车灯开关
	右	□正常　□不正常		
前雾灯	左	□正常　□不正常	前雾灯指示灯	雾灯开关 1 挡
	右	□正常　□不正常		
前转向灯	左	□正常　□不正常 转向回正功能　□正常　□不正常	转向指示灯	转向灯开关
	右	□正常　□不正常 转向回正功能　□正常　□不正常		
前安全报警灯	左	□正常　□不正常	转向指示灯	安全报警灯开关
	右	□正常　□不正常		
后示宽灯（尾灯）	左	□正常　□不正常	仪表盘灯 示宽灯指示灯	灯光总开关 1 挡
	右	□正常　□不正常		
后雾灯	左	□正常　□不正常	雾灯指示灯	雾灯开关 2 挡
	右	□正常　□不正常		
后转向灯	左	□正常　□不正常	转向指示灯 转向回正功能	转向灯开关
	右	□正常　□不正常		
后安全报警灯	左	□正常　□不正常	转向指示灯	安全报警灯开关
	右	□正常　□不正常		
制动灯	左	□正常　□不正常		踩下制动踏板
	右	□正常　□不正常		
	高位	□正常　□不正常		
倒车灯	左	□正常　□不正常		挂倒挡
	右	□正常　□不正常		
牌照灯		□正常　□不正常		灯光总开关 1 挡
仪表盘灯		□正常　□不正常		灯光总开关 1 挡
顶灯		□正常　□不正常		顶灯开关各挡位：开、关、门控

实车操作评价：在进行灯光检查时，请依据下面的评价表对操作过程进行评价。

汽车灯光检查评价表

评价对象		评价人		
操作步骤	评估要点	专业技能		职业素养
		应得分	实得分	
1．工具设备准备	检查工具设备准备得是否齐全，功能是否完好	4		责任担当□5□4□3□2□1 安全规范□5□4□3□2□1 合作沟通□5□4□3□2□1

续表

操作步骤	评估要点	专业技能		职业素养
		应得分	实得分	
2．车辆信息收集	查找车型、VIN码，并准确记录	2		责任担当□5□4□3□2□1 安全规范□5□4□3□2□1 合作沟通□5□4□3□2□1
3．安装车身防护	正确使用汽车内外防护、汽车挡块	2		责任担当□5□4□3□2□1 安全规范□5□4□3□2□1 合作沟通□5□4□3□2□1
4．连接尾排	连接到位，确认尾气排放系统处于工作状态	2		责任担当□5□4□3□2□1 安全规范□5□4□3□2□1 合作沟通□5□4□3□2□1
5．汽车启动	（1）规范完成汽车启动前检查。 （2）启动前确认车前无人、挡块安装好、空挡、手刹处于制动位置。 （3）正确启动汽车	5 5 2		责任担当□5□4□3□2□1 安全规范□5□4□3□2□1 合作沟通□5□4□3□2□1
6．汽车灯光检查	（1）正确操作灯光开关，错一次，扣1分，扣完为止。 （2）正确检查灯光损坏情况，检查错误一次扣1分，扣完为止。 （3）准确找出损坏灯具，并正确记录。 （4）车内和车外人员合作不默契，出现一次，扣1分	20 20 5		责任担当□5□4□3□2□1 安全规范□5□4□3□2□1 合作沟通□5□4□3□2□1
7．测试并调整前照灯	（1）检查前确认测试的前提条件。 （2）汽车和检测仪的位置调整正确。 （3）严格按照检测仪操作说明进行测试。 （4）正确调整前照灯的安装位置。 （5）确认前照灯发光强度和光束照射位置符合标准，如不符合，能提出合理的维修建议	2 2 10 2 2		责任担当□5□4□3□2□1 安全规范□5□4□3□2□1 合作沟通□5□4□3□2□1
8．记录并提出维修建议	（1）按要求进行测试过程和测试结果的记录，字迹清楚，数据准确，结果正确。 （2）维修建议合理、科学，有可靠依据	10		责任担当□5□4□3□2□1 安全规范□5□4□3□2□1 合作沟通□5□4□3□2□1
9．清理现场，工具设备复位	清洁现场、工具设备，清理汽车并复位	5		责任担当□5□4□3□2□1 安全规范□5□4□3□2□1 合作沟通□5□4□3□2□1
序号	评估否决项	不能发生	是否发生	问题记录
1	汽车启动时没有进行安全确认和操作	否		
2	由于错误操作对汽车、部件、工具设备造成损坏	否		
总计		100		责任担当： 安全规范： 合作沟通：

注：操作拆装、检测调试属于专业技能，按照应得分打分；责任担当、安全规范、合作沟通属于职业素养，直接在对应的分值前面画“√”即可。

1.6 任务评估

1.6.1 任务完成质量检查

质量检查：任务完成质量检查记录单见附录 E。

1.6.2 工位 5S 检查

安全规范检查：工位 5S 检查结果记录单见附录 F。

1.6.3 任务完成安全隐患排查

安全隐患排查：任务完成安全隐患排查记录单见附录 G。

1.6.4 完善改进工作计划

计划改进：请根据实际的汽车车灯检查工作，完善改进工作计划（以另一种颜色的笔在工作计划上标注和补充即可）。

1.7 任务反思

1.7.1 撰写对车辆进行车灯测试报告

撰写报告：任务实施工作报告见附录 H。

1.7.2 任务总结与思考

任务复盘：任务总结与思考记录单见附录 I。

1.8 知识拓展：对家中的汽车进行灯光测试

请严格按照规范对家中的汽车进行灯光测试，并撰写测试报告。

1.9 单元测试

一、填空题（每空 1 分，共 30 分）

1. 用于车外照明的灯包括______________、______________、______________等。

2. 常见的汽车照明系统车灯开关有__________________和________________两类。

3. 目前汽车上常用的灯具有______________、______________、______________、______________、______________等。

4. 汽车前照灯有三种工作状态：____________状态、____________状态和____________状态。

5. 前照灯测试与调整方法有________________、________________，测试与调整时应参照该车说明书和技术手册进行。

6．根据发出信号手段的不同，汽车信号系统可以分为 ____________和____________。

7．一般汽车的前组合灯会将 ______________、 ______________、______________等组合在一起。

8．一般汽车的后组合灯会将___________、____________、____________、____________等组合在一起。

9．汽车内部灯光信号主要包括两类：____________________和___________________。

10．汽车仪表盘上的信号灯一般分为_________、__________、_________和_________四大类。

二、选择题（每题2分，共40分）

1．汽车前照灯包括远光灯和近光灯，其中，远、近光灯的功率分别是（　　）。

A．40～60W　　B．35～55W　　C．10～20W　　D．5～10W

2．（　　）是可以单独开启的，而后雾灯只能与前雾灯同时开启，无法单独开启。

A．前、后雾灯都不　　B．前雾灯和后雾灯

C．后雾灯　　D．前雾灯

3．H4型卤素灯中的远光灯丝，（　　），可得到良好的路面照明。

A．光度较弱，位于焦点的上方或前方

B．光度较强，灯丝放在反射镜的焦点上

C．光度较弱，灯丝放在反射镜的焦点上

D．光度较强，位于焦点的上方或前方

4．H4型卤素灯中的近光灯丝，（　　），既能照亮路面，又可防止使对面来车的驾驶员目眩。

A．光度较弱，位于焦点的上方或前方

B．光度较强，灯丝放在反射镜的焦点上

C．光度较弱，灯丝放在反射镜的焦点上

D．光度较强，位于焦点的上方或前方

5．和卤素灯相比，气体放电灯有一个缺点，它需要____的时间来达到满照明强度，但是，____能在约____的时间内达到满照明强度，主要用作额外制动灯。（　　）

A．0.2s，氖气放电灯，5s　　B．5s，氖气放电灯，0.2s

C．5s，氙气放电灯，0.2s　　D．0.2s，氙气放电灯，5s

6．发光二极管是一种能够将电能转换为可见光的固态的（　　），可以直接把电能转换为光能。

A．半导体器件　　B．晶体管器件　　C．金属丝　　D．导体

7．发光二极管用作制动灯等，通电后亮起的时间会比采用金属灯丝灯快约（　　）。

A．2s　　B．0.5s　　C．2ms　　D．5s

8．激光灯里的激光是一种由（　　）产生的蓝色平行光，相比于发光二极管的灯光，其可控性和强度更大。

A．金属灯丝灯　B．卤素灯　C．气体放电灯　D．激光发光二极管

9．目前汽车前照灯常用的灯泡有（　　）、卤素灯、气体放电灯、激光灯等。

A．金属灯丝灯　B．日光灯　C．发光二极管　D．激光灯

10．反射镜要保证在汽车前方（　　）范围内有足够的照明。

A．10～50m　B．50～100m　C．150～400m　D．300～600m

11．抛物面形反射镜常与（　　）配合使用，以形成前照灯远光和近光。

A．H4 型卤素双灯丝灯泡　B．H7 型卤素单灯丝灯泡

C．气体放电灯　D．发光二极管

12．使用（　　）的近光灯可以不使用任何罩盖来阻挡光线。

A．自由形状反射镜　B．椭圆形反射镜

C．多轴椭圆形反射镜　D．抛物面形反射镜

13．机动车装有远光和近光双光束灯时，应以调整（　　）为主。

A．远光光束　B．近光光束

C．远光光束和近光光束　D．无须调整

14．在对前照灯发光强度进行测试时，汽车电源系统应处于（　　）状态。

A．充电或放电　B．放电　C．充足电　D．不工作

15．倒车灯在（　　）时自动亮起。

A．变速器挂入倒挡　B．踩下制动踏板

C．打开点火开关　D．拉起手刹

16．制动灯在（　　）时自动亮起。

A．变速器挂入倒挡　B．踩下制动踏板

C．打开点火开关　D．拉起手刹

17．汽车转向灯的闪烁是通过（　　）控制电流的通断来实现的。

A．继电器　B．电容器　C．开关　D．闪光器

18．集成电路闪光器的闪光频率为（　　）。

A．20 次/min　B．80 次/min　C．40 次/min　D．120 次/min

19．当（　　）亮起时，说明车辆发生的故障会影响驾驶安全或可能造成严重损伤，要立即熄火停车进行救援，不能再继续行驶。

A．蓝色信号灯　B．红色信号灯　C．绿色信号灯　D．黄色信号灯

20．客户询问：仪表盘上的机油压力报警灯在打开点火开关后，仍然不会熄灭，是红色灯，此时，车辆没有启动，是不是车辆有故障了？你认为下列维修人员给予的回复中哪一个是最合理的。（　　）

A．是的，请不要启动车辆，原地等待救援

B．是的，请将车及时开到汽车修理厂进行修理

C．这是正常现象，只有车辆启动后，此灯才会熄灭

D．我不太清楚，请咨询该车的制造商

三、判断题（每题2分，共30分）

1．我国境内使用的汽车都必须遵守国标《机动车运行安全技术条件》（GB 7258—2017）的规定，否则将不能上路行驶。（ ）

2．前照灯应具有防止目眩的装置，确保夜间两车迎面相遇时，不会使对面来车的驾驶员因目眩而造成事故。（ ）

3．顶灯可以在驾驶员用遥控钥匙开启车门时自动亮起，在锁车后立刻关闭，便于驾驶员操纵车辆。（ ）

4．行李箱灯装于轿车或客车行李箱内，当开启行李箱盖时，自动亮起。（ ）

5．当仪表中出现蓝色远光灯标志时，说明近光灯开启。（ ）

6．开启示宽灯之后牌照灯亮起。（ ）

7．氙气放电灯是一种气体放电灯。（ ）

8．反射镜的作用是将灯泡的光线聚合并导向前方，使光度大大增强。（ ）

9．倒车灯的光色为红色。（ ）

10．制动灯的光色为强红光。（ ）

11．当黄色信号灯亮起时，说明车辆发生了功能性故障，可以继续行驶，但应尽快开到汽车修理厂进行检修。（ ）

12．当红色信号灯亮起时，说明车辆发生了功能性故障，可以继续行驶，但应尽快开到汽车修理厂进行检修。（ ）

13．当绿色信号灯亮起闪烁时，说明一些辅助系统功能正在运行。（ ）

14．当发动机温度过高，冷却液温度报警灯亮起时，请及时打开散热器盖进行冷却液的添加和散热。（ ）

15．制动蹄片磨损过量报警灯亮起时，说明需要及时更换车辆四个车轮的蹄片。（ ）

学习单元 2

汽车电气系统认知与常用导线修复——维修行李箱盖上的损坏导线

思政园地

安全规范

学生：老师，我能将车修好不就可以了，为什么还要遵守那么多的条条框框呢？

老师：曾经有一辆轿车在行驶过程中发生了自燃，通过调查，发现事故是在维修车辆发动机导线时，连接导线不牢固，连接点出现异常发热导致的。根本原因就是维修人员没有严格按照操作规范来进行汽车导线的连接。所以，我们首先要明确的一点就是什么叫“修好”，对于汽车来说，完全恢复车辆的使用性能、安全性能，才能称之为“修好”，而只有严格按照车辆的安全规范来操作，才能做到“修好”。

分享一个“汽车神医”——陶巍的故事。陶巍，国际汽车维修高级教官，享受国务院特殊津贴，全国五一劳动奖章获得者、上海市劳模；其事迹被收入中外名人录，其获得了世界优秀人才勋章、美国国会最高“终身成就奖”。他曾修复了当时国内仅有的一辆因故障而沉睡车库多年的“劳斯莱斯车”，美国《时代周刊》还曾报道过此事。他认为，汽车修理实际上很简单，车上用的所有零部件都是通过国家认证的，所以我们使用的零件也必须是标准的。现代汽车所有系统都是总线控制的，有一个地方的功能不好就会引起汽车的很多故障，所以修车必须严格按照维修工艺来进行。修车是要承担法律责任的，谁修的车谁负责。汽车维修要做到一丝不苟、追求完美。

同学们，我想说的是，安全、规范地维修车辆，才能为乘车人、修车人、行人、车辆保驾护航。

2.1 学习目标

素质目标	知识目标	技能目标
1．严格遵守操作规范，确保安全生产。 2．建立5S意识，养成良好的劳动习惯。 3．能够持续阅读 400 字的文字材料，标注关键词，并制作简洁的讲稿。 4．能够节约材料，并按照环保规定进行废料的处理。 5．能够独立完成学习和工作。 6．工作中严格遵守事故预防条例。	1．了解汽车电气系统的组成及作用。 2．认识汽车常用导线。 3．了解导体电阻与导体横截面的关系。 4．掌握正确选择汽车导线的方法。 5．掌握汽车导线的连接方法。 6．掌握导线绝缘保护的方法。	1．能够根据不同的用途进行导线连接。 2．能够正确选择连接导线、连接工具和绝缘材料。 3．能够采用绞接法进行导线连接。 4．能够借助连接器建立导线连接。 5．能够进行钎焊连接。 6．能够用绝缘胶带、热缩管等方法建立防水、防漏电等的导线连接。

2.2 情境引入

2.2.1 情境描述

一辆大众速腾轿车，行驶总里程为 6 万千米，客户李先生发现该车行李箱盖上的连接导线损坏，需要进行修复。客户希望能马上修复，不耽误其继续使用。客户还希望修复后能不再出现这样的故障。

2.2.2 接受任务

思考：作为一名维修接待人员，当遇到李先生到汽车修理厂求助时，应该如何进行接待呢？请依据情境描述，编写客户接待话术，做好接待客户的准备工作。客户接待话术表见附录 A。

提示：需要评估车辆维修时间，和客户沟通，满足“客户希望能马上修复，不耽误其继续使用”的要求。

角色扮演：请按照上面编好的话术进行角色演练，并从着装规范、举止得体等 8 个方面分别给予评价，5 分为完美，1 分为差得很远。客户接待评价表见附录 B，客户任务工单见附录 C。

2.2.3 任务分析

结合实际情况进行分析，在自己已经具备的能力或条件前的方框内画“√”，未画“√”的内容就是需要从本学习单元学习和掌握的知识、技能和素养。

对车辆损坏导线进行修复需要具备下面的能力及条件：

□车外防护 □车内防护 □安放车轮挡块 □识别车辆身份信息

□连接尾排 □认知汽车电气设备 □识别汽车导线 □导线连接

□导线的绝缘保护 □导线与插接器的连接 □独立修复

2.3 知识与技能储备

2.3.1 了解汽车电气系统

汽车电气系统是汽车的重要组成部分，其性能好坏直接影响汽车的动力性、经济性、可靠性、安全性、舒适性及排放性等，随着各种集成电路、微型电子计算机、车载网络技术、智能传感器等高新技术在汽车上的广泛应用，电气系统的智能程度已成为衡量现代汽车档次的重要指标之一，对电气系统部件故障的诊断与维修也成为现代汽车维修中发展最快、技术最新、要求最高的技艺之一。

2.3.1.1 汽车电气系统概述

现代汽车所装备的电气系统，按其用途可划分为电源系统、起动系统、点火系统、灯光系统、信号系统、仪表信息系统、辅助系统、电子控制系统 8 大系统。

1. 电源系统

电源系统主要部件包括蓄电池、发电机及其调节器，如图 2-1 所示。前两者是并联工作的，发电机是主电源，蓄电池是辅助电源。

（a）蓄电池

（b）发电机及其调节器

（c）蓄电池传感器

图 2-1 电源系统主要部件及蓄电池传感器

发电机为主电源，发动机正常工作时，由发电机向全车电气设备供电，同时给蓄电池充电。发电机配有自动调节装置，其作用是在发电机工况发生变化时，自动调节发电机的输出电压使之保持稳定，满足汽车的用电需求。

蓄电池为可逆的直流电源，与发电机并联。当发动机启动时，蓄电池为起动机和点火系统供电；在发电机不发电或电压较低的情况下，蓄电池为汽车上的电气设备供电；当电气设备同时接入较多，发电机超载时，蓄电池协助发电机供电；当发电机发出的电量高于汽车上负载的需求时，蓄电池将多余电量从电能转换成化学能储存起来。

为了提升汽车的安全性和舒适性，现代汽车上安装的电气设备越来越多，耗电量也越来越大，因此现代汽车装备了车载电能管理系统，在原有系统部件的基础上增加了蓄电池传感器（见图 2-1）、电源管理模块等，能够对整车电能进行精准管理和控制，确保全车电能均衡供应，保证汽车能够顺利启动和正常使用，同时降低燃油消耗。车载电能管理系统的控制主要体现在两个方面：一方面是对汽车电源设备（包括发电机和蓄电池）的输出进行控制和调节；另一方面是对电气设备采用集中控制和分级弃用的管理策略。

2. 起动系统

起动系统的功用是通过起动机将蓄电池的电能转换成机械能，带动发动机开始运转，并在发动机正常运转后，迅速切断与发动机的联系，起动机停止工作。起动系统主要部件包括起动机、继电器（部分车型没有）和启动开关三部分，如图 2-2 所示。

（a）起动机

（b）继电器

（c）点火开关（启动开关）

图 2-2　起动系统主要部件

目前汽车上大多装备有自动启停系统，即 Start-Stop 系统，简称为 STT 系统，在汽车行驶过程中临时停车（例如等红灯）时，发动机会自动熄火。当需要继续前进时，系统自动重启发动机，无须人工干涉。自动启停系统可以减少不必要的燃油消耗，降低排放，提高燃油经济性。但反复使用起动机容易造成起动机过热损坏，对电池寿命也有较大影响，故需配备高质量起动机及高效能蓄电池，如 AGM 蓄电池、EFB 蓄电池。AGM 蓄电池主要用于德系车等欧洲车型，EFB 蓄电池主要用于日系车。汽车设有自动启停系统开关按钮，自动启停系统的使用如图 2-3 所示，驾驶员可以根据自己的驾驶意愿决定是否需要使用此功能。

（a）自动启停系统关闭按钮

（b）组合仪表：发动机已自动关闭

（c）组合仪表：自动启停系统已关闭

图 2-3　自动启停系统的使用

3. 点火系统

点火系统的作用是产生高压电火花，点燃汽油机发动机气缸内的混合气。点火系统主要部件包括点火线圈、分电器（目前大部分车型已经不再采用，改为通过电子控制单元的控制直接实现分电器功能）、高压导线、高压包、火花塞等，如图 2-4 所示。目前绝大部分车型直接用高压包代替了点火线圈和高压导线。只有汽油机需要点燃气缸内的混合气，柴油机的混合气无须点燃，只需给予足够的压力便可自行燃烧。

（a）分电器

（b）点火线圈

（c）高压导线

（d）高压包

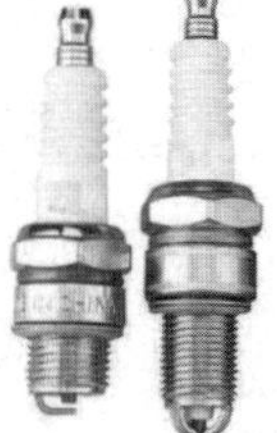
（e）火花塞

图 2-4　点火系统主要部件

4. 灯光系统

为了保证汽车的正常工作和安全行驶，提高运输效率，降低运输成本，在汽车上安装了各种照明灯具和仪表。灯光系统可分为车外照明装置、车内照明装置、灯光信号装置。一般来说，一辆汽车上有 50～60 个灯具。

汽车照明装置主要用于车外照明、车内照明、辅助照明等，如图 2-5 所示。车外照明装置包括前照灯、雾灯、倒车灯、牌照灯等；车内照明装置包括仪表灯、顶灯、阅读灯、行李箱灯、发动机罩灯、工作灯等。

（a）车外照明

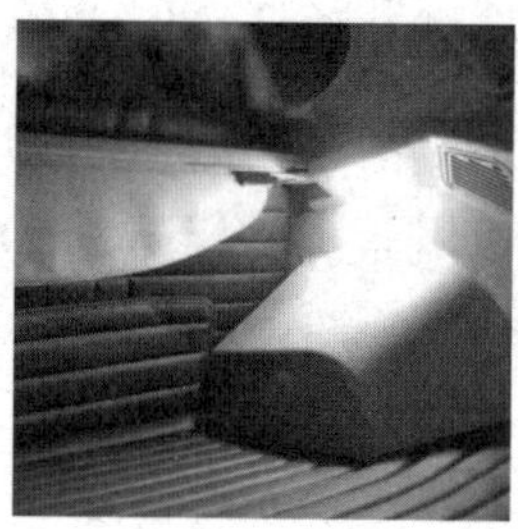
（b）辅助照明

（c）车内照明

图 2-5　汽车照明装置用途

灯光信号装置主要用于向其他车辆、行人发出警示，确保安全行车，如转向灯、倒车灯、制动灯等。

5. 信号系统

信号系统主要部件包括喇叭、蜂鸣器、闪光器及各种行车信号灯。汽车信号装置如图 2-6 所示。

（a）喇叭

（b）救护车上的信号灯

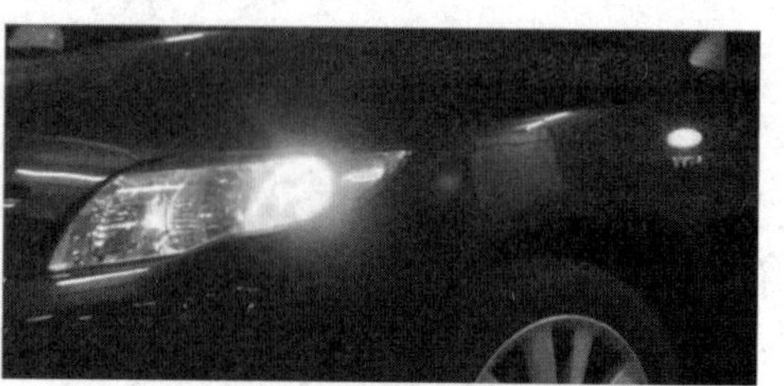
（c）左转向信号灯

图 2-6　汽车信号装置

信号系统就是能对车辆之外的其他车辆、人或动物进行提醒和警示的电气系统，其主要目的是保证车辆运行时的人车安全。

6. 仪表信息系统

仪表信息系统用来显示发动机和汽车行驶中相关装置的工作状况，通常由仪表及其传感器、各种报警灯及控制器组成。用于显示信息的仪表包括电流表、充电指示灯或电压表、机油压力表、温度表、燃油表、车速及里程表、发动机转速表、数字时钟等实时监测工作情况的各类仪表，发动机冷却液温度过高、机油压力不足、燃油量不足、制动液面过低等异常情况报警灯，以及转向、远光、充电等工作状态指示灯。全部仪表、指示灯和报警灯均集成在位于驾驶员正前端的汽车组合仪表中，如图 2-7 所示。汽车组合仪表的作用就是帮助驾驶员随时掌握汽车主要部分的工作情况，及时发现和排除可能出现的故障和不安全因素，以保证良好的行驶状态。

图 2-7 汽车组合仪表

为了提升驾驶的安全性、舒适性及改善娱乐体验，目前绝大部分汽车在中控台上都装备有中央信息显示器（CID），如图 2-8 所示，可以显示时间、温度、日期、音频等基本信息，拥有 CD/DVD 等多媒体播放、倒车影像、GPS 导航等多种功能。

图 2-8 中央信息显示器

7. 辅助系统

辅助系统是为提高车辆安全性、舒适性等而设置的。其种类随车型不同而有所差异，汽车档次越高，辅助装置越完善。辅助装置通常包括电动刮水器、全自动空调、低温启动预热装置、多媒体、音响装置、点烟器、玻璃升降器、车窗电动举升装置、电子控制门锁、电动座椅调节装置、电动后视镜等。汽车辅助装置实物照如图 2-9 所示。

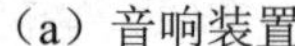
（a）音响装置

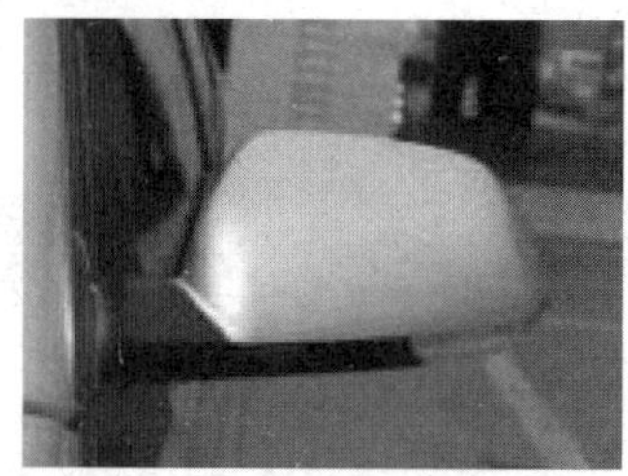
（b）电动后视镜

（c）点烟器

图 2-9　汽车辅助装置实物照

绝大部分中高档汽车上都装备了高级驾驶辅助系统（Advanced Driving Assistance System，ADAS），如图 2-10 所示，其是在汽车行驶过程中，利用安装在车上的各类新型智能传感器，如毫米波雷达、激光雷达、单/双目摄像头及卫星导航等，随时感应周围环境、收集数据，进行静态/动态物体的辨识、侦测与追踪，并结合导航仪地图数据，进行系统的运算与分析，预先警示驾驶员察觉到的可能发生的危险，有效提高了汽车驾驶的舒适性和安全性的一类技术的统称。目前常见的高级驾驶辅助系统有自适应巡航控制（Adaptive Cruise Control，ACC）系统、360° 全景监控影像（Around View Monitoring，AVM）系统、疲劳驾驶监控系统（Driver Fatigue Monitor System，DFMS）、自动泊车辅助（Automatic Parking Assistance，APA）系统、车道保持辅助（Lane Keep Assistance，LKA）系统、行人检测系统（Pedestrian Detection System，PDS）等。

图 2-10　高级驾驶辅助系统

8. 电子控制系统

汽车上的电子控制系统由三部分组成，即传感器、控制器（CPU）和执行器。

传感器：主要用于收集控制器所需要的各类信号，如温度、压力、位置、电压等，为控制器指挥执行器工作提供数据支持。目前有些传感器上集成了控制器，使得传感器本身具有采集、处理、交换信息的能力，这种传感器是一种具有信息处理功能的传感器，被称为智能传感器（Intelligent Sensor），其能将检测到的各种物理量储存起来，并按照指令处理这些数据，从而创造出新数据。智能传感器之间能进行信息交流，并能自我决定应该传输的数据，舍弃异常数据，完成分析和统计计算等。

控制器：也叫控制单元、微处理器，用于收集传感器发送的信号，并将该信号和其内部存储的数据进行比对和分析，发出工作指令，控制执行器进行动作。

执行器：整个电子控制系统的末端，根据控制器发出的指令进行动作，完成控制器的各种指令。部分执行器内还装有传感器，以便控制器监测执行器是否对指令进行正确实施。

汽车常用的电子控制装置如图 2-11 所示。目前较多见且较成熟的电子控制系统如下所述。

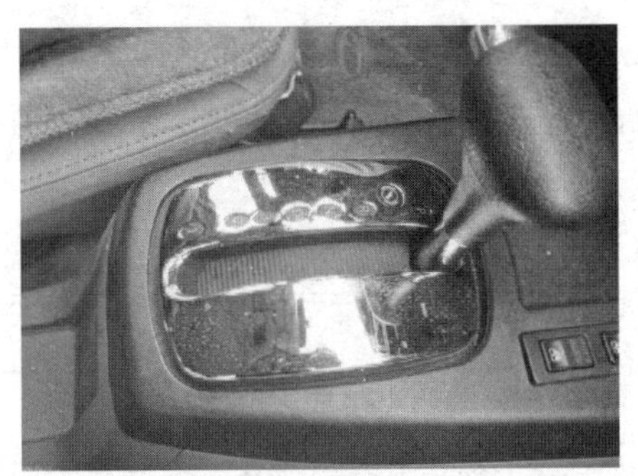

（a）自动变速器换挡装置

（b）安全气囊

（c）自动空调面板

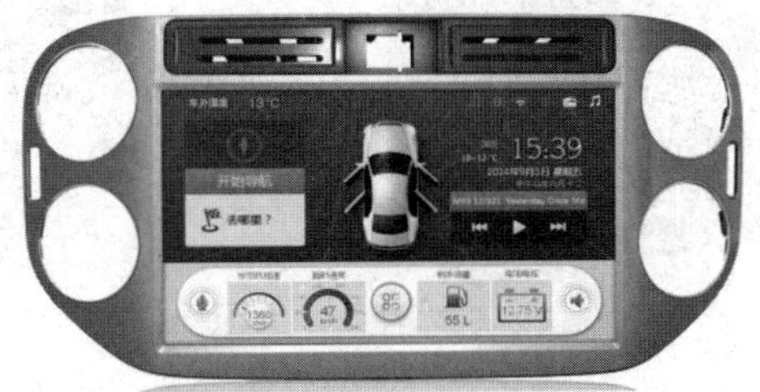

（d）汽车导航面板

图 2–11　汽车常用的电子控制装置

（1）发动机和动力传动集中控制系统：包括发动机控制系统（包括燃油喷射控制系统、点火控制系统、废气再循环控制系统、怠速控制系统等）、自动变速器控制系统等。

（2）底盘综合控制系统：包括防滑控制系统（包括制动防抱死系统、牵引力控制系统、驱动防滑系统和车辆横向稳定性控制系统等）、电子控制动力转向系统、电子控制悬挂系统（主动式车身状态控制系统）、巡航控制系统等。

（3）安全系统：包括防撞预警系统、安全气囊、雷达防撞系统、安全带控制系统、驾驶员智能驾驶辅助系统等。

（4）通信与信息/娱乐系统：包括智能汽车导航与定位系统、语音信息系统、信息显示与报警系统、通信系统、汽车安全信息服务系统（具有自动呼救与查询等功能）、汽车维修数据传输系统、汽车音响系统、实时交通信息查询系统、动态车辆跟踪与管理系统、信息化服务系统（含网络等）等。

（5）智能车身电子系统：包括自动调节座椅系统、智能前照灯系统、汽车夜视系统、电子门锁与防盗系统等。

2.3.1.2 了解汽车电气系统-工作页

1．据你所知，现代汽车装备了哪些电气系统？请分别举例说明。

2. 现代汽车所装备的电气系统，按其用途可划分为__________、__________、__________、__________、__________、__________、__________、__________ 8 大系统。

3．请提炼关键词，简写出电源系统的作用、组成。在下面图片的下端写明图示部件的名称，并在实车上找到这些部件，找到一个在对应的“□”内画打“√”。

现代汽车电源系统的主要作用：____，主要由____等部件组成。

□________________　□________________　□________________

4．请认真阅读相关资料后，完成下列各题。

（1）现代汽车上安装的电气设备越来越多，耗电量也越来越大，因此装备了________，即在原有系统部件的基础上增加了____________________、____________________等。

（2）电源系统包括____________、__________及其____________。前两者是__________工作的，其中，________是主电源，________是辅助电源。

（3）蓄电池为__________的直流电源，与发电机并联，为电气设备供电。

（4）蓄电池的作用：当_________时，为起动机和点火系统供电；在发电机__________或_________的情况下，为电气设备供电；当电气设备同时接入较多，发电机__________时，协助发电机供电；当蓄电池存电不足，而汽车负载又较少时，它可将发电机的多余电量从________转换成________储存起来。

（5）发动机正常工作时，由________向全车电气设备供电，同时给________充电。

（6）发电机配有________，其作用是在发电机工况发生变化时，自动调节发电机的输出电压使之保持稳定。

（7）判断对错：蓄电池是主电源，发电机是辅助电源。（　　）

（8）判断对错：发电机的输出电压会随着发电机转速的升高而升高。（　　）

5. 请提炼关键词，简写出起动系统的作用、组成。在下面图片的下端写明图示部件的名称，并在实车上找到这些部件，找到一个在对应的"□"内画"√"。

起动系统的主要作用：____，

主要由____等部件组成。

□____________ □____________ □____________

6. 起动系统主要由__________、__________（部分车型没有）和__________三部分组成，其功用是通过起动机将蓄电池的__________转换成__________，带动发动机开始运转，并在发动机正常运转后，迅速切断与发动机的联系，起动机停止工作。

7. 判断对错：起动机只在发动机启动时工作，发动机开始转动后，起动机便停止工作。（　　）

8. 自动启停系统的作用是什么？下面的符号各代表什么？

自动启停系统的作用：________________________________。

A：__________；A：__________；A OFF：__________。

9. 请提炼关键词，简写出点火系统的作用、组成。在下面图片的下端写明图示部件的名称，并在实车上找到这些部件，找到一个在对应的"□"内画"√"。

点火系统的主要作用：____，

主要由____等部件组成。

□__________ □__________ □__________ □__________ □__________

10. 点火系统主要包括__________、__________（目前大部分车型已经不再采用)、__________、__________、__________等部件。其作用是产生__________，__________汽油机发动机气缸内的混合气。

11．判断对错：目前绝大部分车型直接用高压包代替了点火线圈和高压导线。（　　）

12．判断对错：汽油机和柴油机都需要设置点火系统。（　　）

13．请提炼关键词，简写出灯光系统的作用、组成。在下面图片的下端写明图示照明场合，并在实车上找到这些作用场合，找到一个在对应的“□”内画“√”。

灯光系统的主要作用：____，主要用于________________________等。

□__________　□__________　□__________

14．灯光系统可分为__________、__________、__________。

15．请提炼关键词，简写出信号系统的作用、组成。在下面图片的下端写明图示信号装置，并在实车上找到这些部件，找到一个在对应的“□”内画“√”。

信号系统的主要作用：____，主要包括________________________等。

□__________　□__________　□__________

16．请提炼关键词，简写出仪表信息系统的作用、组成。在下面图片的下端写明图示部件的名称，并在实车上找到这些部件，找到一个在对应的“□”内画“√”。

仪表信息系统的主要作用：____，主要由________________________等部件组成。

□______________________ □______________________

17．请提炼关键词，简写出辅助系统的作用、组成。在下面图片的下端写明图示部件/系统的名称，并在实车上找到这些部件/系统，找到一个在对应的“□”内画“√”。

辅助系统的主要作用：____

____，

主要由____等部件组成。

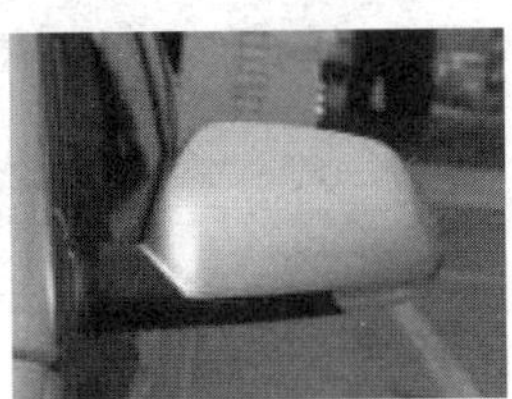

□______________ □______________ □______________ □______________

18．请选择正确的选项填入下面的括号中。

（　　）能帮助驾驶员随时掌握汽车主要部分的工作情况，及时发现和排除可能出现的故障和不安全因素，以保证良好的行驶状态。

（　　）能对车辆之外的其他车辆、人或动物进行提醒和警示。

（　　）用来显示发动机和汽车行驶中有关装置的工作状况。

（　　）是为提高车辆安全性、舒适性等而设置的。

A．汽车灯光系统　　B．汽车仪表信息系统

C．汽车信号系统　　D．汽车辅助系统

E．汽车电子控制系统

19．请提炼关键词，简写出电子控制系统的作用、组成。在下面图片的下端写明图示部件/系统的名称，并在实车上找到这些部件/系统，找到一个在对应的“□”内画“√”。

电子控制系统的主要作用：____

____，

主要由____等组成。

□________________

□________________

□________________

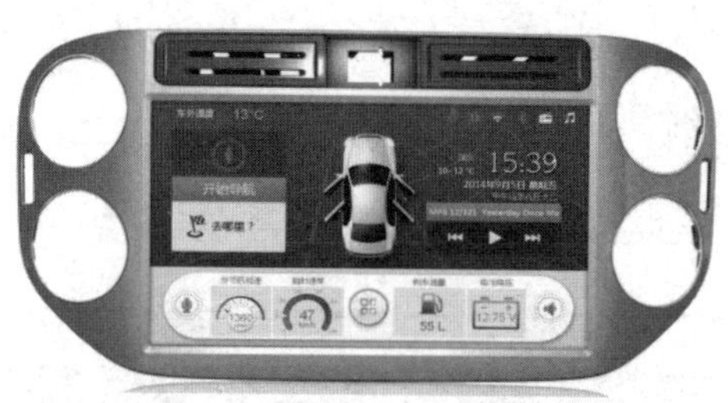

□________________

20．汽车上的电子控制系统是由________、________和________组成的。

21．下列选项中，属于电子控制系统的是（　　）。

A．自动变速器控制系统　　B．智能汽车导航与定位系统

C．ON STAR 系统　　D．前照灯

E．汽车信号系统

22．请选择正确的选项填入下面的括号中。

（　　）主要用于收集控制器所需要的各类信号，为控制器指挥执行器工作提供数据支持。

（　　）收集传感器发送的信号，并将该信号和其内部存储的数据进行比对和分析，发出工作指令，控制执行器进行动作。

（　　）是整个电子控制系统的末端，根据控制器发出的指令进行动作，完成控制器的各种指令。

A．存储器　　B．传感器　　C．控制器　　D．执行器

E．计算器

2.3.2　认识汽车常用导线

汽车导线是将汽车上各电气元部件连接起来，确保各系统正常工作的重要元件。各种电气元部件间按一定的规律和要求，使用不同直径和颜色的导线进行连接，构成一个完整的全车电气系统，即全车总线路。汽车线路的损坏会导致车辆无法正常工作，甚至会烧毁电气元

部件、导致车祸、导致汽车自燃等。所以，一旦发现线路损坏的问题，一定要及时修理。

依据导线的尺寸及材料的不同，汽车导线主要包括低压导线和高压导线，两者均采用铜质多芯软线；使用时主要根据汽车电气系统对导线的绝缘性、通过电流的大小和机械强度三个方面的要求进行选择。由于点火系统的次级电压一般都在 10000V 以上，对导线的绝缘性能要求较高，因此必须采用耐高压导线，即高压导线。其他线路则采用低压导线。

2.3.2.1 汽车线束

汽车线束（见图 2-12）是汽车电路的网络主体，是由铜材质冲制而成的接触件端子（连接器）与电线电缆压接后，外面再塑压绝缘体或外加金属壳体等，以线束捆扎形成的连接电路的组件。为使汽车上的电气线路排列整齐有序，安装保养方便，并能保护导线的绝缘，一般都将同路的各条导线用绝缘带包扎成束，称为线束。一辆汽车的电气线路可以由几个线束组成，线束之间用接线板或插接器连接。

图 2-12 汽车线束

安装汽车线束时，一般都先将仪表盘和各开关等装好，然后往汽车上安装线束。线束一般放入开有切口的塑料波纹管、塑料套管或软管内，使其强度更高，保护性能更好，查找线路故障也方便。用卡箍、保持架等将线束固定在车上的相应位置，其抽头恰好在各电气设备插头附近位置，安装时装在其对应的插头上。各种车型的线束各不相同，同一车型线束按发动机、底盘和车身分为多个类别。

2.3.2.2 低压导线

低压导线多为铜质多丝软线，包括普通导线、起动电缆和蓄电池搭铁电缆等。用得最多的就是普通导线，除了起动机、蓄电池、屏蔽线使用比较特殊的电缆线，其他系统均使用普通的低压导线。

1. 低压导线截面积

铜质导线截面积的计算公式为

$$S=ILU/54.4$$

式中 I——导线中通过的最大电流（A）；

L——导线的长度（m）；

U——允许的电源降（V）；

S——导线的截面积（mm^2）。

由此可知：汽车导线截面积主要依据电气设备的工作电流进行选择，但对于功率很小的设备，如指示灯等，为了保证其应有的机械强度，导线截面积一般不得小于 0.5mm^2。汽车低压导线标称截面积允许的负载电流值如表 2-1 所示。12V 汽车电气系统主要线路导线截面积推荐规格如表 2-2 所示。

表 2-1 汽车低压导线标称截面积允许的负载电流值

导线标称截面积/mm^2	0.5	0.8	1.0	1.5	2.5	3.0	4.0	6.0	10	13
允许的负载电流值/A	3	7	11	14	20	22	25	35	50	60

表 2-2 12V 汽车电气系统主要线路导线截面积推荐规格

导线的使用部位	导线截面积/mm^2
顶灯、指示灯、仪表灯、牌照灯、燃油表、刮水器等电路	0.5
转向灯、制动灯、停车灯等电路	0.8
前照灯、电喇叭（3A 以下）电路	1.0
前照灯、电喇叭（3A 以上）电路	1.5
其他 5A 以上的电路	1.5～4.0
电源电路	4～25
启动电路	16～95
柴油机汽车电热塞电路	4～6

此外，12V 汽车电气系统主要线路导线截面积还受通过电路的电压降的严格制约，整车电路的电压降（不计接触电阻）最大允许值为 0.8V。当发电机以额定负载工作时，发电机主要供电导线的电压降最大允许值为 0.3V。如果电压降增大，表示电路中的电阻增大，那么不仅电气设备因供电电压不足而无法正常工作，还会造成电路温度升高，加速线路老化，缩短导线的使用寿命，更严重的是因温度过高而导致车辆自燃。

2. 低压导线的颜色

为了便于识别和维修，汽车电路中的低压导线通常采用不同颜色，如图 2-13 所示。不同国家的汽车制造商在电路图上多以字母（主要是英文单词的缩写）来表示导线外皮的颜色及其上条纹的颜色，电路图上导线的标注如图 2-14 所示。但是不同国家汽车制造商的颜色代码不尽相同，辨别时一定要提前阅读车辆相关资料的规定。汽车导线的颜色通常分为单色和双色，双色线的主色所占比例大，辅助色所占比例小，辅助色条纹与主色条纹沿导线圆周表面的比例为 1 : 3 至 1 : 5，双色线标注时第一色为主色，第二色为辅助色。为了便于区别导线颜色，常用颜色为黑、白、红、绿、黄、蓝、灰、棕、紫，其次用粉红、橙、棕褐，再次为深蓝、浅蓝、深绿、浅绿等。在导线上采用双色线时条纹标志要对比强烈，如黑白、白红等。其中，红色一般用作电源线，棕色/黑色一般用作搭铁线。汽车导线常用颜色及字母代码如表 2-3 所示。

不同颜色的低压导线彩图

图 2-13　不同颜色的低压导线

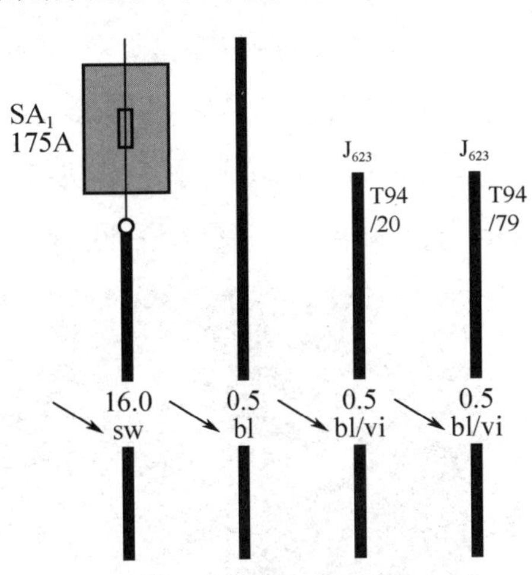

图 2-14　电路图上导线的标注

表 2-3　汽车导线常用颜色及字母代码

导线颜色	字母代码	导线颜色	字母代码
黑	sw	紫	vi
白	ws	粉红	rs
红	rt	棕	br
绿	gn	蓝	bl
黄	ge	灰	gr
橙	or		

在电路图中，导线上一般都标注数字和字母符号，用来表示截面积和颜色，如图 2-14 所示。如 16.0sw、0.5bl/vi 等，其中数字 16.0、0.5 表示导线截面积，单位为平方毫米；第一组字母 bl 表示导线主色为蓝色，第二组字母 vi 表示导线的辅助色为紫色，即轴向条纹状或螺旋状的颜色。

3. 屏蔽线

屏蔽线也称为同轴射频电缆，在外层绝缘层中带有金属纺织网管或很多股导线装在一层编织金属网内，再在网管外套装一层护套，称为屏蔽网，其作用是将导线与外界的磁场隔离，避免导线受外界磁场影响而对电路产生干扰，尤其在防止汽油发动机高压点火干扰方面非常有效。屏蔽线常用于低压微弱信号线路，如天线连接线及各种传感器和电子控制单元之间的通信，在爆燃信号电路、曲轴位置信号电路、氧传感器信号电路等处使用普遍。

4. 起动电缆

起动电缆（见图 2-15）指连接蓄电池正极与起动机电源端子“30”的电缆，由于起动机工作电流很大，为此连接蓄电池与起动机的导线不以工作电流大小来选定，而是以工作时的电压降来限制。为了保证起动机能正常工作，产生足够的功率和转矩，要求线路上每 100A 的电流所产生的电压降不超过 0.11～0.15V。目前起动机电路导线的截面积有 25mm²、35mm²、50mm²、70mm² 等多种规格，允许通过的电流高达 500A 乃至 1000A 以上。

5. 蓄电池搭铁电缆

蓄电池搭铁电缆（见图 2-16）俗称为搭铁线，通常指连接蓄电池负极和金属车身的电缆，一般采用铜丝编织成的扁形软导线，可以不带绝缘层。国产汽车常用搭铁线长度有 300mm、450mm、600mm、760mm 四种。

图 2-15　起动电缆

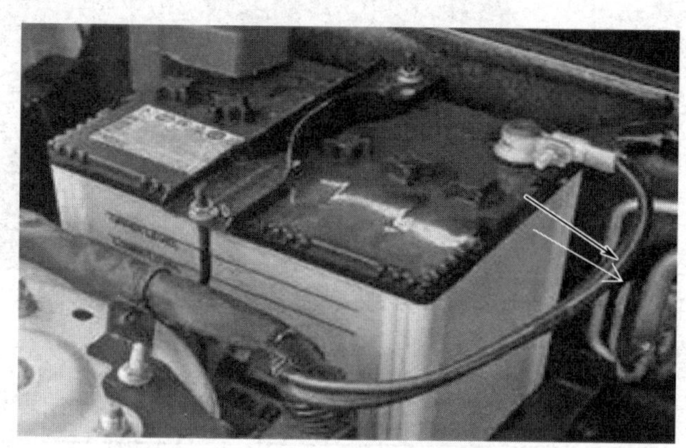

图 2-16　蓄电池搭铁电缆

2.3.2.3　高压导线

高压导线（见图 2-17）用来给汽油发动机输送 15000～30000V 的高压电，确保发动机在适当时机点火运行。由于高压导线工作电压很高，电流强度较小，因此高压导线的绝缘包层很厚，耐压性能好，线芯截面积很小，约为 1.5mm²。一般导线的绝缘程度远远不满足高压电的要求，必须用一种特制的高压导线，其外皮是高绝缘度橡胶，内芯多采用碳素原料做导体，这就是汽车高压导线。

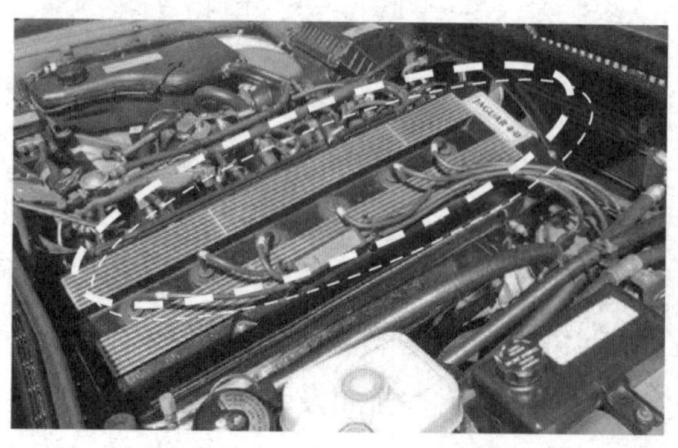

图 2-17　高压导线

国产汽车用的高压导线有铜芯线和阻尼线两种，为了衰减火花塞产生的电磁波干扰，目前广泛使用高压阻尼点火线，电阻值一般为 6～25kΩ/m。高压阻尼点火线可以抑制和衰减点火系统产生的高频电磁波，降低对无线电设备及电子控制装置的干扰。

2.3.2.4 认识汽车常用导线-工作页

1．请提炼 4～6 个关键词说明什么是汽车导线。并借助提炼出的关键词，口述什么是汽车导线。

2．用于汽车上的导线应该根据汽车电气系统对______________、______________和______________三个方面的要求进行选择。

3．汽车导线一般分为______________和______________，二者均采用铜质多芯软线。

4．请提炼 4～6 个关键词说明什么是汽车线束。并借助提炼出的关键词，口述什么是汽车线束，并在汽车的 3 个不同位置找到线束，找到一个就在对应“□”内画“√”，并描述具体位置。

□位置 1 位于__________ □位置 2 位于__________ □位置 3 位于__________

5．为使汽车上的电气线路排列整齐有序，安装保养方便，并能保护导线的绝缘，一般都将同路的各条导线用绝缘带包扎成束，称为（　　）。

A．网线　　B．线束　　C．导线　　D．高压导线

6．汽车按照发动机、底盘、车身等分为多个类别的线束，线束之间用__________或__________连接。

7．汽车上的低压导线包括______________、______________和______________等。用得最多的是________________。

8．汽车导线截面积主要依据________________进行选择，但对于功率很小的设备，如指示灯等，为了保证其应有的机械强度，导线截面积一般不得小于__________mm^2。此外，12V 汽车电气系统主要线路导线截面积还受通过电路的________的严格制约，整车

电路的电压降（不计接触电阻）最大允许值为___________V。当发电机以额定负载工作时，发电机主要供电导线的电压降最大允许值为___________V。

9．查阅表 2-1、表 2-2，完成填空。

（1）如果汽车上电气设备的工作电流为 11A，则使用的汽车导线截面积应该是___mm^2。

（2）如果汽车上电气设备的工作电流为 20A，则使用的汽车导线截面积应该是___mm^2。

（3）如果汽车上电气设备的工作电流为 50A，则使用的汽车导线截面积应该是___mm^2。

（4）仪表灯电路使用的汽车导线截面积应该是___________mm^2。

（5）启动电路使用的汽车导线截面积应该是_____________mm^2。

（6）电源电路使用的汽车导线截面积应该是_____________mm^2。

10．汽车导线的颜色通常分为_______和_______，双色线的_____所占比例大，______所占比例小，双色线标注时第一色为_____，第二色为______。为了便于区别导线颜色，常用颜色为黑、白、红、绿、黄、蓝、灰、棕、紫，其字母代码为____、____、____、____、____、____、____、____、____。

11. 如果电路图中的标注是 1.5rt/br，表示：___________________________________。

12．连接蓄电池正极与起动机电源端子“30”的电缆称为___________：其截面积主要以工作时的_________来限制。为了保证起动机能正常工作，产生足够的功率和转矩，要求线路上每 100A 的电流所产生的电压降不超过_______V，允许通过的电流高达_______A 乃至________A 以上。

13．连接蓄电池负极和金属车身的电缆称为___________。一般采用铜丝编织成的扁形软导线，可以不带______________。能将导线与外界的磁场隔离，避免导线受外界磁场影响而对电路产生干扰的是____________________。

14．请在汽车上找到起动电缆和蓄电池搭铁电缆，找到后请在对应“□”内画“√”。

□起动电缆　　　　□蓄电池搭铁电缆

15．高压导线用来给汽油发动机输送______________________V 的高压电，确保发动机在适当时机点火运行。

16．汽车高压导线的外皮是____________，内芯多采用_______________做导体，具有______________________、__________________________、________________________，约为 1.5mm 等特点。

17．目前广泛使用的高压导线为_______________，电阻值一般为______kΩ/m；可以抑制和衰减点火系统产生的________________，降低对_____________及____________的干扰。

18．汽车高压导线主要用于（　　）。

A．汽车灯光系统　　B．起动系统

C．汽车辅助系统　　D．点火系统

19．请认真思考后，完成下面的判断题，并说明理由。

（1）电路中的电压降过大不会影响电气设备的正常工作，无须进行处理。（ ）

理由：________________。

（2）电路中的电压降过大说明存在电路故障，严重时会因温度过高而导致车辆自燃。（ ）

理由：________________。

（3）影响汽车低压导线截面积的主要是电气设备的工作电流和电路中的电压降。（ ）

理由：________________。

（4）汽车低压导线截面积全部都是以电气设备的工作电流为主要依据进行选择的。（ ）

理由：________________。

（5）为了衰减火花塞产生的电磁波干扰，目前已广泛使用高压铜芯点火线。（ ）

理由：________________。

2.3.3 修复损坏的汽车导线

导线连接是电路安装和修理时的基本操作，导线连接的质量直接关系到电路的工作状况和使用安全。常用的导线连接方法有绞接法、接线片连接和钎焊连接三种。无论采用哪种方法，导线连接都必须达到以下三点要求。

（1）连接牢固，具有必要的机械强度。

（2）连接点接触良好，电阻小。

（3）电气绝缘性能、耐腐蚀/氧化性能、防尘/防水等级均能达到相应要求。

2.3.3.1 常见的汽车线束故障及原因

常见的汽车线束故障有插接件接触不良、绝缘层损坏或老化、导线之间短路/断路/搭铁等。产生的原因多种多样，如元件老化、自然磨损、调整不当、环境腐蚀、机械摩擦、导线自身短路或断路等，具体包括以下三个方面。

1．自然损坏

汽车线束使用时间超过了使用期限，造成导线老化、绝缘层风化破裂、绝缘能力不达标、导线与导线之间短路/断路/搭铁等，烧坏线束。导线的连接端头出现氧化、变形或接触不良等，会导致电气设备不能正常工作。

2．电气设备故障引起线束损坏

当汽车的电气设备发生故障时，可能会引起汽车线束过载、短路、断路、搭铁等故障而烧坏线束。

3. 人为故障

图 2-18　人为造成的导线损伤

在装配汽车或修理汽车零部件时，金属物体会将汽车的线束压伤，使汽车的导线绝缘层破裂，人为造成的导线损伤如图 2-18 所示。线束安装位置不对，会导致使用过程中出现不正常的磨损或挤压；维修时电气设备的引线位置接错、蓄电池正负极引线接反、检修电路故障时乱接/乱剪线束导线、进行汽车改装时导线或电气设备规格型号有偏差/安装工艺不正确等，都可能导致电气设备不能正常工作，烧坏汽车线束，甚至烧毁车辆。

2.3.3.2　修复损坏的导线——绞接法

汽车导线连接

绞接法是汽车电路导线连接中最常用的方法，指直接将需要连接的两条导线紧密地绞合连接在一起。连接的导线必须是规格参数相同的。常用的工具和材料有剥线钳、剪刀、绝缘胶带等（见图 2-19）。图 2-20 所示为剥线钳的结构。绞接时，不能直接用手绞接导线，避免伤手。采用绞接法修复损坏导线的步骤包括剥线、绞接、绝缘处理三步。

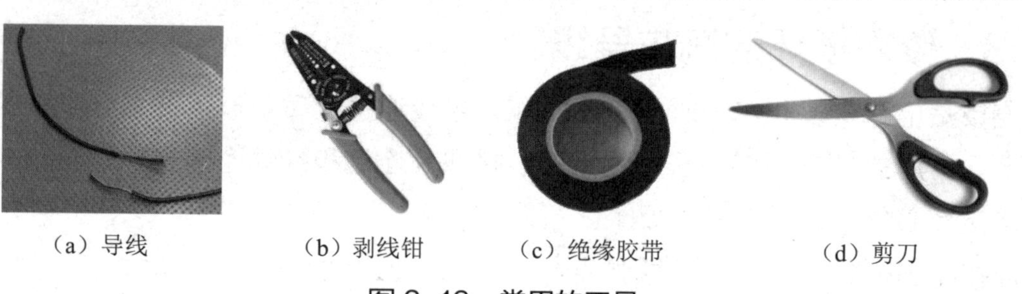
（a）导线　（b）剥线钳　（c）绝缘胶带　（d）剪刀

图 2-19　常用的工具

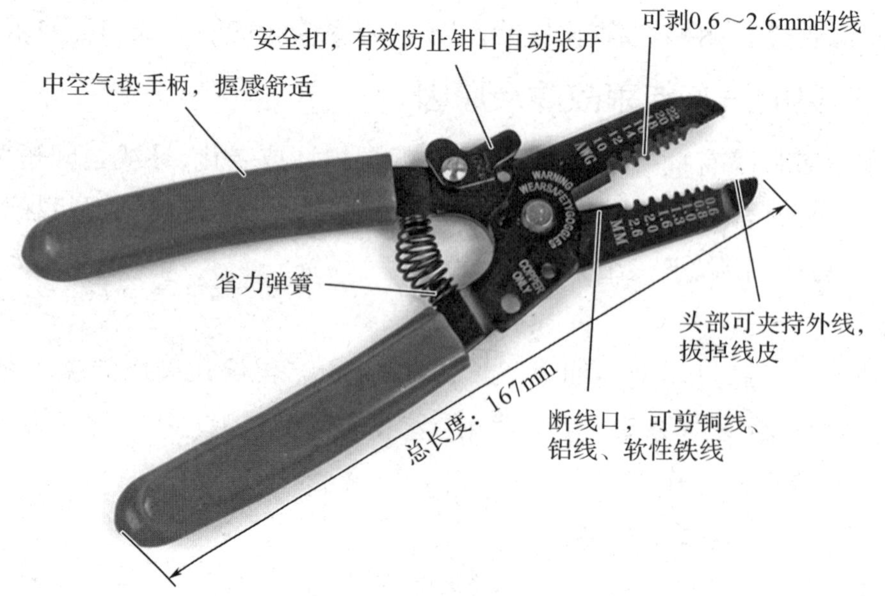

图 2-20　剥线钳的结构

1. 剥线

打开剥线钳的安全扣，根据线的粗细把线放在合适的凹槽中，根据导线的粗细，确定导线伸出剥线钳的长度，一般为 2cm 左右，捏住手柄，用力向外拉线皮，剥去导线的绝缘层，如图 2-21 所示。

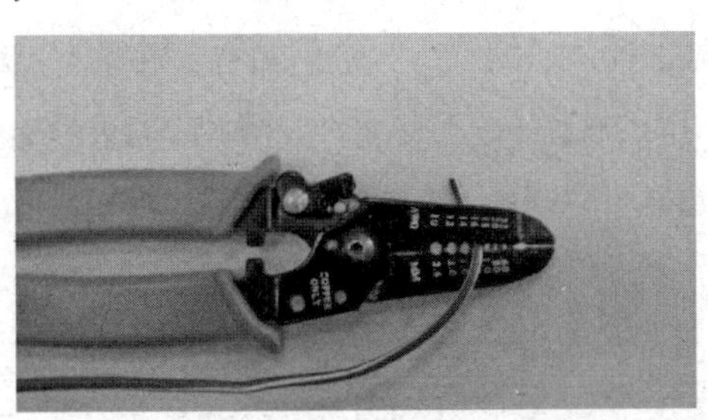

图 2-21 剥去导线的绝缘层

2. 绞接

小截面单股铜导线的绞接方法如图 2-22 所示，将两条导线的芯线线头做 X 形交叉，再将它们打结，拧一下后将其中一个线头在另一个线头上紧密缠绕 5～6 圈，剪去多余线头，将线头处理平整。

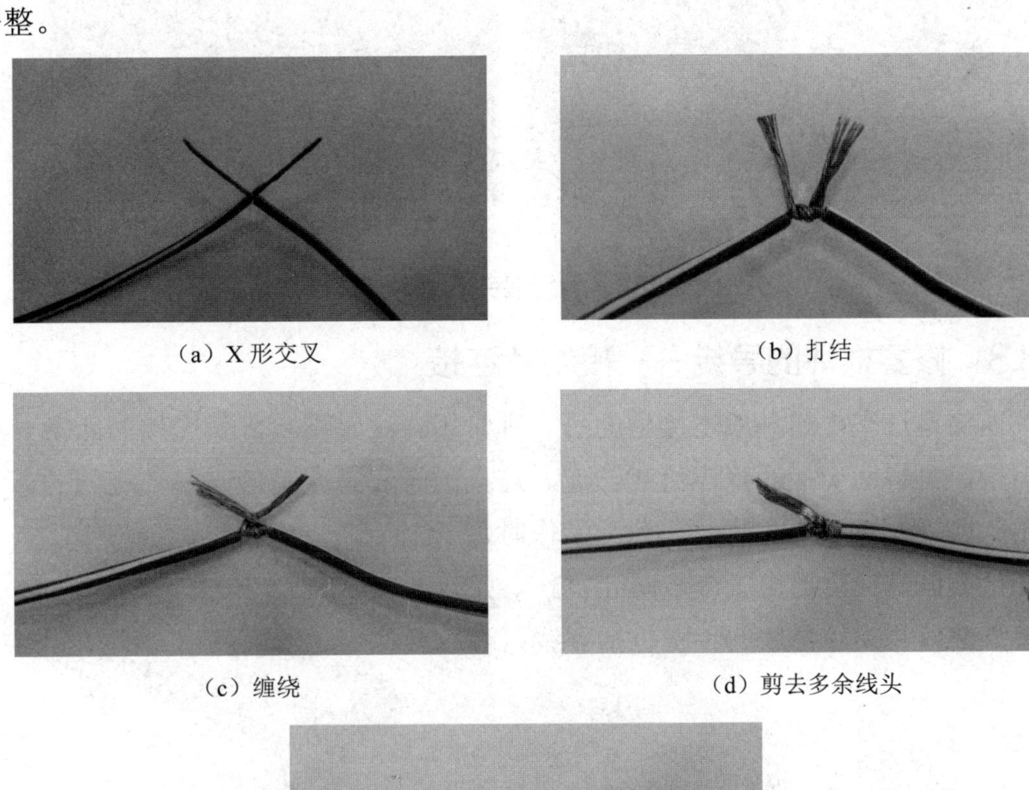

（a）X 形交叉

（b）打结

（c）缠绕

（d）剪去多余线头

（e）处理平整

图 2-22 小截面单股铜导线的绞接方法

3. 绝缘处理

一字形连接的导线接头可按图 2-23 所示的操作进行绝缘处理。包缠一层黑胶绝缘带，将黑胶绝缘带从接头边缘完好的绝缘层上开始包缠，包缠两圈后到达剥去了绝缘层的芯线部分。包缠时黑胶绝缘带应与导线成 45° 倾斜角，每圈压叠带宽的 1/4，直至包缠到另一边距离接头两圈的完好绝缘层处。在包缠过程中应用力拉紧黑胶绝缘带，注意不可稀疏，更不能露出芯线，以确保绝缘质量和用电安全。在潮湿场所应使用聚氯乙烯绝缘胶带或涤纶绝缘胶带。

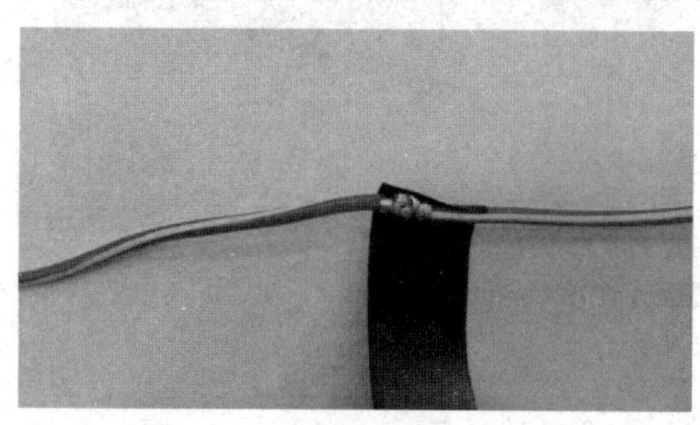
（a）开始包缠

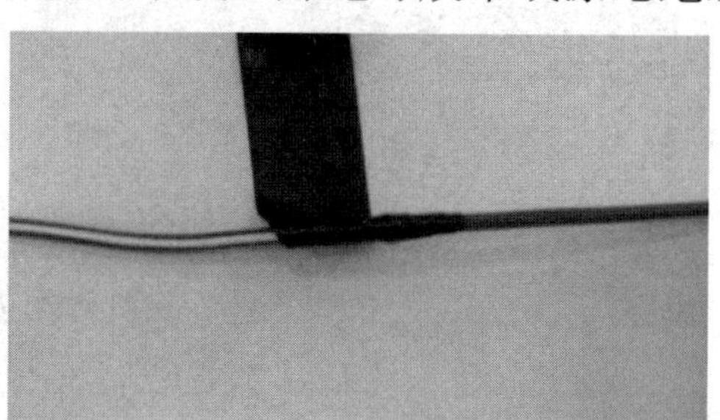
（b）缠绕裸露的芯线

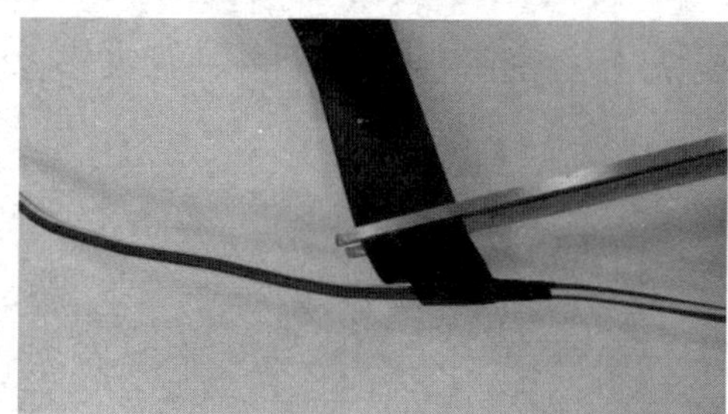
（c）剪掉多余的胶带

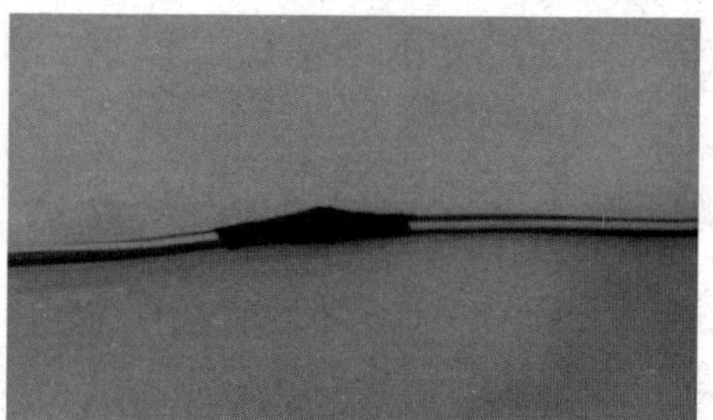
（d）精密包缠

图 2-23　导线接头的绝缘处理

2.3.3.3　修复损坏的导线——接线片连接

接线片连接是汽车电路导线连接中的另一种常用方法，指将需要连接的两条导线先分别和接线片连接，再将两个接线片连接在一起。连接的导线必须是规格参数相同的。常用的工具有剥线钳、剪刀、热风枪和热缩管等。操作时，一定要确保连接牢固，注意用电安全，防止烫伤。采用接线片连接方法修复损坏导线的步骤包括剥线、压线、绝缘处理三步。

1. 剥线

打开剥线钳的安全扣，根据线的粗细把线放在合适的凹槽中，按照接线片的规格确定剥线的长度（见图 2-24），捏住手柄，用力向外拉线皮。

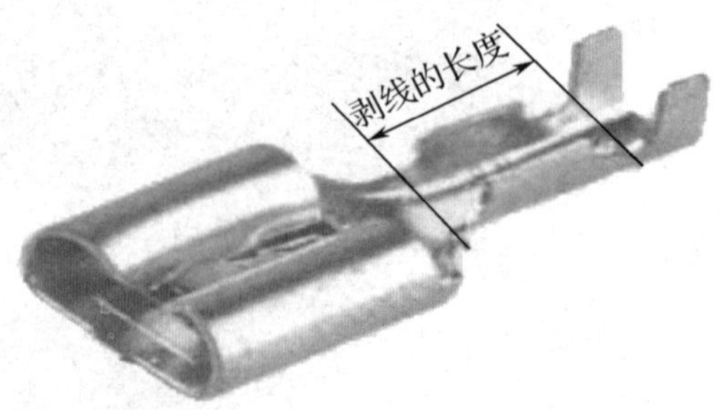

图 2-24　剥线的长度

2. 压线

将接线片顶端弯 90°，将导线放入接线片，先挤压导线上的绝缘层，再挤压内部的铜导线，如图 2-25 所示。

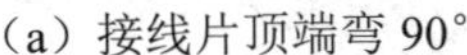

（a）接线片顶端弯 90°

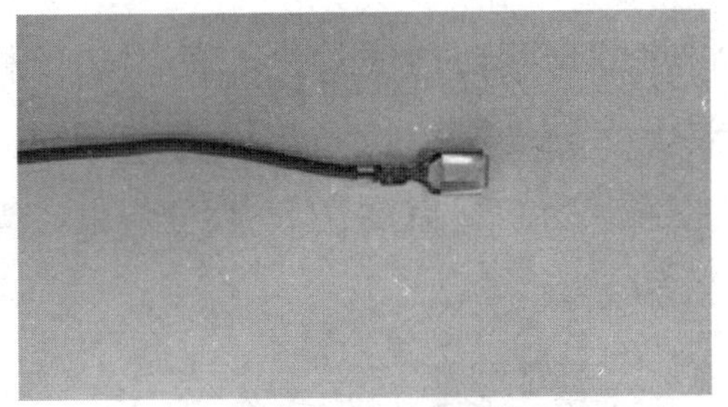

（b）挤压绝缘层

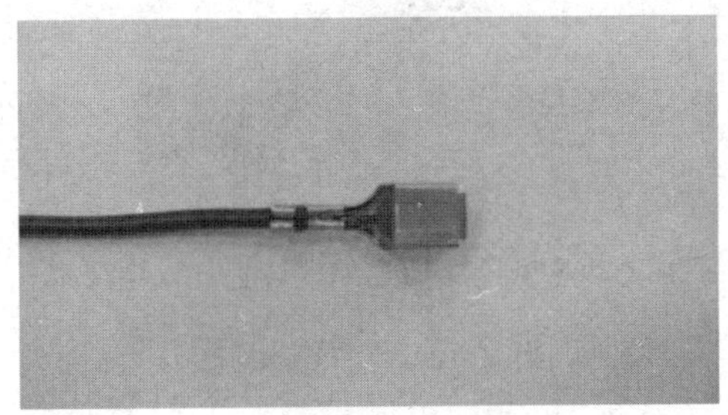

（c）挤压铜导线

图 2-25　压线

3. 绝缘处理

对接线片连接点进行绝缘处理时，需要用到热风枪（见图 2-26）和热缩管，在处理过程中，一定要注意安全，避免被热风枪烫伤。

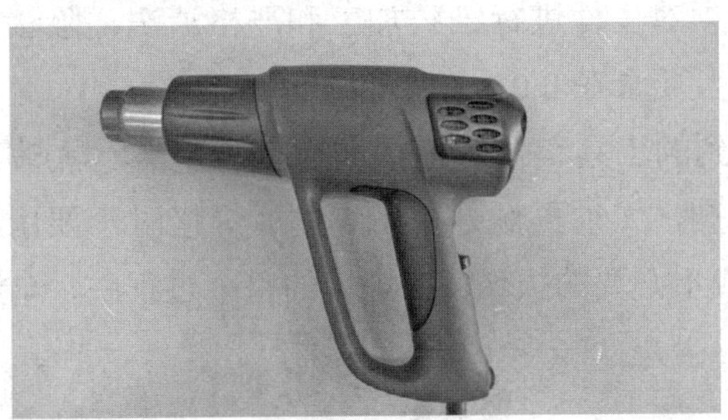

图 2-26　热风枪

首先，要根据接线片的长度，剪下合适长度的热缩管（见图 2-27），避免浪费。其次，将热风枪调至合适的挡位和温度（见图 2-28）。

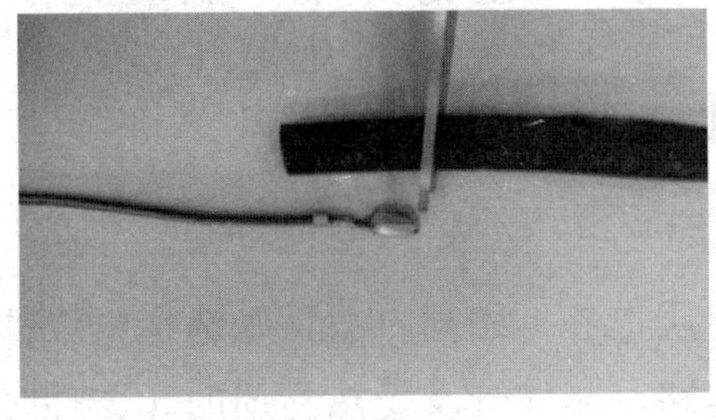

图 2-27　剪下热缩管

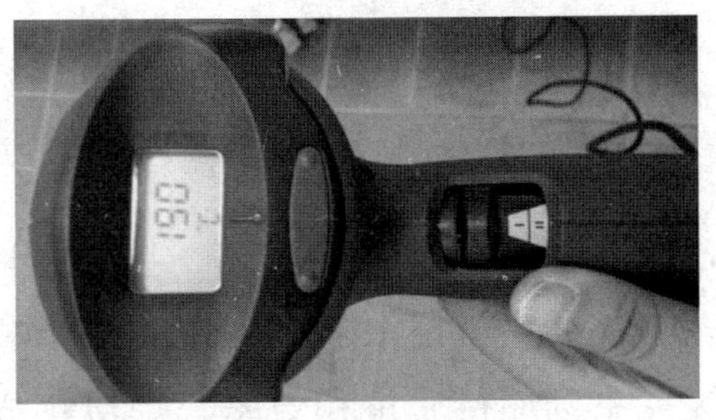

图 2-28　调节热风枪

最后，将热缩管套在接线片上，使用热风枪进行热缩。热缩时注意热风枪与热缩管的距离，热风枪要上下晃动避免烧坏热缩管，同时，热风枪不能对着人，避免烫伤人。刚热缩完的地方，不能用手摸，避免烫伤。热缩结束，变形的热缩管应与接线片紧密贴合在一起。热缩过程如图 2-29 所示。

（a）开始热缩　（b）不断晃动热风枪，使热缩管各处均发生变形　（c）热缩管与接线片紧密贴合

图 2-29　热缩过程

2.3.3.4　修复损坏的导线——钎焊连接

钎焊是采用比母材熔点低的金属材料作钎料，将母材和钎料加热到高于钎料熔点、低于母材熔点的温度，利用液态钎料润湿母材，填充接头间隙并与母材相互扩散实现连接的方法。钎焊变形小，接头光滑美观，适用于焊接精密、复杂和由不同材料组成的构件，如蜂窝结构板、透平叶片、硬质合金刀具和印刷电路板等。钎焊应用于汽车导线的连接时，可以使连接部位更加牢固。钎焊前必须对工件进行细致加工和严格清洗，除去油污和过厚的氧化膜，保证接口装配间隙。间隙一般要求在 0.01～0.1mm。

在进行钎焊时，常用到的工具和材料包括电烙铁、焊丝、焊剂等（见图 2-30）。目前，许多焊丝的中间部分自带焊剂，无须再额外使用焊剂。焊接时，要用专用的托盘接住掉落的焊料，避免掉到焊件上，造成不必要的损伤。在焊接的整个过程中，一定要注意安全，防止烫伤。

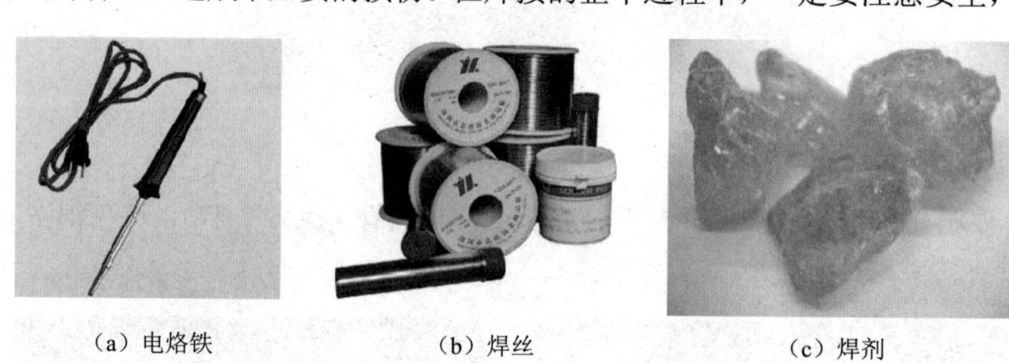

（a）电烙铁　（b）焊丝　（c）焊剂

图 2-30　钎焊常用到的工具和材料

1. 电烙铁

电烙铁的种类及规格很多，焊件的大小和材质也各不相同，故正确选择电烙铁的功率及种类，直接关系到焊接质量和效率。焊接集成电路、晶体管及受热易损的元器件时，应选用 20W 内热式电烙铁或 25W 外热式电烙铁；焊接导线及同轴电缆时，应选用 45～75W 外热式

电烙铁，或 50W 内热式电烙铁；焊接较大的元器件时，如输出变压器的引脚、大电解电容器的引脚、金属底盘接地焊片等，应选用 100W 以上的电烙铁。

在焊接时，一定要注意电烙铁的使用安全，必须严格做到以下五点。

（1）电烙铁的烙铁芯主要部分为镍铬电热丝，通电后非常“脆弱”，忌撞击。

（2）电烙铁不工作时，不可长期处于烧热状态下，以免将烙铁头烧坏，影响其寿命。

（3）使用中的电烙铁要放置在烙铁架上，要注意导线，尤其是电烙铁的电源线等物不要触碰烙铁头。

（4）烙铁头一般用紫铜制成，对于有镀层的烙铁头，一般不要锉或打磨。

（5）在焊接过程中一定要注意安全，时刻避免烫伤，在确定电烙铁冷却前，绝对不可以触碰焊接部位。

在使用电烙铁进行焊接时，应根据实际情况选择不同的握法，如图 2-31 所示，电烙铁一般应距离鼻子 30～40cm，防止操作时吸入有害气体。

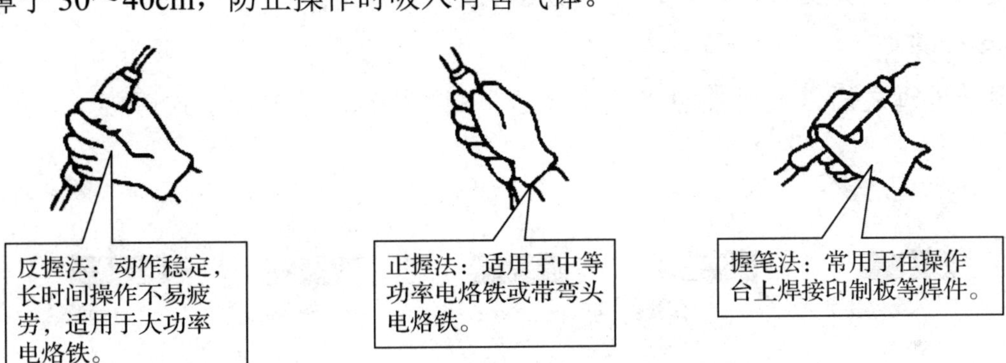

图 2-31 电烙铁的握法

2. 焊丝

电子产品焊接装配中使用的焊料通常称为焊丝，其材料为锡铅合金。焊接时，应根据不同的焊接情况采用不同的焊丝拿法，焊丝一般有两种拿法（见图 2-32）。焊丝中有一定比例的铅金属，使用时要注意做好相应的防护。

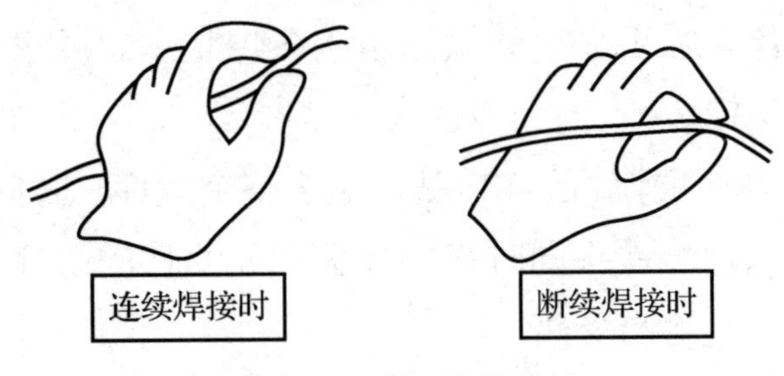

图 2-32 焊丝的拿法

3. 焊剂

焊剂的作用仅是清除金属表面的氧化膜，电子产品制作过程中所用的焊剂均以松香系列为主。

4. 焊前处理

焊接前，应对元器件引脚或电路板的焊接部位进行焊接前处理，一般有“刮”“镀”“测”三个步骤。

（1）刮：在焊接前做好焊接部位的清洁工作。一般采用的工具和材料是小刀、细砂纸、松香酒精溶液、助焊剂等。对于镀金银的合金引出线，不能把镀层刮掉，可用橡皮擦去表面脏物。

（2）镀：在刮净的元器件焊接部位上镀锡。具体做法：蘸取松香酒精溶液涂在刮净的元器件焊接部位上，再将带锡的热烙铁头压在其上，并转动元器件，使其均匀地镀上一层很薄的锡层。若是多股金属丝的导线，打光后应先拧在一起再镀锡。“刮”完的元器件引线上应立即镀上一层很薄的锡层，避免其表面重新被氧化，以提高元器件的可焊性。

（3）测：在“镀”步骤之后，利用万用表检测所有镀锡的元器件是否质量可靠，若有质量不可靠或已损坏的元器件，应用同规格元器件替换。

5. 焊接步骤

做好焊前处理之后，就可按照“五工序法”（见图 2-33）进行正式焊接了。

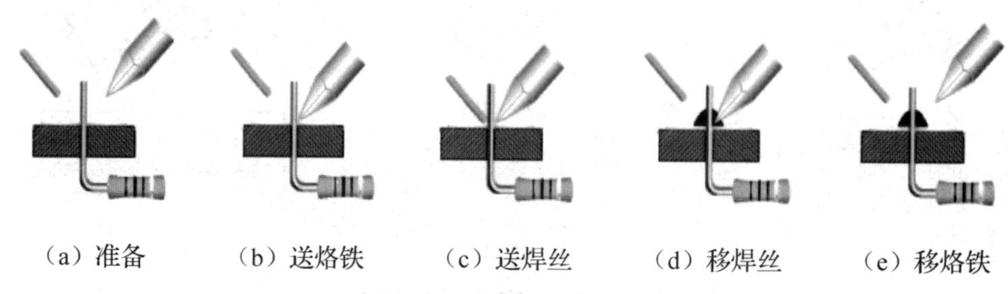

（a）准备　（b）送烙铁　（c）送焊丝　（d）移焊丝　（e）移烙铁

图 2-33　五工序法

准备工作：在使用焊锡之前要先给烙铁头沾松香，把热的烙铁头放进松香中并迅速拿开，这一步是为了让烙铁头更好地沾锡，如果使用自带焊剂的焊丝，则此步可以省略。烙铁头碰到松香时，若有“吱吱”的声音，则说明温度合适；若没有声音，仅能使松香勉强熔化，则说明温度低；若烙铁头一碰上松香就大量冒烟，则说明温度太高。

（1）准备：左手拿焊丝，右手握电烙铁，进入备焊状态。要求烙铁头保持干净，无焊渣等氧化物，并在表面镀一层锡。

（2）送烙铁：烙铁头靠在两焊件的连接处，加热整个焊件，时间为 1～2s。对于在印制板上焊接元器件来说，要注意使烙铁头同时接触焊盘和元器件的引线，这样做是为了使导线与焊盘、导线与接线柱之间同时均匀受热。

（3）送焊丝：焊件的焊接面被加热到一定温度时，把焊丝从电烙铁对面接触焊件。请注意，不要把焊丝送到烙铁头上。

（4）移焊丝：当焊丝熔化到一定量后，立即向左上 45°方向移开焊丝。

（5）移烙铁：焊锡浸润焊盘和焊件的施焊部位后，向右上 45°方向移开电烙铁，结束焊接。从步骤（3）开始到步骤（5）结束，时间为1～2s。注意焊接的时间不宜过长，以免损坏集成电路块/芯片、三极管等不耐高温元器件。

6. 焊接质量要求

焊接时，应保证每个焊点焊接牢固、接触良好。锡点应光亮、圆滑无毛刺，锡量适中。锡和被焊物熔合牢固，不应有虚焊和假焊。虚焊是指焊点处只有少量焊锡，会造成接触不良，时通时断。假焊是指表面上看好像焊住了，但实际上并没有焊住，有时用手一拔，引线就可以从焊点中被拔出。

2.3.3.5 修复损坏的汽车导线-工作页

1. 请用4～6个关键词总结出汽车导线连接的基本要求。

2. 汽车导线连接的方法有____________、____________、____________。

3. 常见的汽车线束故障有（　　）。

A. 接触不良　B. 线束老化　C. 导线之间短路　D. 导线断开

E. 导线和车身搭铁　F. 人为故障

4. 汽车线束故障的原因主要有（　　）。

A. 电气设备无法正常工作　B. 电气设备损坏引起

C. 人为故障　D. 自然损坏

E. 使用不当

5. 请列举出用绞接法连接导线时需要用到的工具。

6. 请写出下图所示工具的名称，并标明图示各组成部分的名称和作用。

图中所示工具为____________________。

1—____________________________________。

2—____________________________________。

3—____________________________________。

4—____________________________________。

5—____________________________________。

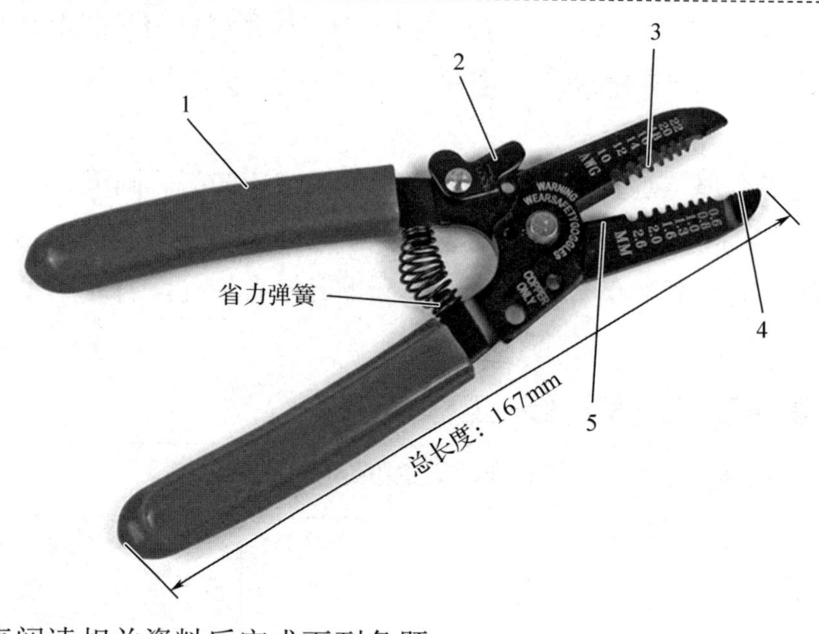

7．请认真阅读相关资料后完成下列各题。

（1）导线连接常用方法有____________、____________和____________。

（2）__________ 是汽车电路导线连接中最常用的方法，指直接将需要连接的两条导线紧密地绞合连接在一起。连接的导线必须是__________________的。

（3）绞接法常用的工具和材料有___________、___________、___________等。

（4）剥线时，导线伸出剥线钳的长度一般为_______左右。

（5）对连接导线接头进行绝缘处理时，包缠时黑胶绝缘带应与导线成_______倾斜角，在包缠过程中应_________，注意________，更不能_________，以确保______和______。

（6）剥线时，最常用的工具是（　　）。

A．剥线钳　　B．剪刀　　C．钳子　　D．套筒

（7）导线连接的基本要求是（　　）。

A．连接点应该具有一定的接触电阻

B．连接点接触良好

C．连接后不一定要进行绝缘处理

D．连接点只需接触牢固即可，无须考虑其他性能

（8）对导线连接处进行绝缘处理时，必须做到确保（　　）。

A．绝缘质量　　B．用电安全　　C．缠绕厚度　　D．A 和 B

（9）判断对错：用于连接的导线的规格参数可以不相同。（　　）

（10）判断对错：导线连接后要求其电气绝缘性能、耐腐蚀/氧化性能、防尘/防水等级能达到相应的要求。（　　）

8．请用关键词在下列表格中写出绞接法连接导线的步骤、操作要点和安全规范，并按照要求进行连接练习，自评并记录连接过程及最终的连接质量。

步　骤	操作要点	安全规范	完成情况记录

9．请列举出接线片连接时需要用到的工具。

10．请用关键词写出进行接线片连接时的安全注意事项，至少 3 条。

11．请认真阅读相关资料后完成下列各题。

（1）采用接线片连接时，应该按照________________确定剥线的长度。

（2）在进行接线片连接的压线时，应将接线片顶端弯__________，将导线放入接线片，先挤压导线上的__________，再挤压__________________。

（3）在进行接线片连接的绝缘处理时，需要用到____________和_____________。

（4）采用接线片连接时，剥线的长度是（　　）来确定的。

A．2cm 左右　　B．根据不同的接线方法

C．按照接线片的规格　　D．1cm 左右

（5）下列工具中，（　　）与导线连接无关。

A．剥线钳　　B．改锥　　C．热风枪　　D．电烙铁

（6）判断对错：在进行接线片连接的压线时，应将接线片顶端弯 90°，将导线放入接线片，先挤压内部的铜导线，再挤压导线上的绝缘层。（　　）

（7）判断对错：在采用热缩管和热风枪进行绝缘处理时，应使热缩管与接线片紧密贴合在一起。（　　）

12．请用关键词在下列表格中写出接线片连接的步骤、操作要点和安全规范，并按照要求进行连接练习，自评并记录连接过程及最终的连接质量。

步　　骤	操 作 要 点	安 全 规 范	完成情况记录

13．请用关键词解释钎焊，并进行讲述。

14．请写出下图所示工具或材料的名称和用途。

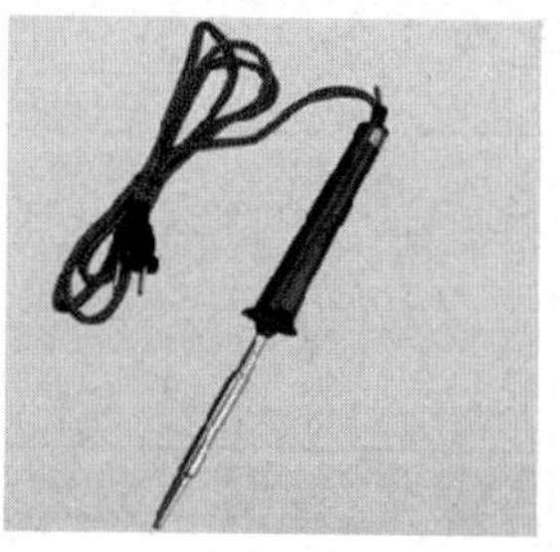

________________　________________　________________

________________　________________　________________

15．请用关键词总结出电烙铁使用中的安全注意事项。找出最重要的 3 点写在卡片上，贴在操作工位上，完成一项就在对应“□”内画“√”。

16．请用关键词简写出焊前处理的步骤和要点。

17．请用关键词总结出对焊接质量的要求。

18．请认真阅读相关资料后完成下列各题。

（1）在进行钎焊时，常用到的工具和材料包括________________、________________、________________等。

（2）在使用电烙铁进行焊接时，应根据实际情况选择不同的握法，一般有__________、__________和__________。

（3）焊丝中有一定比例的____________，使用时要注意做好相应的____________。

（4）焊接时，烙铁头靠在____________，加热整个焊件，时间为__________s。

（5）焊接时，应确保锡和被焊物熔合牢固，不应有____________和____________。

（6）电烙铁一般应距离鼻子（　　），防止操作时吸入有害气体。

A．30～40cm　　B．10～20cm　　C．50～60cm　　D．5～10cm

（7）判断对错：焊接时，必须使用单独的焊剂。（　　）

（8）判断对错：电烙铁不工作时，仍然可以长期处于烧热状态，不会影响其寿命。（　　）

（9）判断对错：焊接时，应先送入焊丝，再加热焊件。（　　）

（10）判断对错：在焊接过程中一定要注意安全，时刻避免烫伤，在确定电烙铁冷却前，绝对不可以触碰焊接部位。（　　）

19．请用关键词在下列表格中写出钎焊连接的步骤、操作要点和安全规范，并按照要求进行连接练习，自评并记录焊接过程及最终的连接质量。

步　骤	操作要点	安全规范	完成情况记录

2.4　计划与决策

2.4.1　制订维修行李箱盖上的损坏导线的工作计划

请回顾任务情境，应用从本学习单元学到的知识和技能，制订维修行李箱盖上的损坏导线的工作计划，为实车操作做准备。

维修行李箱盖上的损坏导线的工作计划

<table>
<tr><td colspan="2">客户需求描述：</td></tr>
<tr><td colspan="2">人员分工：
负责人：</td></tr>
<tr><td>操作员：
安全员：
双人协作要点：</td><td>记录员：
质检员：</td></tr>
</table>

续表

任务计划执行时间：　　　　分钟		任务实际执行时间：　　　　分钟	
一、车辆基本信息			
车型		VIN 码	
人员分工			
二、工具设备、材料准备			
□车外防护用品　□车内防护用品　□清洁用品　□车钥匙　□车轮挡块　□尾排 □绝缘胶带　□剥线钳　□剪刀　□热风枪　□热缩管			
三、操作步骤			
步　　骤	操作要点及注意事项	人员具体分工	操作情况记录
1. 车身防护			□完成
2. 安放车轮挡块			□完成
3. 关闭车内电源			□完成
4. 确认损坏导线	损坏情况记录：		□完成
5. 选定维修工具			□完成
6. 选定维修材料	导线截面积： 导线颜色：		□完成
7. 导线连接			□完成
8. 导线连接质量检查			□完成
四、维修建议			
可供客户选择的维修方案 1. ______________________________。□ 2. ______________________________。□ 3. ______________________________。□ 请在最终选择的维修方案后的“□”内画“√”。			

2.4.2 确定任务实施内容及步骤

请确定任务实施内容及步骤要求，工作页见附录 D。

2.5 任务实施

2.5.1 维修行李箱盖上的损坏导线的安全注意事项

在维修行李箱盖上的损坏导线的过程中，一定要按如下规范操作，保证操作安全。

（1）做好维修处的车身防护，避免损坏车漆。

（2）使用维修工具过程中要注意安全，避免伤手。

（3）使用热风枪时一定要注意安全，防止烫伤。

（4）维修结束，一定要检查导线连接的牢固性和绝缘性，避免再次出现电路故障。

（5）选择和损坏导线同规格的导线进行维修，避免维修后由于导线截面积不合理造成电路损坏。

（6）维修后导线的安装位置一定要合理，避免导线出现不必要的机械磨损。

2.5.2 维修行李箱盖上的损坏导线的实车操作

操作过程记录：请严格按照工作计划进行实车操作，并在计划表上做好操作记录。

实车操作评价：在维修行李箱盖上的损坏导线时，请依据下面的评价表对操作过程进行评价。

维修行李箱盖上的损坏导线评价表

评价对象		评价人		
操作步骤	评估要点	专业技能		职业素养
		应得分	实得分	
1．工具设备准备	检查工具设备准备得是否齐全，功能是否完好	5		责任担当□5□4□3□2□1 安全规范□5□4□3□2□1 合作沟通□5□4□3□2□1
2．车辆信息收集	查找车型、VIN 码，并准确记录	5		责任担当□5□4□3□2□1 安全规范□5□4□3□2□1 合作沟通□5□4□3□2□1
3．安装车身防护	正确使用汽车内外防护、汽车挡块	5		责任担当□5□4□3□2□1 安全规范□5□4□3□2□1 合作沟通□5□4□3□2□1
4．关闭车内电源	确认车内电源已经关闭	5		责任担当□5□4□3□2□1 安全规范□5□4□3□2□1 合作沟通□5□4□3□2□1
5．确认损坏导线	准确找到导线损坏位置，并确认损坏导线的截面积和颜色	10		责任担当□5□4□3□2□1 安全规范□5□4□3□2□1 合作沟通□5□4□3□2□1

续表

操作步骤	评估要点	专业技能		职业素养
		应得分	实得分	
6．选定维修工具	依据导线损坏情况和汽车制造商要求正确选择维修工具	10		责任担当□5□4□3□2□1 安全规范□5□4□3□2□1 合作沟通□5□4□3□2□1
7．选定维修材料	依据损坏导线的情况正确选择维修材料	10		责任担当□5□4□3□2□1 安全规范□5□4□3□2□1 合作沟通□5□4□3□2□1
8．导线连接	（1）正确进行导线连接，错误操作一次，扣 2 分，扣完为止。 （2）正确进行绝缘处理，错误操作一次，扣 2 分，扣完为止	20		责任担当□5□4□3□2□1 安全规范□5□4□3□2□1 合作沟通□5□4□3□2□1
9．导线连接质量检查	（1）进行连接牢固性检查，确保连接牢固。 （2）进行连接处绝缘性检查，确保绝缘良好	15		责任担当□5□4□3□2□1 安全规范□5□4□3□2□1 合作沟通□5□4□3□2□1
10．记录并提出维修建议	（1）按要求进行维修过程和结果的记录，字迹清楚，数据准确，结果正确。 （2）维修建议合理、科学，有可靠依据	10		责任担当□5□4□3□2□1 安全规范□5□4□3□2□1 合作沟通□5□4□3□2□1
11．清理现场，工具复位	清洁现场、工具设备，清理汽车并复位	5		责任担当□5□4□3□2□1 安全规范□5□4□3□2□1 合作沟通□5□4□3□2□1
序号	评估否决项	不能发生	是否发生	问题记录
1	没有进行导线连接牢固度和绝缘性检查	否		
2	由于错误操作对汽车、部件、工具设备造成损坏，对人身造成伤害	否		
总计		100		责任担当： 安全规范： 合作沟通：

注：操作拆装、检测调试属于专业技能，按照应得分打分；责任担当、安全规范、合作沟通属于职业素养，直接在对应的分值前画“√”即可。

2.6 任务评估

2.6.1 任务完成质量检查

质量检查：任务完成质量检查记录单见附录 E。

2.6.2 工位 5S 检查

安全规范检查：工位 5S 检查结果记录单见附录 F。

2.6.3 任务完成安全隐患排查

安全隐患排查：任务完成安全隐患排查记录单见附录G。

2.6.4 完善改进工作计划

计划改进：请根据实际的维修行李箱盖上的损坏导线工作，完善改进工作计划（以另一种颜色的笔在工作计划上标注和补充即可）。

2.7 任务反思

2.7.1 撰写维修行李箱盖上的损坏导线报告

撰写报告：任务实施工作报告见附录H。

2.7.2 任务总结与思考

任务复盘：任务总结与思考记录单见附录I。

2.8 知识拓展：汽车网线的维修要求

随着汽车行业智能网联和自动驾驶技术的高速发展，汽车已经从单纯的交通工具，发展成为集网络、导航、娱乐通信等为一体的移动智能家居。过去，汽车通常采用点对点的通信方式将电子控制单元及负载设备简单地连接起来。随着电子设备的不断增加，导线数量不断增多，在有限的汽车空间内布线越来越困难，限制了汽车功能的扩展；同时，导线质量每增加50kg，油耗会增加0.2L/100km；此外，要求电子控制单元不仅与负载设备连接，还要与外围设备及其他电子控制单元进行信息交流，且经过复杂的控制运算，发出控制指令，这些是不能通过简单连接就能完成的。因此，采用串行总线实现多路传输，组成汽车电子网络，成为一种既可靠又经济的做法。

为了满足汽车各电子系统的实时性通信和控制需求，汽车通信网络总线技术日趋强大。目前车载通信总线主要有控制器局域网（CAN）总线、局域互联网络（LIN）总线、高速容错网络（FlexRay）总线、面向媒体的系统传输（MOST）总线、车载以太网（Ethernet）等。

LIN总线采取单线传输方式，其维修方法和普通导线的维修方法类似。MOST总线光纤只能维修一次，弯折直径不得小于5cm。其他总线均采用双绞线进行传输，维修时要求断开线点距离插接器至少100mm，两个维修点之间至少间隔100mm，维修点的非绞长度不得超过50mm，否则导线所传输的信号会失真，具体维修方法与普通导线的类似。

不同制造商对导线维修的方法和要求不尽相同，维修时一定要查阅汽车制造商的维修手册，严格按照手册要求规范进行维修。除了上述所说的导线连接方法，目前有部分制造商采用对称接头等专用维修材料进行导线维修，即在原有接线片的基础上两端都做有接头，中间直接连接在一起。进行导线连接时，两端接头分别与断开的两个接线端连接，然后通过热缩

管进行绝缘处理，这样就直接将两条导线连接在了一起，可确保连接牢固、可靠。

2.9 单元测试

一、填空题（每空1分，共40分）

1. 电源系统包括________、________及其________。

2. 发动机正常工作时，由________向全车电气设备供电，同时给________充电。

3. 起动系统的功用是通过起动机将蓄电池的________转换成________，带动发动机开始运转，并在发动机正常运转后，迅速切断与________的联系，起动机停止工作。

4. 点火系统的作用是产生________，________汽油机发动机气缸内的混合气。

5. 汽车灯光系统可分为________、________、________。

6. ________就是能对车辆之外的其他车辆、人或动物进行提醒和警示的电气系统，其主要目的是保证车辆运行时的________。

7. ________用来显示发动机和汽车行驶中相关装置的工作状况，通常由________、各种________组成。

8. 辅助系统是为提高车辆________、________等而设置的。

9. 汽车上的电子控制系统由________、________和________组成。

10. 用于汽车上的导线应该根据汽车电气系统对________、________和________三个方面的要求进行选择。

11. 汽车导线截面积主要依据________进行选择，但对于功率很小的设备，如指示灯等，为了保证其应有的机械强度，导线截面积一般不得小于________mm^2。

12. 连接蓄电池正极与起动机电源端子“30”的电缆称为________：其截面积主要以工作时的________来限制。

13. 连接蓄电池负极和金属车身的电缆称为________。一般采用铜丝编织成的扁形软导线，可以不带________。

14. 高压导线用来给汽油发动机输送________V的高压电，确保发动机在适当时机点火运行。

15. 汽车导线连接的方法有________、________和________。

16. 剥线时，导线伸出剥线钳的长度一般为________左右。

17. 采用接线片连接时，应该按照________确定剥线的长度。

18. 在进行接线片连接的绝缘处理时，需要用到________和________。

二、选择题（每题 2 分，共 30 分）

1．起动机属于（　　）系统。

A．起动系统　　B．电源系统　　C．点火系统　　D．辅助系统

2．下列选项中，属于电子控制系统的是（　　）。

A．自动变速器控制系统　　B．智能汽车导航与定位系统

C．ON STAR 系统　　D．前照灯

E．汽车信号系统

3．汽车上的电子控制系统是由（　　）三部分组成的。

A．存储器　　B．传感器　　C．控制器　　D．执行器

4．请选择正确的选项填入下面的括号中。

（　　）能帮助驾驶员随时掌握汽车主要部分的工作情况，及时发现和排除可能出现的故障和不安全因素，以保证良好的行驶状态。

（　　）能对车辆之外的其他车辆、人或动物进行提醒和警示。

（　　）用来显示发动机和汽车行驶中有关装置的工作状况。

（　　）是为提高车辆安全性、舒适性等而设置的。

A．汽车灯光系统　　B．汽车仪表信息系统

C．汽车信号系统　　D．汽车辅助系统

E．汽车电子控制系统

5．请选择正确的选项填入下面的括号中。

________主要用于收集控制器所需要的各类信号，为控制器指挥执行器工作提供数据支持；________收集传感器发送的信号并将该信号和其内部存储的数据进行比对和分析，发出工作指令，控制执行器进行动作；________是整个电子控制系统的末端，根据控制器发出的指令进行动作，完成控制器的各种指令。这些问题的正确选项是（　　）。

A．存储器　传感器　控制器　　B．传感器　控制器　执行器

C．传感器　计算器　执行器　　D．存储器　计算器　传感器

6．为使汽车上的电气线路排列整齐有序，安装保养方便，并能保护导线的绝缘，一般都将同路的各条导线用绝缘带包扎成束，称为（　　）。

A．网线　　B．线束　　C．导线　　D．高压导线

7．汽车高压导线主要用于（　　）。

A．汽车灯光系统　B．起动系统　　C．汽车辅助系统　D．点火系统

8．常见的汽车线束故障有（　　）。

A．接触不良　　B．线束老化　　C．导线之间短路　D．导线断开

E．导线和车身搭铁　　F．人为故障

9．汽车线束故障的原因主要有（　　）。

A．电气设备无法正常工作　　B．电气设备损坏引起
C．人为故障　　D．自然损坏
E．使用不当

10．剥线时，最常用的工具是（　　）。
A．剥线钳　　B．剪刀　　C．钳子　　D．套筒

11．导线连接的基本要求是（　　）。
A．连接点应该具有一定的接触电阻
B．连接点接触良好
C．连接后不一定要进行绝缘处理
D．连接点只需接触牢固即可，无须考虑其他性能

12．对导线连接处进行绝缘处理时，必须做到确保（　　）。
A．绝缘质量　　B．用电安全　　C．缠绕厚度　　D．A 和 B

13．采用接线片连接时，剥线的长度是（　　）来确定的。
A．2cm 左右　　B．根据不同的接线方法
C．按照接线片的规格　　D．1cm 左右

14．下列工具中，（　　）与导线连接无关。
A．剥线钳　　B．改锥　　C．热风枪　　D．电烙铁

15．电烙铁一般应距离鼻子（　　），防止操作时吸入有害气体。
A．30～40cm　　B．10～20cm　　C．50～60cm　　D．5～10cm

三、判断题（每题 2 分，共 30 分）

1．汽油机和柴油机都需要设置点火系统。（　　）
2．全部仪表、指示灯和报警灯都装在位于驾驶员前端的仪表盘内。（　　）
3．蓄电池是主电源，发电机是辅助电源。（　　）
4．起动机只在发动机启动时工作，起动机开始转动后，起动机便停止工作。（　　）
5．发电机的输出电压会随着发动机转速的升高而升高。（　　）
6．目前绝大部分车型直接用高压包代替了点火线圈和高压导线。（　　）
7．电路中的电压降过大不会影响电气设备的正常工作，无须进行处理。（　　）
8．电路中的电压降过大说明存在电路故障，严重时会因温度过高而导致车辆自燃。（　　）
9．汽车低压导线截面积全部都是以电气设备的工作电流为主要依据进行选择的。（　　）
10．为了衰减火花塞产生的电磁波干扰，目前已广泛使用高压铜芯点火线。（　　）
11．用于连接的导线的规格参数可以不相同。（　　）
12．导线连接后要求其电气绝缘性能、耐腐蚀/氧化性能、防尘/防水等级能达到相应的要求。（　　）

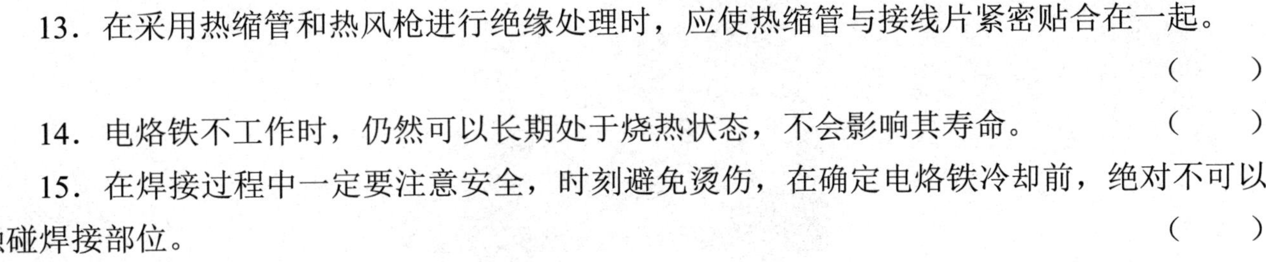

13．在采用热缩管和热风枪进行绝缘处理时，应使热缩管与接线片紧密贴合在一起。（　　）

14．电烙铁不工作时，仍然可以长期处于烧热状态，不会影响其寿命。（　　）

15．在焊接过程中一定要注意安全，时刻避免烫伤，在确定电烙铁冷却前，绝对不可以触碰焊接部位。（　　）

学习单元 3

汽车基本电路识读与故障检测——维修汽车灯光不齐故障

思政园地

精益求精

学生：老师，我的测量数据就差一点，您又何必如此精益求精呢？

老师：有一个车主，多次到4S店进行车辆维修，解决的都是同一个问题“车辆停驶一周左右就无法再次启动”。汽车维修人员为他更换了蓄电池等部件，并进行了静电电流的检测，都表示没有问题。后来维修人员仔细询问了进行静电电流检测的学徒工，学徒工说测到的静电电流才0.3A，挺小的，可以忽略不计，所以没有问题。该车正常的静电电流是0.05A以内，所以这正是导致车辆故障的原因，意味着汽车存在不正常放电，需要及时检查，否则可能出现重大事故。

分享一个“中国电焊第一人”——高凤林的故事。高凤林，全国劳动模范，全国五一劳动奖章获得者，全国国防科技工业系统劳动模范，全国道德模范，航天技术能手，首次月球探测工程突出贡献者，中华技能大奖获得者，中国质量奖获得者，享国务院政府特殊津贴，被称为焊接火箭“心脏”的“中国第一人”。发动机是火箭的“心脏”，任何一个漏点，在火箭升空过程中都可能引发毁灭性爆炸。高凤林能做到在0.01秒内精准控制焊枪停留在燃料管道上，上万次的操作都准确无误。160多枚长征系列运载火箭，在他焊接的发动机助推下成功飞向太空，占总数一半以上。高凤林说，在焊接时得紧盯着微小的焊缝，一眨眼就会有闪失。如果这道工序需要十分钟不眨眼，他就会十分钟不眨眼。美国名企想聘请他为国外的公司服务，并且承诺送他两套在纽约的房子，年薪千万，但被他果断拒绝。他表示，现在正是祖国需要他的时候，作为一名科研工作者，绝对不能因为个人利益就背叛国家，更不能对不起骨子里流淌的华夏血脉。

同学们，我想说的是：精益求精，将自己的工作做到极致，你也会成为最闪亮的那颗星。

3.1 学习目标

素质目标	知识目标	技能目标
1．严格遵守操作规范，确保安全生产。 2．建立 5S 意识，养成良好的劳动习惯。 3．能够专业地进行表述，并能以书面形式准确记录。 4．能够清晰明确地向他人口头转述信息。 5．能够独立完成学习和工作任务。 6．能够与合作伙伴进行顺畅交流。 7．能够客观公正地自评和评价他人。 8．工作中严格遵守事故预防条例。	1．了解电路的基本组成及要素。 2．正确理解欧姆定律。 3．了解汽车电路的组成及特点。 4．掌握识读汽车电路的基本方法。 5．了解万用表的作用，掌握其使用方法。 6．了解汽车电路中熔断器、继电器、控制开关、导线等基本元部件的作用及结构特点。 7．掌握常见灯光系统故障的诊断方法。	1．能够用万用表测量电压、电流和电阻。 2．能够按照电路图进行简单的串、并联电路连接。 3．能够通过实验验证欧姆定律。 4．能够用万用表检测出简单的电路故障。 5．能够用万用表检测汽车电路中熔断器、继电器、控制开关、导线等基本元部件的好坏。 6．能够识读简单的汽车电路图。 7．能够在汽车上找到检测部件。 8．能够在检测前预先制定好排除故障流程。 9．能够完成汽车灯光系统故障的检测与排除。

3.2 情境引入

3.2.1 情境描述

王女士的汽车在行驶时，被朋友告知有车灯不亮的情况，故开车来到汽车修理厂，希望能尽快找到故障，并进行修复，避免造成行车危险。

3.2.2 接受任务

思考：作为一名维修接待人员，当你遇到王女士到汽车修理厂求助时，应该如何进行接待呢？请依据情境描述，编写客户接待话术，做好接待客户的准备工作。客户接待话术表见附录 A。

提示：需要评估车辆维修时间，和客户沟通，满足客户“希望能尽快找到故障，并进行修复，避免造成行车危险”的要求。

角色扮演：请按照上面编好的话术进行角色演练，并从着装规范、举止得体等 8 个方面分别给予评价，5 分为完美，1 分为差得很远。客户接待评价表见附录 B，客户任务工单见附录 C。

3.2.3 任务分析

结合实际情况进行分析，在自己已经具备的能力或条件前的方框内画“√”，未画“√”

的内容就是需要从本学习单元学习和掌握的知识、技能和素养。

检查全车车灯工作情况，并对损坏车灯进行修复需要具备下面的能力及条件：

□车外防护　　□车内防护　　□安放车轮挡块
□识别车辆身份信息　　□连接尾排　　□识读汽车灯光电路图
□用万用表检测相关电气设备　　□对检测结果进行合理判断　　□全车灯光检查
□正确选择需更换的电气设备　　□更换受损的电气设备

3.3　知识与技能储备

3.3.1　了解电路基础

3.3.1.1　电路

电路泛指电流通过的路径，是由一些电气设备、电气元件按一定方式组合起来构成的电流通路。电路至少包括三要素：电源、导线、负载（电气设备）。组成电路的三要素如图 3-1 所示。用导线将电源正极、负极和灯泡连接起来形成的回路称为电路。

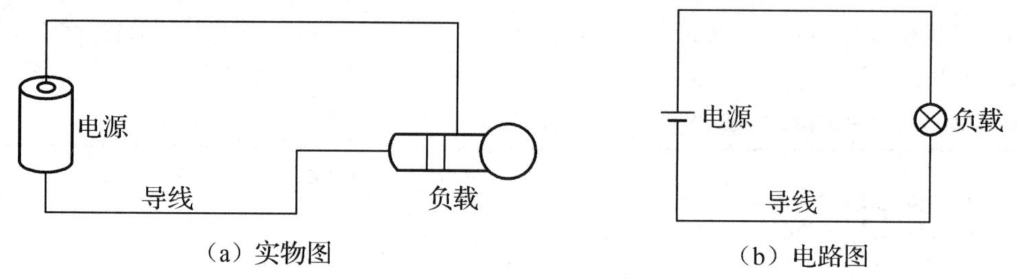

（a）实物图　　（b）电路图

图 3-1　组成电路的三要素

（1）电源：将其他形式的能量转换为电能，为电路提供电能的装置。汽车电源主要是将化学能、机械能等其他形式的能量转换为电能，为汽车上所有的电气设备提供电能。汽车上常用的电源包括蓄电池和发电机。

（2）导线：将电路中的电源、负载等电气元件连接在一起构成回路，具有输送电流的作用。汽车上常用的导线有低压导线和高压导线。

（3）负载：消耗电能的设备或器件，作用是把电能转换成其他形式的能（如热能、光能、声能、机械能等）。汽车上常用的负载有照明灯、信号灯、起动机、电喇叭、各种电子控制装置等。

电路通常以两种方式存在：一种为开路或断路，如图 3-2 所示；另一种为通路，如图 3-1 所示。

为了实现对电路的通、断控制，电路中还应该具有一个开关。所以，一个完整的电路应该包括电源、导线、负载（电气设备）、开关。电路的组成如图 3-3 所示。

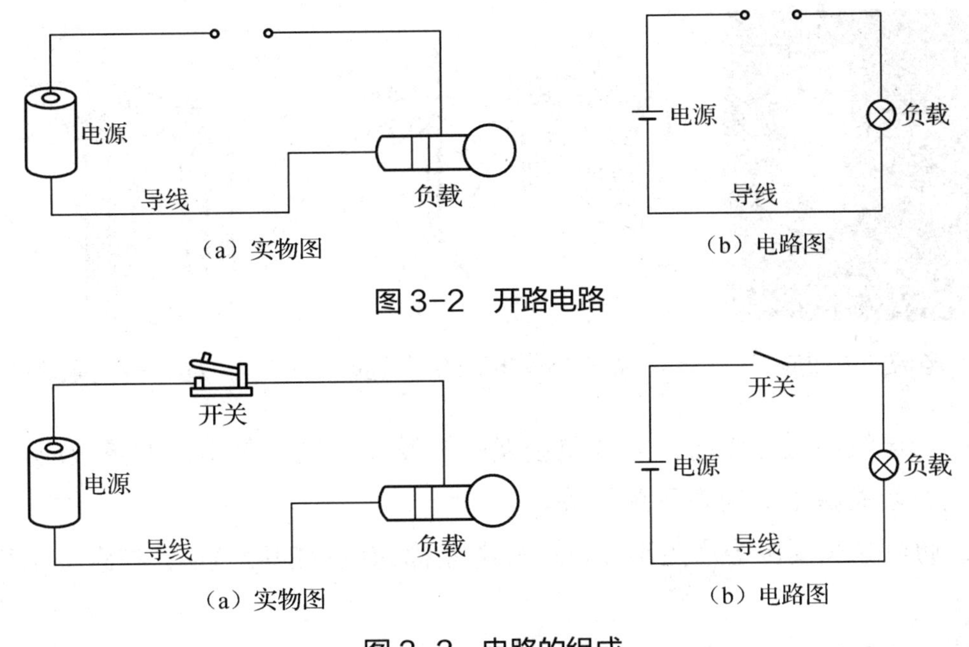

图 3-2　开路电路

图 3-3　电路的组成

所以，通路是指电路连接正常，开关处于闭合状态，负载能正常工作，这是所有电路正常工作时的状态。断路（开路）是指电路连接正常，开关处于打开状态，负载不能正常工作，这是所有电路正常但不工作时的状态。

电路故障通常也以两种方式存在：断路（开路）和短路。

此时的断路（开路）是指电路中开关虽然闭合，但是由于导线连接断开、负载烧坏或没安装好，整个电路处于某处异常断开的状态。此时需要我们经过检测确定故障部位，并进行维修。

短路是指电路中开关闭合后，电路中的电流未经过任何负载或部分负载便直接由导线接通电源正负极而形成闭合回路。这是一种严重而必须避免的电路故障，会导致电路中电流过大而烧毁器件，甚至发生火灾。此时需要我们经过检测确定故障部位，并进行维修。待确定电路中没有短路点时再进行电路通路的测试。短路可分为电源短路和部分电路短路，其中，电源短路是指电流不经过任何负载，直接由电源正极经过导线流回负极，此时特别容易烧坏电源，在汽车上称为“搭铁”。部分电路短路是指一条导线连接在负载的两端，此时称为该负载被短路，很容易出现烧毁负载的情况。

3.3.1.2　电流

导体中电荷的定向移动形成了电流，电流的表示符号为“*I*”，单位为“A——安培”，电流可以通过电流表来测量。电路中有电流通过，电路中的各种负载才能正常工作。当电流通过时，电路中的各种负载，包括电源和导线都会产生一些与不通电时不一样的现象，这些现象被称为电流的效应。

电流有三种效应：热效应、磁效应和化学效应，如图 3-4～图 3-6 所示。

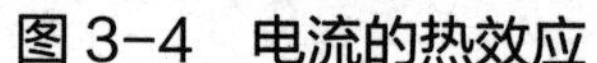
图 3-4　电流的热效应

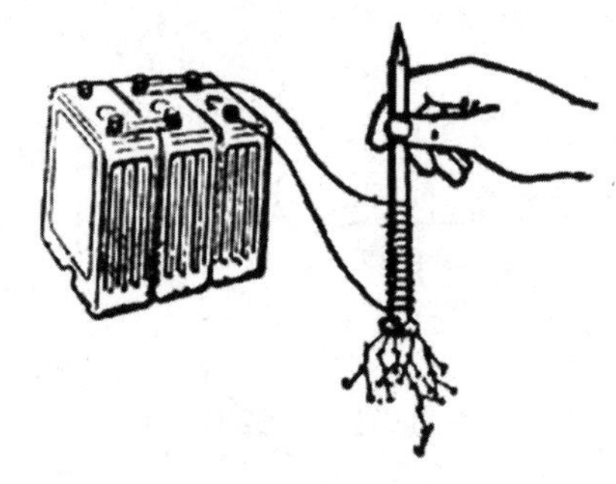

图 3-5　电流的磁效应

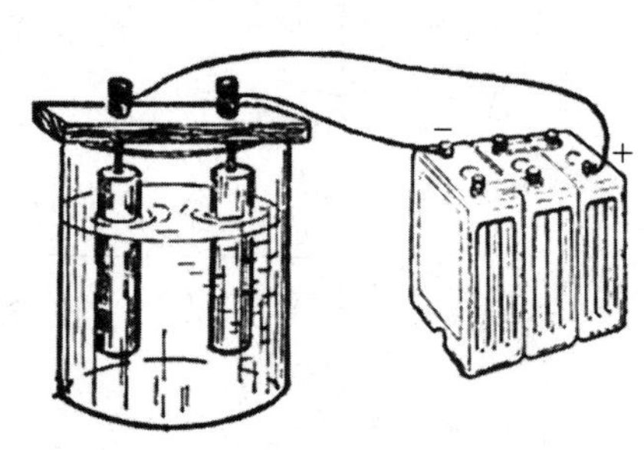

图 3-6　电流的化学效应

热效应：当电流经过灯泡时，灯丝就会发热并发光，这就是电流的热效应，在汽车上可用于汽车灯光、新能源车上的暖风系统等。

磁效应：通电导线周围会产生磁场，这种现象称为电流的磁效应，在汽车上用于发电机、起动机等。

化学效应：在稀硫酸等酸性溶液中，置入两块极板并通电，极板表面有气泡产生，表明液体中有电流通过，这就是电流的化学效应，在汽车上用于蓄电池的充、放电等。

根据电流的大小和方向变化方式的不同，可以将电流分为交流电流、直流电流和脉冲电流。

交流电流：大小和方向都随时间变化的电流，如生活用电。

直流电流：大小和方向都不发生变化的电流，如蓄电池提供的电流、经过整流器整流的电流。

脉冲电流：大小随时间变化、方向不变的电流，如不断闪烁的节日彩灯中流过的电流。

3.3.1.3　电压

在电路中，任意两点间的电位差称为电压，也就是电场力将单位正电荷从一点移到另一点的能力。如果没有电压，导体中就不会有电流流过。电压的表示符号为“U”，单位为“V——伏特”。电压可以通过电压表进行测量。

根据电压的大小和方向变化方式的不同，可以将电压分为交流电压、直流电压、脉冲电压。

3.3.1.4　电阻

电流在导体中流动时遇到的阻力称为电阻。电阻用符号“R”表示，单位为“Ω——欧姆”。任何物体都有电阻。根据物体电阻的大小，可以将物体分为导体、半导体和绝缘体三种。

导体：容易导电的物体叫作导体。其电阻率一般为 10^{-6}～10^{-3}Ω·m，如铜、铝等。

半导体：导电能力介于导体与绝缘体之间的物体叫作半导体。其电阻率一般为 10^{-3}～10^{8}Ω·m，如硅、锗等。

绝缘体：不容易导电的物体叫作绝缘体。其电阻率一般为 10^{8}～10^{20}Ω·m，如胶木、云母等。

3.3.1.5 欧姆定律

1826 年，德国物理学家欧姆经过实验得出结论：在纯电阻电路中，导体中的电流 I 与导体两端的电压 U 成正比，与导体的电阻 R 成反比。这就是欧姆定律，用公式表示为

电流=电压/电阻

欧姆定律

即

$$I=U/R$$

式中，电流、电压、电阻的单位分别是安培（A）、伏特（V）、欧姆（Ω）。

3.3.1.6 电功率

电功（电能）是指电流通过电阻产生的功（或产生的热量）；电功率是指电路元件或设备在单位时间内吸收或发出的电能。计算公式如下：

$$P=UI=W/t=U^2/R=I^2R$$

式中 W——电功（电能）（J）；

P——电功率（W）；

U——电压（V）；

I——电流（A）；

t——时间（s）；

R——电阻（Ω）。

电功率的国际单位为瓦特（W），常用的单位还有毫瓦（mW）、千瓦（kW），它们与瓦特的换算关系是 1W=1000mW、1kW=1000W。

通常说的“度”就是千瓦·时，1 度=1 千瓦·时，是电功的单位，符号为 kW·h。千瓦·时是一种能量度量单位，表示一个功率为一千瓦的负载使用一小时所消耗的能量。

负载正常工作的电压叫作额定电压，负载在额定电压下正常工作的功率叫作额定功率，负载在实际电压下工作的功率叫作实际功率。

3.3.1.7 电路的基本连接方法

电路的基本连接方式——串联电路

1. 电阻的串联

串联是指将电路中的负载（如电阻、电容、电感等）逐个顺次相连的连接方式，其特点是“首尾相连”。用串联的方式形成的电路叫作串联电路（见图 3-7）。串联的作用是分压。当某元件的允许工作电压小于总电压时，需要串联其他的元件。例如，额定电压为 2.4V 的发光二极管需要串联一个电阻，使其在 12V 的车用电网中也能使用。

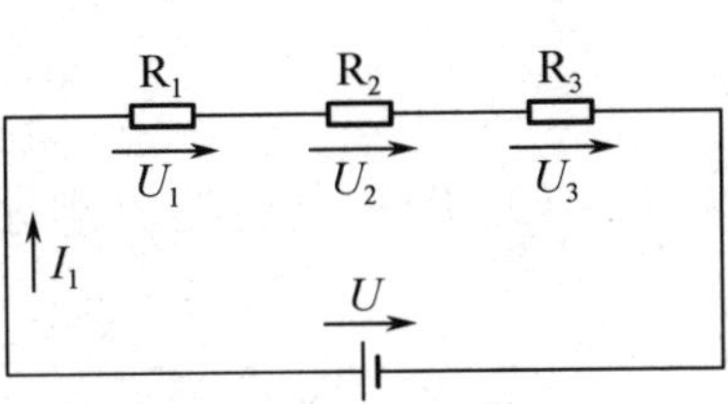

图 3-7 串联电路

串联电路有以下规律。

（1）串联电路的电流处处相等，即

$$I_{总} = I_1 = I_2 = I_3 = \cdots = I_n$$

（2）串联电路的总电压等于各处电压之和，即

$$U_{总} = U_1 + U_2 + U_3 + \cdots + U_n$$

（3）串联电路各分电压间的比值与负载电阻间的比值相同（分压作用），即

$$U_1 : U_2 : U_3 : \cdots : U_n = R_1 : R_2 : R_3 : \cdots : R_n$$

（4）串联电路中的总电阻是所有负载电阻之和，即

$$R = R_1 + R_2 + R_3 + \cdots + R_n$$

在串联电路中，只要有某一处断开，整个电路就成为断路，电路中的所有负载都不能再正常工作。如果电路被短路，那么需要看短路点的位置。如果在所有负载的前面短路，那么所有负载都不能工作，但不会损坏，只有负载之前的线路会被大电流烧毁；如果在其中一个负载的后面短路，那么短路点之前的电路还是通路，但有可能因为电流增大而烧毁负载导致电路断路，而短路点之后的负载均不能正常工作，但是负载和电路均不会被损坏。

2. 电阻的并联

电路的基本连接方式——并联电路

并联是指所有负载的输入端和输出端均被连接在一起的连接方式，其特点是“首首相接，尾尾相连”。用并联的方式形成的电路叫作并联电路（见图 3-8）。并联的作用是分流，并联电路中的所有负载都处于相同的电压中。从电源流出的总电流 $I_{总}$ 根据各负载的大小分流，即经过小电阻负载的电流较大，经过大电阻负载的电流较小。并联电路中各负载连接点以外的共用电路部分称为干路，各负载连接点以内独立使用的电路部分称为支路。汽车中的负载普遍以并联方式连接在电源两端，例如用于照明的灯泡。

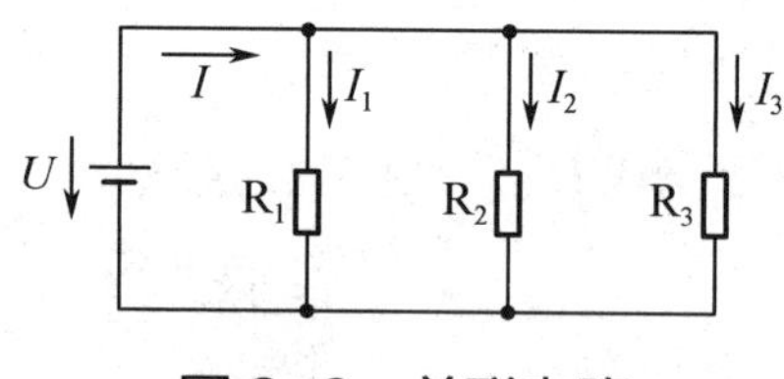

图 3-8 并联电路

并联电路有以下规律。

（1）并联电路的所有负载均处于相同的电压下，所有负载两端的电压均相同，即

$$U = U_1 = U_2 = U_3 = \cdots = U_n$$

（2）并联电路的总电流是所有分电流之和（分流作用），即

$$I = I_1 + I_2 + I_3 + \cdots + I_n$$

（3）并联电路总电阻的倒数是所有负载电阻的倒数之和，即

$$\frac{1}{R_{总}} = \frac{1}{R_1} + \frac{1}{R_2} + \frac{1}{R_3} + \ldots + \frac{1}{R_n}$$

（4）并联电路的总电阻总是比最小的负载电阻还要小，即

$$R_{总} < R_n$$

在并联电路中，如果干路上某一处断开，则整个电路就成为断路，电路中的所有负载都不能再正常工作；如果是支路中的某一处断开，则只有此条支路上的负载不能正常工作，其他支路和负载均不受影响。但是，如果一条支路被短路，则整个电路都被短路，且短路的线路也会因电流过大而被烧毁。

3. 电阻的混联

混联电路是指电路中的负载既有并联又有串联的连接方式，如图 3-9 所示。串联电路和并联电路的规律在混联电路中都适用。为了计算整个电路，必须将电路逐步地简化，分解成单一的串联电路或并联电路，再进行计算。如图 3-9 所示，可以先按照串联电路的规律将串联在一起的电阻 R_2 和 R_3 看作等效电阻 R_{23}，然后按照并联电路的规律进行计算即可。

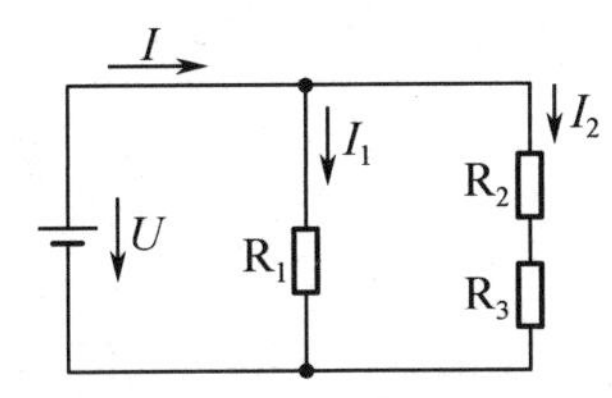

图 3-9 混联电路

3.3.1.8 了解电路基础-工作页

1. 电路至少包括三要素：________、________、________。电路通常以两种方式存在：一种为________；另一种为________。

2. 电源的作用：________。

3. 为了实现对电路的通、断控制，电路中还应该具有一个________。

4. 电路故障通常也以两种方式存在：________和________。

5. 请说明正常电路中的断路和电路故障中的断路的区别。

6. 请解释电路故障中的“短路”的含义。

7. 电流的定义：________，电流用字母______来表示；根据电流的大小和方向变化方式的不同，可以将电流分为________、________、________；汽车上通常用到的是________和________电流；电流的单位是________，用字母________来表示；电流有三种效应：________、________和________；汽车上的蓄电池是______电源。

8. 电压用字母______来表示；电压的定义：________，电压分为______、______、______三种。汽车上通常用到的是______和______电压；电压的单位是________，用字母________来表示。

9. 电阻的定义：________，用字母________来表示；电阻的单位是________，用字母________来表示。

10. 在纯电阻电路中，导体中的电流、电压、电阻之间的关系用公式表示为________，这就是欧姆定律。

11. 图中四个电阻是________关系，电路的总电阻是______Ω，P 点的电流是______A。

12．图中三个电阻是______________关系，电路的总电阻是_____Ω，电路中的电流是_____ A，电阻 R_A、R_B、R_C 的电压降分别是_______、_______、_______V。

11 题图

12 题图

13．电功率是指____。计算公式为________________________________。

14．请解释“千瓦·时”。

3.3.2 使用万用表检测电路中的电阻、电压和电流

汽车万用表是汽车故障诊断的重要测量工具，它可以测量直流电压/电流、交流电压/电流、电阻、占空比、温度、晶体二极管/三极管参数、电流通断、汽车分电器触点的闭合角及发动机转速等。

3.3.2.1 万用表的结构

常见万用表的外部结构如图 3-10 所示。

万用表挡位功能认知

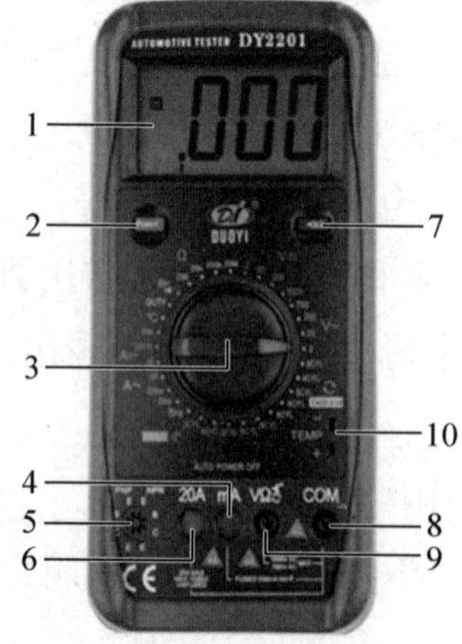

1—LCD 显示器；2—电源开关；3—功能/量程旋钮开关；4—毫安电流插孔；5—三极管测试插孔；6—20A 电流插孔；7—数据保持开关；8—表笔负极插孔；9—电压、电阻等（正极）插孔；10—温度测量插座。

图 3-10　常见万用表的外部结构

3.3.2.2 万用表上的电气符号

万用表上常见的电气符号如图 3-11 所示。

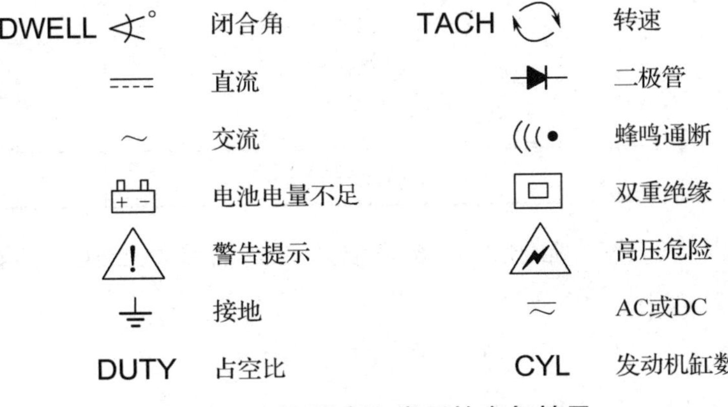

图 3-11 万用表上常见的电气符号

万用表基本功能的使用

3.3.2.3 万用表操作说明

将“POWER”键按下，如果电池电量不足，则显示屏左上方会显示“+ −”符号，此时，需要更换电池再用。其后，选择所需要的功能及量程后进行测量。

1. 直流电压的测量

（1）将功能/量程旋钮开关置于直流电压量程范围内，直流电压量程表如表 3-1 所示。

表 3-1 直流电压量程表

量 程	准 确 度	分 辨 力
2V	±（0.5%+3）	0.001V
20V		0.01V
200V		0.1V
1000V	±（1.0%+5）	1V

注：±（0.5%+3）是精度值，表示的是，如果量程是 2V，则精度为 2×0.005=0.01，而“+3”的意思是在计算出的精度值的末位+3，即 0.04，最终精确度为±0.04；同理，如果量程是 20V，则精度为 20×0.005=0.1，在计算出的精度值的末位+3，即 0.4，最终精确度为±0.4。下面各处标注同理。

（2）将黑表笔插入“COM”插孔，红表笔插入显露的表笔插孔（“VΩ”孔）。将表笔并接在被测负载或信号源上，仪表在显示电压读数的同时会指示出红表笔的极性。

注意：

（1）当测量前不知被测电压范围时，应将功能/量程旋钮开关置于最高量程挡。

（2）当只显示最高位“1”时，说明被测电压已超过使用的量程，应该用更高量程测量。

（3）表示不要测量高于 1000V 的电压，虽然有可能显示读数，但可能会损坏万用表。

（4）测量高压时应特别注意安全。

2. 交流电压的测量

（1）将功能/量程旋钮开关置于交流电压量程范围内，交流电压量程表如表 3-2 所示。

表 3-2　交流电压量程表

量　程	准 确 度	分 辨 力
2V	±（1.0%+5）	0.001V
20V		0.01V
200V		0.1V
700V	±（1.2%+5）	1V

（2）将黑表笔插入“COM”插孔，红表笔插入显露的表笔插孔（“VΩ ”孔）。将表笔并接在被测负载或信号源上。

注意：

（1）参见直流电压测量的注意事项（1）、（2）、（4）。

（2）表示不要测量高于 700V 的电压，虽然有可能显示读数，但可能会损坏万用表。

3. 直流电流的测量

（1）拔出表笔，将功能/量程旋钮开关置于直流电流量程范围内，直流电流量程表如表 3-3 所示。

表 3-3　直流电流量程表

量　程	准 确 度	分 辨 力
20mA	±（1.0%+3）	0.01mA
200mA	±（1.5%+5）	0.1mA
20A	±（2.0%+10）	0.01A

（2）将黑表笔插入“COM”插孔，红表笔插入显露的表笔插孔（“mA”插孔或“20A”插孔）。将测试表笔串接到被测电路中，仪表显示电流读数的同时会指示出红表笔的极性。

注意：

（1）当测量前不知被测电流范围时，应将功能/量程旋钮开关置于最高量程挡。

（2）当只显示最高位时，说明被测电流已超过使用的量程，应改用更高量程测量。

（3）从“mA”插孔输入时，过载则会熔断机内熔断器，须予以更换，熔断器的规格为 0.2A/250V。

（4）从“20A”插孔输入时，达最大电流 20A 的时间不要超过 15s，因为 20A 挡位无熔断器。

4. 交流电流的测量

（1）拔出表笔，将功能/量程旋钮开关置于交流电流量程范围内，交流电流量程表如表 3-4 所示。

表 3-4　交流电流量程表

量　程	准 确 度	分 辨 力
20mA	±（1.2%+5）	0.01mA
200mA	±（2.0%+5）	0.1mA
20A	±（3.0%+10）	0.01A

（2）将黑表笔插入“COM”插孔，红表笔插入显露的表笔插孔（“mA”插孔或“20A”插孔）。将测试表笔串接到被测电路中。

注意：

参看直流电流测量的注意事项（1）～（4）。

5. 电阻的测量

（1）将功能/量程旋钮开关置于所需电阻量程范围内，电阻量程表如表 3-5 所示。

表 3-5　电阻量程表

量　程	准 确 度	分 辨 力
200Ω	±（1.0%+5）	0.01Ω
20kΩ	±（1.0%+2）	0.01kΩ
200kΩ		0.1kΩ
20MΩ	±（1.0%+5）	0.01MΩ

（2）将黑表笔插入“COM”插孔，红表笔插入显露的表笔插孔（“VΩ”插孔）。将测试表笔跨接在被测电阻两端。

注意：

（1）当输入开路时，仪表处于测量状态，只显示最高位“1”。

（2）当被测电阻在 1MΩ 以上时，仪表需数秒后才能稳定读数，对于高电阻测量这是正常的现象。

（3）检测在线电阻时，应关闭被测电路的电源，并使被测电路中的电容放完电，之后才能进行测量。

6. 占空比的测量

（1）将功能/量程旋钮开关置于“DUTY”挡，占空比量程表如表 3-6 所示。

表 3-6　占空比量程表

量　程	准 确 度
0.1%～99.9%	±（1.5%+5）

（2）将黑表笔插入“COM”插孔，红表笔或电缆芯插入显露的表笔插孔（“VΩ”插孔）。

7. 温度的测量

测量温度时，把功能/量程旋钮开关置于“℃”挡，温度量程表如表 3-7 所示。将热电偶的冷端（插头）插入仪表的温度测量插座中，注意“+”“-”极性；热电偶的热端（测量段）置于测温点，从仪表显示屏上读取温度值，单位为摄氏度（℃）。

表 3-7　温度量程表

量　　程	准 确 度	分 辨 力
-40～0℃	±（5.0%+5）	1℃
0～400℃	±（1.0%+3）	1℃
400～1000℃	±（2.0%+4）	1℃

注意：

热电偶的冷端插入温度测量插座后，仪表自动显示被测温度；当未插入热电偶或热电偶开路时，仪表显示环境温度。

8. 晶体三极管参数的测试

（1）将功能/量程旋钮开关置于“hFE”挡，晶体三极管的量程表如表 3-8 所示。

表 3-8　晶体三极管的量程表

量　　程	说　　明	测 试 条 件
hFE	可测 NPN 型或 PNP 型晶体三极管的 hFE 参数，显示范围：0～1000	I_b 约为 10μA，Vcc 约为 2.8V

（2）先确定晶体三极管是 NPN 型还是 PNP 型，然后将被测晶体三极管的 e、b、c 三个引脚插入仪表相应的插孔内。

（3）仪表显示的是近似值，测量条件：基极电流 I_b 约为 10μA，基极电压 Vcc 约为 2.8V。

9. 二极管的测量

（1）将功能/量程旋钮开关置于“▶|”挡（可进行二极管和通断测试），二极管量程表如表 3-9 所示。

表 3-9　二极管量程表

量　　程	分 辨 力	说　　明	测 试 条 件
▶|	1mV	近似显示二极管正向导通压降	正向直流电流约 1mA 反向直流电压约 2.8V
((•	—	被测线路电阻<70Ω 时机内蜂鸣器响	开路电压约 2.8V

（2）将黑表笔插入“COM”插孔，红表笔插入显露的表笔插孔（“VΩ▶|”插孔，注意红表笔连接内电源“+”极），将测试表笔跨接在被测二极管两端，仪表近似显示二极管正向压降，单位为伏特；当二极管反接时，仪表显示超量程。

注意：

（1）当两表笔开路时，显示超量程（仅显示最高位“1”）。

（2）通过被测器件的电流约为 1mA。

10. 通断测试

（1）功能/量程旋钮开关置于 (((● 挡，见二极管的量程表。

（2）将黑表笔插入“COM”插孔，红表笔插入显露的表笔插孔（“VΩ ”插孔），将测试表笔跨接在待查线路的两端。

（3）被检查的两点之间的电阻值小于 70Ω，蜂鸣器会发出“嘀”声响作为指示。

注意：

必须在切断电源状态下检查被测线路，线路带电将导致仪表判断错误。

11. 闭合角的测量

（1）根据所测发动机缸数，将功能/量程旋钮开关置于所需“DWELL”量程挡，闭合角量程表如表 3-10 所示。

表 3-10　闭合角量程表

气缸数	量程	准确度	分辨力
3CYL	0～120.0°	±（1.2%+2）	0.1°
4CYL	0～90.0°		
5CYL	0～72.0°		
6CYL	0～60.0°		
8CYL	0～45.0°		

（2）将黑表笔插入“COM”插孔，红表笔插入显露的表笔插孔（“VΩ ”插孔）。

（3）将黑表笔搭铁或接蓄电池负极，红表笔接分电器低压接线柱或点火线圈“-”端。

（4）转动发动机，即可读得闭合角。

12. 转速的测量

（1）根据所测发动机缸数，将功能/量程旋钮开关置于所需“TACH”量程挡，转速量程表如表 3-11 所示。

表 3-11　转速量程表

气缸数	量程	准确度	分辨力
3CYL	500～10000RPM	±（1.2%+2）	10RPM
4CYL			
5CYL			
6CYL			
8CYL			

注：RPM 指转/分。

（2）将黑表笔插入“COM”插孔，红表笔插入显露的表笔插孔（“VΩ”插孔）。

（3）将黑表笔搭铁或接蓄电池负极，红表笔接分电器低压接线柱或点火线圈“–”端。

（4）转动发动机，将仪表显示的数据乘以10即发动机转速，单位为转/分。

13. 数据保持功能

按下“HOLD”键，仪表显示“H”符号，此时测量数据被锁定，便于读数、记录。再按“HOLD”键可复位，“H”符号消失，仪表恢复测量状态。

14. 自动关机功能

仪表在开机状态下，时间超过15min，将自动切断电源，进入睡眠状态。这时仪表仅有约10μA的电流，若要重新开启电源，请连续按下“POWER”键两次。

3.3.2.4 万用表测量电阻的步骤

（1）检查万用表及表笔，均无破损或裂纹。

（2）将功能/量程旋钮开关置于所需电阻量程挡。

（3）将黑表笔插入“COM”插孔，红表笔插入显露的表笔插孔（“VΩ”插孔）。

（4）断开电阻所在的支路。

（5）打开万用表。

（6）选择最小量程电阻挡，将万用表的红、黑表笔搭接在一起，对万用表进行“校零”，确认万用表线路连接完好；若仪表显示的是非零的数，则在读数时，应用实际读数减去校零的数，才是电阻真实的数值。

（7）根据要测电阻的实际阻值选择合适的挡位。

（8）将测试表笔跨接在被测电阻两端，并进行读数。

（9）如果不知道电阻的实际阻值，则从最小的挡位开始选择量程，如果万用表显示“1”，则表示电阻的实际阻值已经超过这个挡位的量程，此时，应选择更大的挡位进行测量，直到显示实际数值为止。如果在最高挡位上仍然显示“1”，则可看作该电阻断开。

3.3.2.5 万用表测量电压的步骤

（1）检查万用表及表笔，均无破损或裂纹。

（2）万用表校零，确认万用表线路连接完好。

（3）将功能/量程旋钮开关置于直流电压或交流电压量程范围内。

（4）将黑表笔插入“COM”插孔，红表笔插入显露的表笔插孔（“VΩ”插孔）。

（5）打开万用表。

（6）根据要测电路电压的实际值选择合适的挡位进行测量。

（7）如果不知道该电路的实际电压值，则从最大的挡位开始选择量程，如果万用表显示的电压值低于该挡位的量程，则表示该电路电压的实际值已经低于这个挡位的量程，此时，应选择更小的挡位进行测量，直到显示值在所选挡位的量程内为止。

（8）将表笔并联在被测负载或信号源上，仪表在显示电压数值的同时会指示出红表笔的极性。

3.3.2.6 万用表测量电流的步骤

（1）检查万用表及表笔，均无破损或裂纹。

（2）万用表校零，确认万用表线路连接完好。

（3）拔出表笔，将功能/量程旋钮开关置于直流电流或交流电流的量程范围内。

（4）根据要测电路电流的实际值选择合适的挡位。

（5）将黑表笔插入“COM”插孔，红表笔插入显露的表笔插孔（“mA”插孔或“20A”插孔）。

（6）打开万用表。

（7）将测试表笔串联在被测电路中，仪表显示电流数值的同时会指示出红表笔的极性。

（8）如果不知道该电路的实际电流值，则从最大的挡位开始选择量程，如果万用表显示的电流值低于该挡位的量程，则表示该电路电流的实际值已经低于这个挡位的量程，此时，应选择更小的挡位进行测量，直到显示值在所选挡位的量程内为止。

3.3.2.7 使用万用表检测电路中的电阻、电压和电流-工作页

1．请结合万用表实物进行万用表的认知。

（1）认知万用表，并将部件的序号填到对应名称前的括号内。

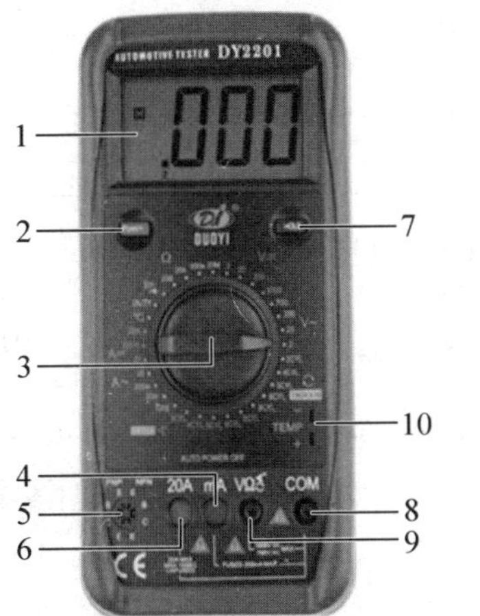

（　　）LCD 显示器

（　　）数据保持开关

（　　）功能/量程旋钮开关

（　　）温度测量插座

（　　）表笔负极插孔

（　　）电源开关

（　　）三极管测试插孔

（　　）电压、电阻等（正极）插孔

（　　）毫安电流插孔

（　　）20A 电流插孔

（2）请将下图所示万用表上的标识符号的含义填写到对应序号的后面。

1. ______________

2. ______________

3. ______________

4. ______________

5. ______________

2．在学习万用表的使用之前，让我们先按照要求完成一个基本电路的连接及相关参数的计算。

（1）比较 a、b 两条导线的不同，并记录。

a ▬▬▬▬ b ▬▬▬▬

导线 a______________________ 导线 b______________________

（2）按照图（a）和图（b）所示搭建电路。

开关
蓄电池
灯泡
（a）

开关
蓄电池
灯泡
（b）

（3）开关闭合时，观察两个电路的情况，并记录其不同之处。

图（a）电路______________________；图（b）电路______________________。

提示：闭合开关时，请注意不要直接用手接触电路，注意安全！

（4）查看并记录灯泡上的标识，计算相关参数。

灯泡的标识____。

电功率的计算公式为____。

计算该灯泡允许通过的电流____。

为了保护电路，需要选择____________A 的熔断器。

根据铜线的载流量表，选择导线的横截面积为____________mm^2，如果选择导线的横截面积小于规定值，那么会造成____。

3．请按照要求阅读相关资料，完成下列各题，并在搭建的简单电路中用万用表进行电阻、电压和电流的测量。

（1）电阻的测量。

① 电阻的定义：______________________，用字母______来表示；电阻的单位是______，用字母______来表示。

② 阅读相关资料并提炼关键词，填写下面的流程图和表格，确定使用万用表测量电阻的步骤。

③ 使用万用表测量下列元件的电阻值。测量电阻时，被测量元件要从电路中________。校零____。

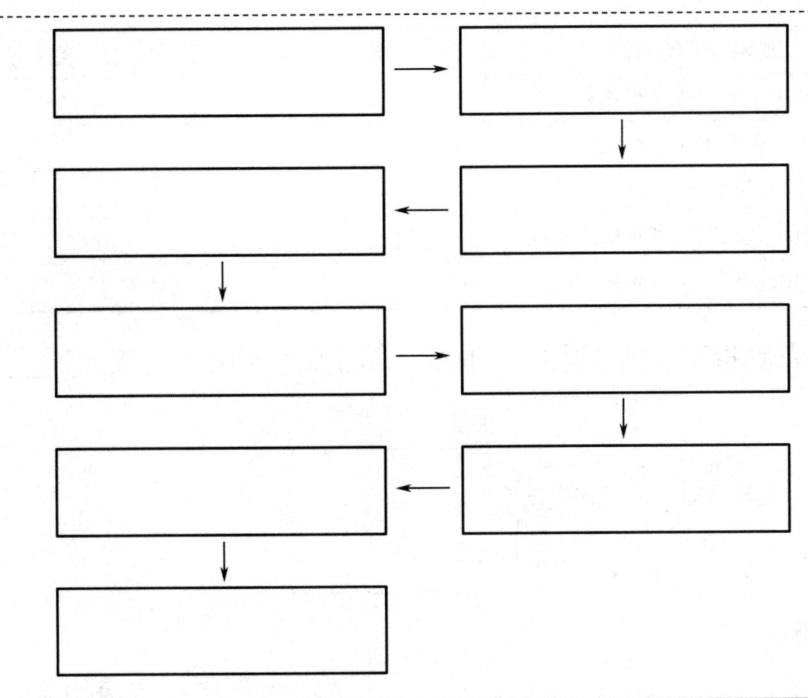

序　号	元　件	挡　位	标 准 值	测 量 值	判　断
1	电阻				
2	导线				
3	灯泡				
4	开关（断开）				
5	开关（闭合）				
6	自身的电阻				

（2）电压的测量。

① 电压用字母______来表示；电压的定义：____________________________，电压分为______、______、______三种。汽车上通常用到的是________和________电压；电压的单位是______，用字母______来表示。

② 阅读相关资料并提炼关键词，填写下面的流程图和表格，确定使用万用表测量电压的步骤。

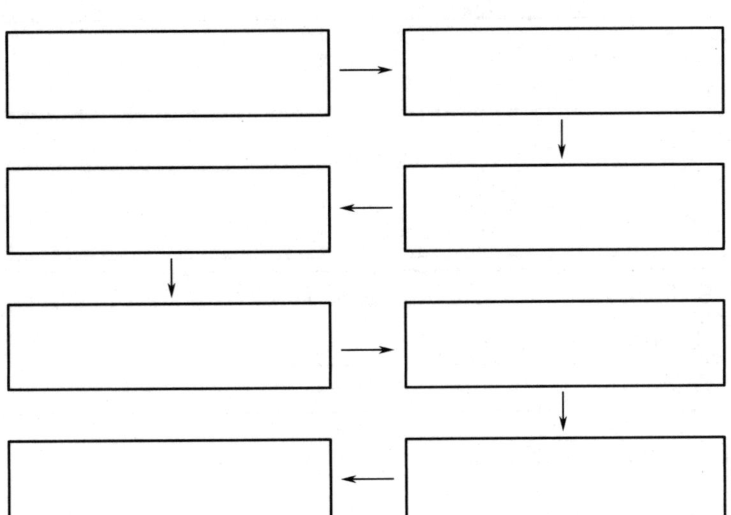

序　　号	测量项目的名称	挡　　位	标　准　值	测　量　值	判　　断
1	蓄电池的电压（直流）				
2	照明电的电压（交流）				
3	灯泡两侧的电压				
4	灯泡电接入点到电源正极的电压				
5	灯泡电输出点到电源负极的电压				

③ 使用万用表测量下面所示电路中的电压。测量电压时万用表应__________到电路中。

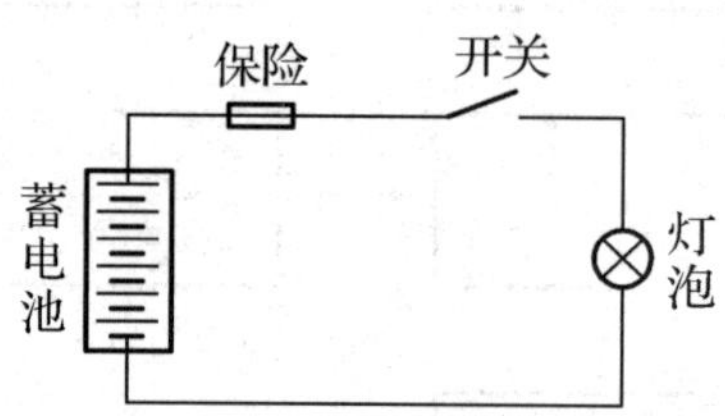

（3）电流的测量。

① 电流的定义：______________________________________，电流用字母______来表示；根据电流的大小和方向变化方式的不同，可以将电流分成________、________、________；汽车上通常用到的是_____________________和_____________________电流；电流的单位是___________________，用字母___________________来表示。

② 阅读参考资料提炼关键词，填写下面的流程图和表格，确定使用万用表测量电流的步骤。

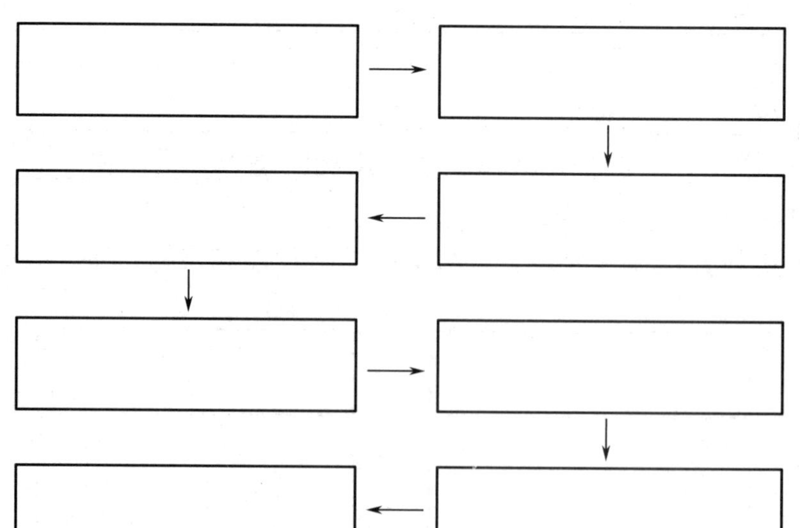

序　　号	测量项目的名称	测 量 数 值	将两个测量结果比较后，发现：
1	电路中灯泡前电路的电流		
2	电路中灯泡后电路的电流		

③ 使用万用表测量电路中的电流。测量电流时万用表应__________到电路中。

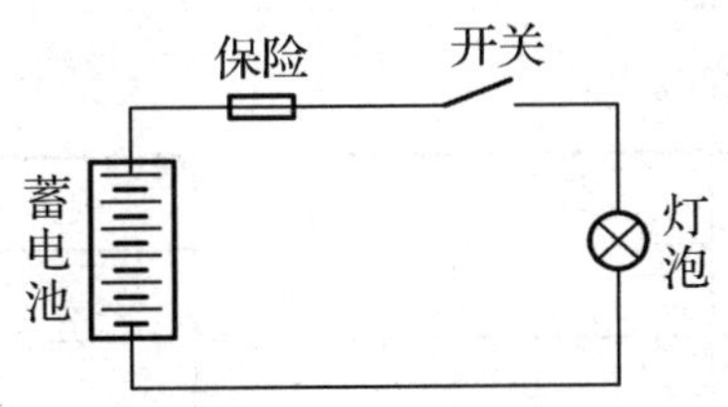

4．请按照下面各题的要求进行实验测量，并验证欧姆定律。

（1）使用万用表测量出元件的电阻，并记录。测量前请先在图中标识出万用表红、黑表笔的连接位置。

<table>
<tr><td>元件</td><td></td><td colspan="2"></td><td>⊗</td><td></td></tr>
<tr><td>连接</td><td></td><td colspan="2"></td><td></td><td></td></tr>
<tr><td rowspan="2">测量值</td><td rowspan="2"></td><td>断开</td><td></td><td rowspan="2"></td><td rowspan="2"></td></tr>
<tr><td>闭合</td><td></td></tr>
<tr><td rowspan="2">结论</td><td rowspan="2"></td><td colspan="2">断开</td><td rowspan="2"></td><td rowspan="2"></td></tr>
<tr><td colspan="2">闭合</td></tr>
</table>

（2）按照图（a）的电路图连接电路。

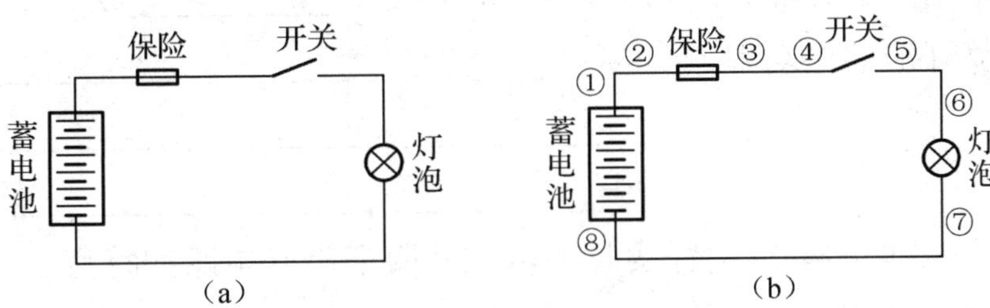

（a）　　（b）

（3）根据图（b）中标出的测量点，利用万用表进行测量，将测量数据填入表格。

① 测量各测量点与蓄电池负极间的电压。

<table>
<tr><td>项　目</td><td>①</td><td>②</td><td>③</td><td>④</td><td>⑤</td><td>⑥</td><td>⑦</td><td>⑧</td></tr>
<tr><td>开关断开</td><td></td><td></td><td></td><td></td><td></td><td></td><td></td><td></td></tr>
<tr><td>开关闭合</td><td></td><td></td><td></td><td></td><td></td><td></td><td></td><td></td></tr>
<tr><td>我们发现</td><td colspan="8">开关断开时，①、②、③、④与蓄电池负极间的电压：
⑤、⑥、⑦、⑧与蓄电池负极间的电压：
开关闭合时，①、②、③、④、⑤、⑥与蓄电池负极间的电压：
⑦、⑧与蓄电池负极间的电压：
我们的结论：</td></tr>
</table>

② 测量通过各测量点的电流。

项 目	①	②	③	④	⑤	⑥	⑦	⑧
开关断开								
开关闭合								
我们发现	开关断开时，通过①、②、③、④、⑤、⑥、⑦、⑧的电流： 开关闭合时，通过①、②、③、④、⑤、⑥、⑦、⑧的电流： 我们发现：							

（4）计算。

① 电路中的电压 U 除以电路中灯泡的电阻 R，即 $\frac{U}{R}=$____________________。比较 I 与 $\frac{U}{R}$，我们发现 I____________________$\frac{U}{R}$（<=>）。

这就是纯电阻电路的欧姆定律：电流=________________，即 I=________________。[其中电流的单位为安培（A），电压的单位为伏特（V），电阻的单位为欧姆（Ω）]。

② 电功率的计算。

纯电阻电路电功率的计算公式为 $P=UI$，即 $P=U^2/$____________或 $P=I^2$____________。

利用公式计算灯泡的电功率 $P=UI=$________________________________。

=________________________________。

=________________________________。

5．请按照下面各题的要求进行实验测量，并验证串联电路的特点。

（1）按图（a）搭建串联电路。

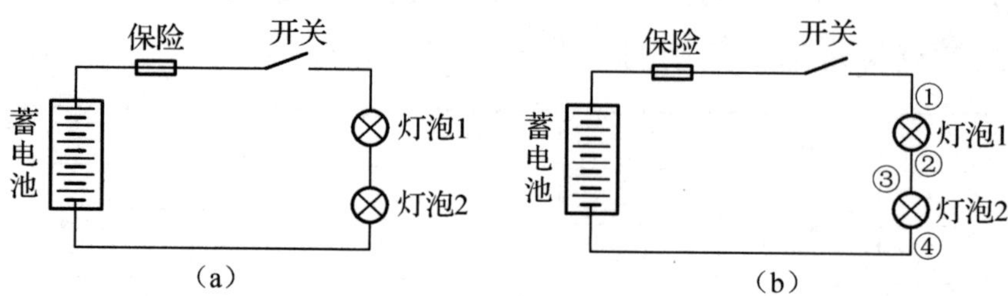

（a） （b）

（2）按要求进行电路［见图（b）］测量，并记录。

测量电阻时，开关应该处于________________________________状态。

测 量 点	电 阻 值	分 析
灯泡 1	R_1=	R_1+R_2= 比较 R_1+R_2 和 $R_合$ 我们可以得到：
灯泡 2	R_2=	
①与④间	$R_合$=	

测量电路的电压、电流时，开关应该处于____________________状态。

测　量　点	电　压　值	分　　析
①与②	U_1=	U_1+U_2= 比较 U_1+U_2 与 $U_合$我们可以得到：
③与④	U_2=	
①与④	$U_合$=	

测　量　点	电　流　值	分　　析	
①	I_1=	比较下列测量值的大小。 I_1　　I_2（<　=　>）	我们可以得到：
②	I_2=	I_1　　I_3（<　=　>）	
④	I_3=	I_3　　I_2（<　=　>）	

（3）计算电功率。

灯泡 1 的电功率 P_1 =____________________。

灯泡 2 的电功率 P_2 =____________________。

电路的总功率 $P=P_1+P_2$=____________________。

6．请按照下面各题的要求进行实验测量，并验证并联电路的特点。

（1）按图（a）搭建并联电路。

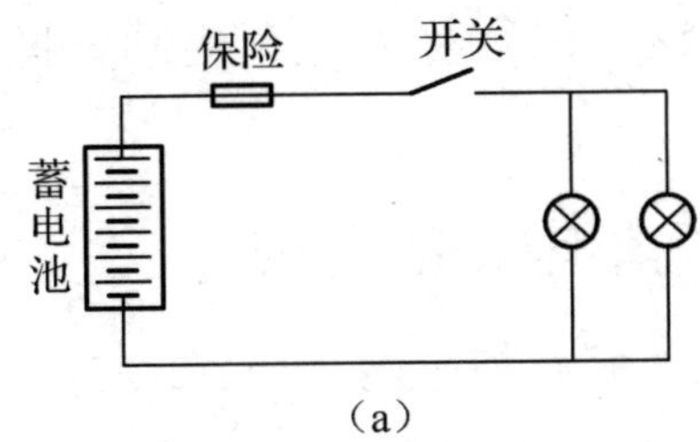

（a）

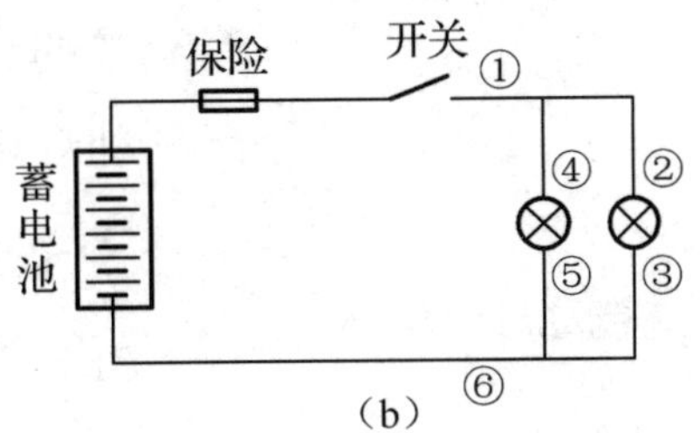

（b）

（2）按要求进行电路［见图（b）］测量，并记录。

测量电阻时，开关应该处于____________________状态。

测　量　点	电　阻　值	分　　析	
灯泡 1	R_1=	$\frac{1}{R_1}$=	$\frac{1}{R_2}$=
灯泡 2	R_2=	$\frac{1}{R_1}+\frac{1}{R_2}$=	$\frac{1}{R_合}$=
①与⑥间	$R_合$=	比较 $\frac{1}{R_1}+\frac{1}{R_2}$ 与 $\frac{1}{R_合}$ 我们可以得到：	

测量电路的电压、电流时，开关应该处于____________________状态。

测 量 点	电 压 值	分 析
②与③	U_1=	比较下列测量值的大小。 我们可以得到： U_1 U_2（< = >） U_1 U_3（< = >） U_3 U_2（< = >）
④与⑤	U_2=	
①与⑥	U_3=	

测 量 点	电 流 值	分 析
①	I_1=	I_1+I_2= 比较 I_1+I_2 与 $I_合$ 我们可以得到：
②	I_2=	
④	$I_合$=	

（3）计算电功率。

灯泡 1 的电功率 P_1 =________________________。

灯泡 2 的电功率 P_2 =________________________。

电路的总功率 $P=P_1+P_2$=________________________。

3.3.3 识读汽车电路

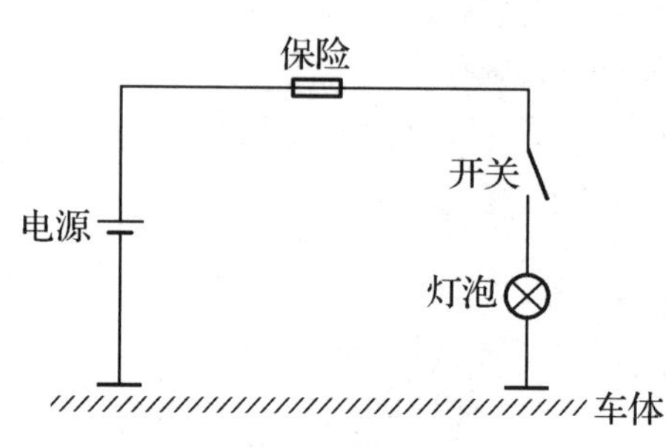

图 3-12 汽车制动灯电路

为了使汽车上的电气设备工作，应该按照它们各自的工作特性及相互间的内在联系，用导线和车体把电源、电路保护装置、控制器件及电气设备等装置连接起来，构成能使电流流通的路径，这种路径称为汽车电路。图 3-12 所示为汽车制动灯电路。

3.3.3.1 汽车电路的组成

（1）电源：汽车上装有两个电源，即蓄电池和发电机。其作用是保证汽车各电气设备在任何情况下都能投入正常工作。

（2）电路保护装置：主要包括熔断器（保险丝）、电路断电器、易熔线等。其作用是在电路中起保护作用。当电路中流过超过规定值的电流时切断电路，防止烧坏电路连接导线和电气设备，并把故障限制在最小范围内。

（3）控制器件：传统的控制器件包括各种手动开关、压力开关、温控开关、继电器等。此外，现代汽车上还大量使用了电子控制器件，包括简单的电子模块（如电子式电压调节器等）和微计算机形式的电子控制单元（如发动机电子控制单元、自动变速器电子控制单元等）。电子控制器件和传统的控制器件在电路中的主要区别是，电子控制器件需要单独的工作电源及需要配用各种形式的传感器。

（4）电气设备：汽车上各种各样的用电器，包括电动机、电磁阀、灯泡、仪表、各种电子控制器件和部分传感器等。

（5）导线：用于将以上各种装置连接起来构成电路。汽车上的导线主要包括常用的低压导线、点火系统的高压导线，以及车体（用来代替部分从电气设备返回电源的导线）。

3.3.3.2　汽车电路的基本特点

（1）低压。汽车电气系统的标准电压有 12V、24V 两种，轿车普遍采用 12V，而重型柴油车多采用 24V。对于发电装置，12V 系统的额定电压为 14V，24V 系统的额定电压为 28V。低压系统的主要优点是安全；蓄电池的单格数少，对减小蓄电池的质量和尺寸有利；金属灯丝灯的灯丝较粗，寿命较长。

（2）直流。现代汽车发动机是靠电力起动机启动的，直流串激式电动机必须由蓄电池供给直流电，而蓄电池充电又必须用直流电源，所以汽车电气系统为直流系统。

（3）单线制。从电源到电气设备只用一条导线连接，用汽车底盘、发动机等金属机体作为另一条共用导线的连接方法叫作单线制。单线制用线少、线路简化清晰、安装和检修方便，且电气设备也不需要与车体绝缘，所以现代汽车普遍采用单线制。

（4）负极搭铁。采用单线制时，蓄电池的负极接到车体上，称为“负极搭铁”；反之，则称为“正极搭铁”。负极搭铁，有利于火花塞点火，对车架金属的化学腐蚀作用较小，对无线电的干扰少。现在，国内外汽车均统一采用负极搭铁形式。

（5）并联。为了让电气设备能独立工作，互不干扰，各电气设备均采用并联连接的方式，每条电路均有自己的控制器件和保险装置，汽车电路的并联如图 3-13 所示。控制器件（开关）保证每条电路独立工作，保险装置（S_{21}、S_{11}）用来防止因电路短路或超载而引起的导线及电气设备的损坏。

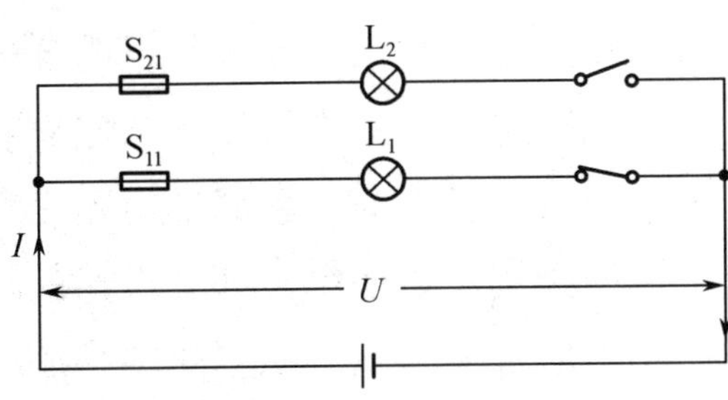

图 3-13　汽车电路的并联

3.3.3.3　汽车电路的类型

汽车电路根据各自功能的不同，一般可分为电源电路、搭铁电路及控制电路。

（1）电源电路：主要为电气设备提供电能，又可称为电气设备的“火线”。图 3-14 所示的 AB 段即电动机的电源电路。

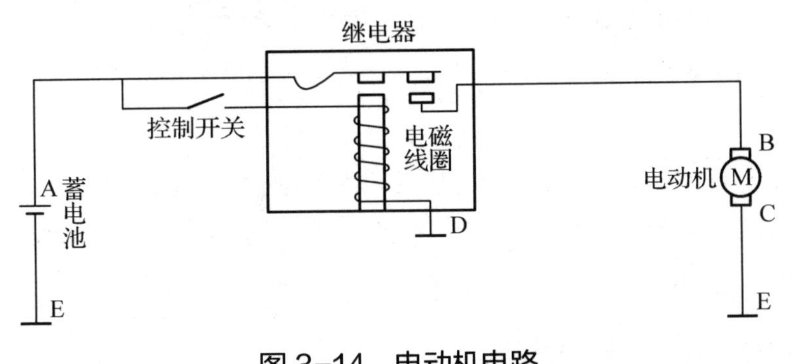

图 3-14　电动机电路

（2）搭铁电路：主要为电气设备提供电源回路。图 3-14 所示的 CE 段即电动机的搭铁电路。

（3）控制电路：主要控制电气设备的工作。图 3-14 所示的 AD 段即电动机的控制电路。根据控制器件与电气设备之间是否使用继电器，控制电路可分为直接控制电路和间接控制电路。

直接控制电路：最简单、最基本的电路。这种控制电路中不使用继电器，控制器件与电气设备串联，直接控制电气设备。

间接控制电路：在控制器件与电气设备之间使用继电器或电子控制器件的电路。

此外，根据控制器件的不同，还可将汽车电路分成电子控制电路和非电子控制电路。

3.3.3.4 汽车电路图图形符号

为了使电路图具有通用性，便于进行技术交流，构成电路图的图形符号和文字符号均有统一的国家标准和国际标准。要看懂电路图，必须先了解图形符号和文字符号的含义、标注原则和使用方法。

图形符号是用于电气图或其他文件中的表示元部件或概念的一种图形、标记或字符，是电气技术领域中最基本的工程语言。

在阅读汽车电路图时要注意，各个汽车制造商对某些汽车电气设备所采用的图形符号、文字符号有所不同，与标准规定存在差异，但图形符号基本结构的组成是相似的，故在识读时一定要仔细观察，积累经验，避免识读错误。

3.3.3.5 汽车电路图的识读

汽车电路图只表明组成汽车电路的各个电气设备的工作原理，如电流走向、流过电气设备的顺序等，图上的导线只表明各电气设备及其间的相互联系，并不代表实际安装位置。

汽车电路图中电气设备从左到右、从上到下的布置顺序：供电电源（特别是蓄电池）在左，电气设备在右，各局部电路尽量画在一起；火线在上，搭铁线在下；在图的上方，有一个说明条框，说明每一部分电路的功能。在局部电路的原理图中，信号输入端（或控制端）在左，信号输出端（或驱动端）在右；火线在上，搭铁线在下。

1. 识读电路图的一般步骤

1）化整为零

先看全车电路图，根据电路图上的电气图形符号及文字符号，对全车电气设备的概况做全面的了解，然后在全车电路图中把各局部电路一一框画出来。这样做的好处如下。

（1）在同一局部电路中，各电气设备间的联系总是比较紧密的，而与其他局部电路的联系相对松散些，框画出来后，比较容易看出其特点，便于进行工作原理分析和查找故障。

（2）许多汽车的某些局部电路是相同、基本相同或相近的，只要略做比较，便可知其异同，从而可以举一反三。

在查找局部电路的过程中，一定要遵守回路原则。各局部电路只有电源和电源总开关（若有的话）是公用的，任何一个电气设备都要自成回路。看电路图时，应先找出电源部分，然后沿电源火线找到熔断器、开关，再往下找到电气设备，最后经搭铁回到电源负极。

2）分析各局部电路的工作原理或工作过程以及相互关系

在分析局部电路的工作过程中，应特别注意开关、继电器触点的工作状态。大多数电气设备都是通过开关、继电器触点工作状态的变化来改变其回路，从而实现不同的电路功能的。

例如，转向信号电路就是通过转向灯开关挡位的置换来接通不同的灯，而发出转向信号的。

在电路图中，开关的触点总是处于零位或静态，即开关处于断开状态或继电器线圈处于失电状态。电子开关若初始通电，其初始状态是电路达到稳定工作时的状态；电子开关若初始不通电，其初始状态就是静止时的状态。

为了便于分析，可把局部电路中的某些电气设备的电气图形符号（例如起动机）用较详细的电路来替换，就能把电路的工作原理较清楚地表达出来。

3）通过划分和联系认识整车电路

弄清楚局部电路的工作原理后，再来分析各局部电路之间的联系，特别是与电源电路的联系，进而弄清楚整车电路的工作原理。

4）通过解剖典型电路，达到触类旁通

许多汽车的电路原理图，有很多部分都是类似或相近的。通过一个具体的例子，对照比较，举一反三，触类旁通，可以掌握汽车一些共同的规律，再以这些共性为指导，了解其他型号汽车的电路原理，又可以发现更多的共性及各种车型之间的差异。

汽车电气设备的通用性和专业化生产使同一国家汽车的整车电路形式大致相同，如掌握了解放牌汽车电路的特点，就可以大致了解东风、跃进等国产汽车电路的特点；掌握了日产、丰田等汽车电路的特点，就基本了解了日本汽车电路的特点；掌握了桑塔纳汽车电路的特点，就大致了解了西欧汽车电路的特点。

因此，抓住几个典型电路，掌握各系统的接线特点和原则，对于了解其他车型的电路大有好处。

2. 识读汽车电路图的注意事项

（1）认真读几遍图注。图注说明了汽车所有电气设备的名称及其数码代号，通过读图注可初步了解该汽车都装配了哪些电气设备。然后通过电气设备的数码代号在电路图中找出该电气设备，再进一步找出相互连线、控制关系。这样就可以了解绝大部分电路的特点。

（2）要牢记回路原则。任何一个完整的电路都是由电源、开关、电气设备、导线等组成的。电流必须从电源正极出发，经过熔断器、开关、导线等到达电气设备，再经过导线（或搭铁）回到电源负极，构成回路。这样的电路才是正确的，否则可能是读错了或查错了。可以沿着工作电流的流向，由电源查明电气设备；也可逆着工作电流的方向，由电气设备查明电源；尤其是查寻一些不太熟悉的电路，后者比前者更为方便。

（3）在上述查找过程中，要特别注意以下两点。

① 从电源正极出发，经某电气设备（或再经其他电气设备），最后又回到同一电源的正极。由于电源的电位差（电压）仅存在于电源的正负极之间，所以电源的同一电极是等电位的，没有电压。这种“从正到正”的途径是不会产生电流的。

② 在汽车电路中，发电机和蓄电池都是电源，在寻找回路时，不能混为一谈，不能从一个电源的正极出发，经过若干电气设备后，回到另一个电源的负极，这样不会构成一个真正

的通路，也不会产生电流。所以必须强调，回路是指从一个电源的正极出发，经过电气设备，回到同一电源的负极。

（4）了解开关在电路中的作用。对于多层、多挡、多接线柱的开关，要按层、挡位、接线柱逐级分析其各层、各挡的功能；有的电气设备受两个以上单挡开关（或继电器）的控制，有的受两个以上多挡开关的控制，其工作状态可能比较复杂，如间歇刮水器电路。当开关接线柱较多时，首先抓住从电源过来的一两条接线，再逐个分析与其他各接线柱相连的电气设备处于何种挡位，从而找出控制关系。组合开关在线路图中是画在一起的，而在电路图中又按其功能画在各自的局部电路中。因此，建议电路图中的组合开关采用一个数码代号，而各个开关用英文下标加以区别；或者用英文符号代表组合开关，而各个开关用数码下标加以区别。在读电路图和在车上查线时要注意局部电路图中标识的组合开关只是组合开关中的一部分。

（5）了解开关、继电器的初始状态。在电路图中，各种开关、继电器都是按初始位置画出的，如按钮未按下，开关未接通，继电器线圈未通电、其触点未闭合（常开触点）或未打开（常闭触点），这种状态称为原始状态，但看电路图时不能完全按原始状态分析电路，否则很难理解电路所表达的工作原理，因为大多数电气设备都是通过开关、按钮、继电器触点的变化而改变回路的，进而实现不同的电路功能。例如，刮水器是通过刮水开关挡位的变化来实现间歇、低速、高速刮水功能的。

（6）了解汽车电路的电气图形符号。汽车电路图是利用电气图形符号来表示其构成和工作原理的。因此，必须了解电气图形符号的含义，才能看懂电路图。

（7）了解电气设备在电路图中的布置。在电气系统中，有大量电气设备是驱动部分和被驱动部分采用机械连接的，如各种继电器、多层多挡组合开关。在电路图中表示这些电气设备时，应做到使画面既简单，又便于识图，可采用集中表示法或分开表示法。

（8）了解各局部电路之间的内在联系和相互影响。从整车电路来讲，各局部电路除电源电路公用外，其他部分都是独立的，但它们之间存在着内在联系和相互影响。如启动发动机时，起动机瞬间电流很大，会导致蓄电池内阻压降增大，输出电压降低，因而影响其他电路的正常工作。再如发电机输出电压过高，又会造成分电器白金触点烧蚀、灯泡烧坏等。因此，不但要熟悉各局部电路的组成、特点、工作过程和电流流经的路径、来龙去脉，而且还要了解各局部电路之间的内在联系和相互影响。这是掌握汽车电路的一个重要环节，也是实现准确判断和迅速找出故障部位、排除故障的必要条件。

（9）先易后难。有些汽车电路图的某些局部电路，或局部电路中的某些部分，可能比较复杂，一时难以看懂，可以暂时不顾及，待其他局部电路都看懂后，再来进一步识读这部分电路。另外，任何电路工作都需要电源（蓄电池或发电机），若分析每部分电路都将电源电路画出，显得很烦琐，也没有必要；但又要表示出该电路工作时的电源来自何方，为此将各电气设备的供电电源用符号表示。

3. 识读上汽大众汽车电路图

上汽大众汽车电路图及电路图例如图 3-15、图 3-16 所示。

交流发电机、蓄电池、起动机 ——本页所示电路的名称

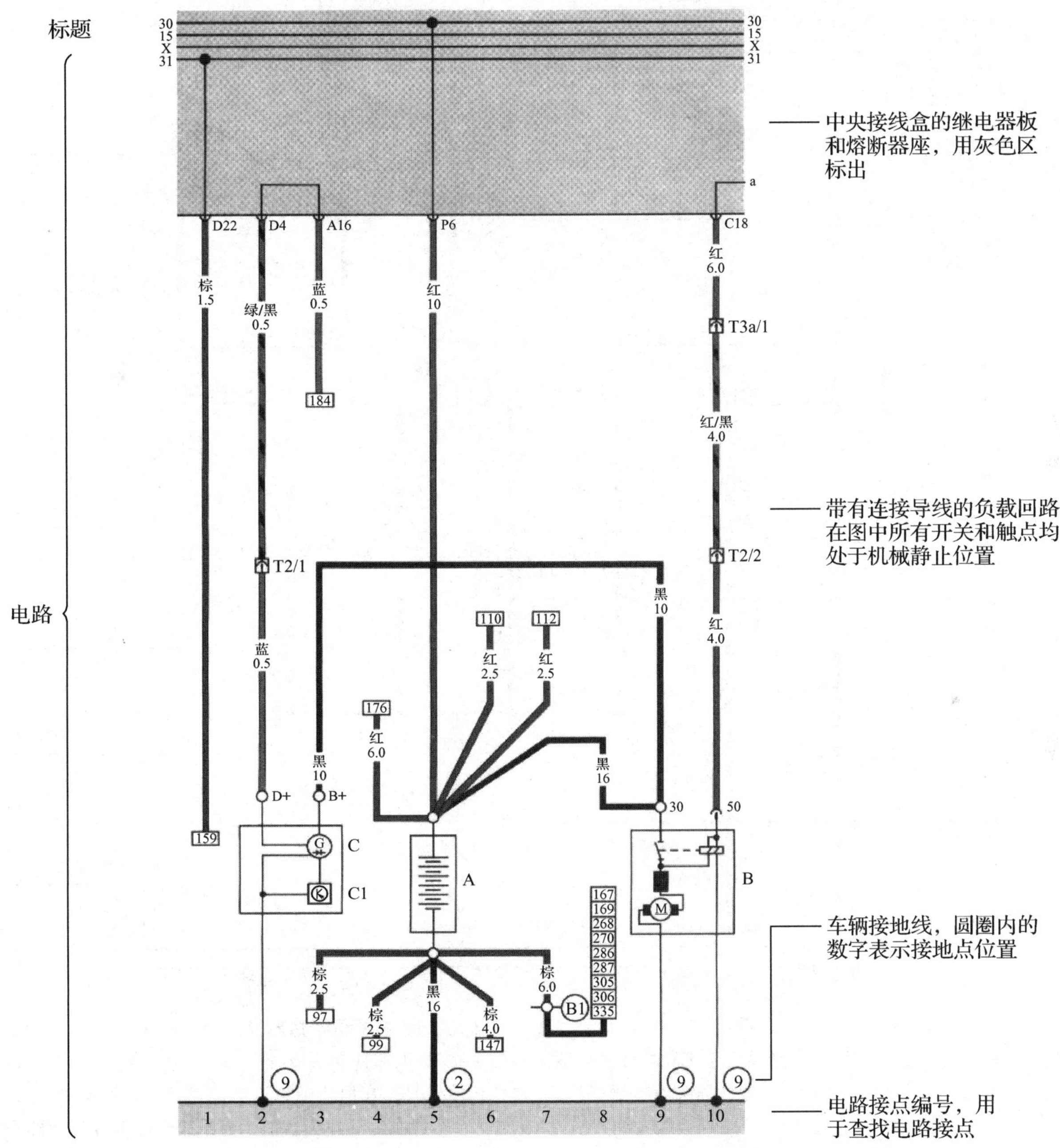

A—蓄电池；B—起动机；C—交流发电机；C1—调压器；D—点火开关；T2—发动机线束与发电机线束插头连接，2针，在发动机舱中间支架上；T3a—发动机线束与前大灯线束插头连接，3针，在中央电器后面；②—接地点，在蓄电池支架上；⑨—自身接地；(B1)—接地连接线，在前大灯线束内。

——图注

图 3-15 上汽大众汽车电路图

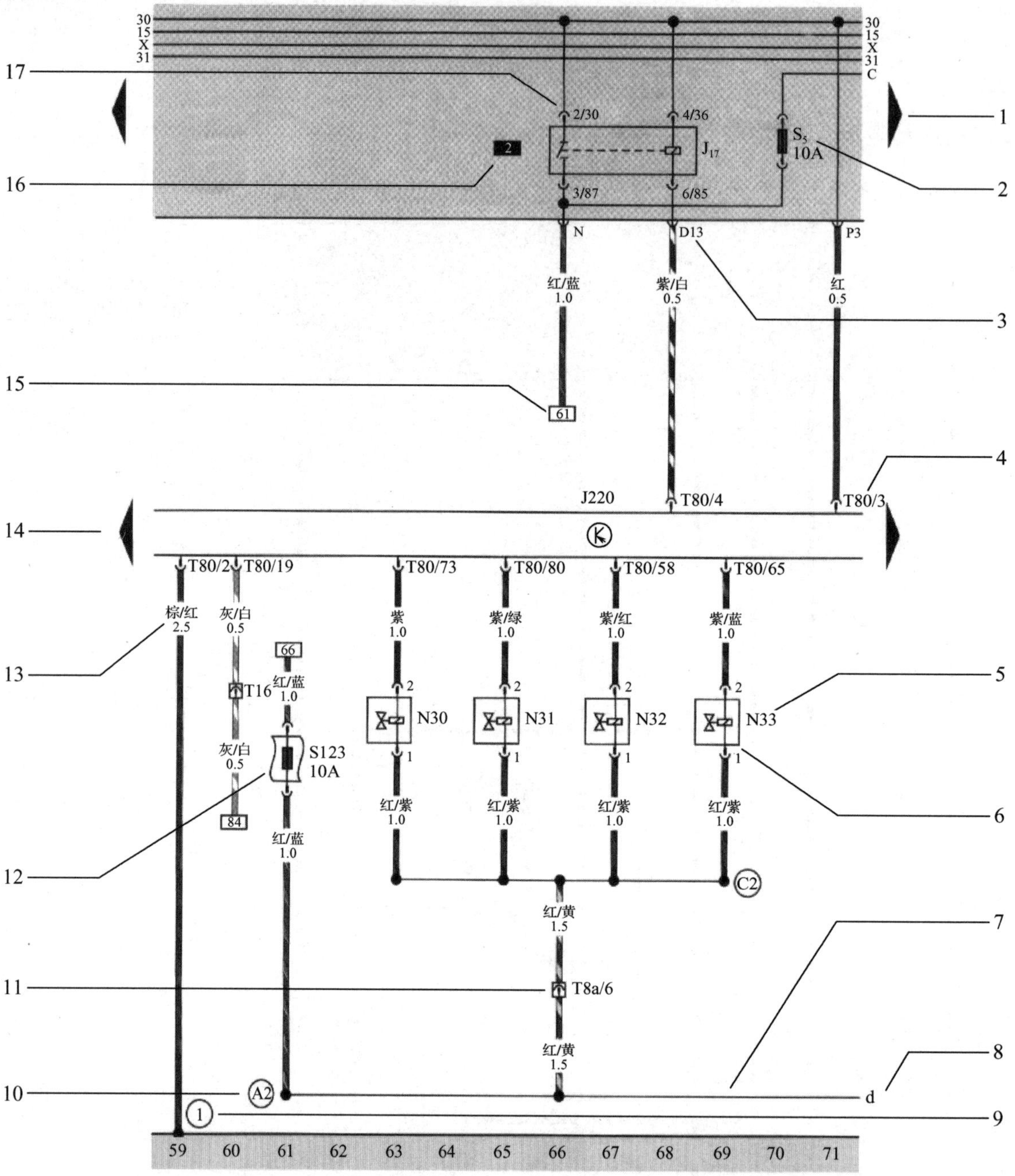

1—三角箭头，标识连接下一页电路图；2—熔断器代号，图中 S_5 标识该熔断器位于熔断器座第 5 号位，10A；3—继电器板上插头连接代号，表示多针或单针插头连接和导线的位置，例如 D13 标识多针插头连接，即 D 位置触点 13；4—接线端子代号，标识电气元件上接线端子数/多针插头连接触点号码；5—元件代号，在电路图下方可以查到元件的名称；6—元件符号，可参见电路图元件符号说明；7—内部接线（细实线），该接线并不是作为导线设置的，而是表示元件或导线线束内部的电路；8—指示内部接线的去向，字母表示内部接线在下一页电路中与标有相同字母的内部接线连接；9—接地点的代号，在电路图下方可查到该代号接地点在汽车上的位置；10—线束内接线点的代号，在电路图下方可查到该不可拆式连接位于哪个导线束内；11—插头连接，例如 T8a/6 标识 8 针 a 插头触点 6；12—附加熔断器符号，例如 S123 标识在中央电器附加继电器板上第 23 号熔断器，10A；13—导线的颜色和截面积（单位：平方毫米）；14—三角箭头，指示元件接续上一页电路图；15—指示导线的去向，框内数值指示导线连接到哪个接点编号；16—继电器位置标号，表示继电器板上的继电器位置编号；17—继电器板上的继电器或控制器接线代号，该代号表示继电器多针插头的各个触点，例如 2/30，2 表示继电器板上 2 号位插口的触点 2，30 表示继电器/控制器上触点 30。

图 3-16　上汽大众汽车电路图例

上汽大众汽车电路图上部的灰色区域表示汽车中央接线盒的继电器板和熔断器座。灰色区域内部的水平线为接电源正极的导线，有 30 号线、15 号线、X 号线、31 号线等。其中 30 号线直接接蓄电池正极，称为常火线。15 号线接点火开关，当点火开关处于“ON”及“START”挡时通电，给小功率电气设备供电。X 号线是受点火开关和 X-接触继电器控制的大功率电气设备的供电火线，当点火开关接至“ON”或“START”挡时，中间继电器闭合，通过触点给大功率电气设备供电。31 号线为中央接线盒搭铁线。电路图最下端是标注图中各线路位置的编号，各线路平行排列，每条线路对准下框线上的一个编号。线路如在图中中断，在断口处标注与之连接的另一段线路的编号。同时也在线上注出各搭铁点。所有电气设备均处于图中间的位置。汽车整个电气系统以中央接线盒为中心。

3.3.3.6 识读汽车电路-工作页

1．请认真阅读相关资料后完成下面各题。

（1）汽车电路由____________、____________、____________、____________、____________组成。

（2）汽车电路的基本特点：________、________、________、________、________。

（3）下图所示为汽车制动灯电路，这种控制电路中不使用__________，控制器件与电气设备__________，属于__________电路。

保险
开关
电源
灯泡
车体

① 在图中，车身外壳金属、发动机体起什么作用？

② 为什么要用车体代替部分从电气设备返回电源的导线？车体应该与电源的哪一极连接？

③ 写出该电路的工作过程，即电流的流动过程。

蓄电池（+）→

→蓄电池（-）

（4）汽车电路根据各自的功能不同，一般可分为________、________、________。

（5）将带有继电器的灯光电路图补充完整（两个灯泡并联），并回答下列问题。

控制回路：蓄电池正极、____________________、蓄电池负极。

工作回路：____________________________。

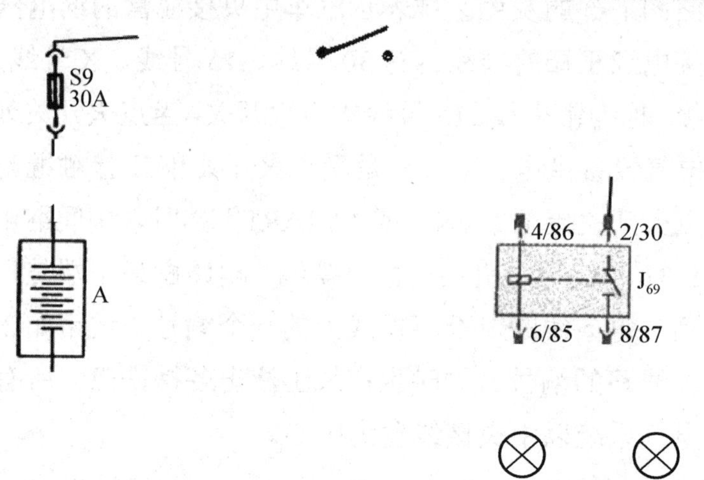

2．据你所知，现代汽车装备了哪些电气系统或部件？请分别举例说明。

3．识读汽车电路的方法是了解局部电路的组成，认真读几遍__________，根据图注在全车电路中找出局部电路的组成部件，遵守__________原则，一般从电源的__________极，经熔断器、开关或继电器、________________、搭铁，回到电源的__________极。在分析局部电路的工作过程中，应注意____________________的工作状态。

4．请在下图的方框内填上对应的数字，并补充对其工作状态的描述。

1—30 号线，电源线，常火线，接通电源的正负极，（必须/不必）_______打开点火开关就有电。

2—15 号线，电源线，受点火开关控制的线，（必须/不必）_______打开点火开关才有电。

3—X 号线，是_______（受/不受）点火开关控制的_______（大/小）功率电气设备的供电火线。

4—31 号线，搭铁线，与车身连通的线。

5—搭铁线。

6—接头。

7—蓄电池。

8—点火开关。

9—标题。

10—图注。

11—电路。

交流发电机、蓄电池、起动机

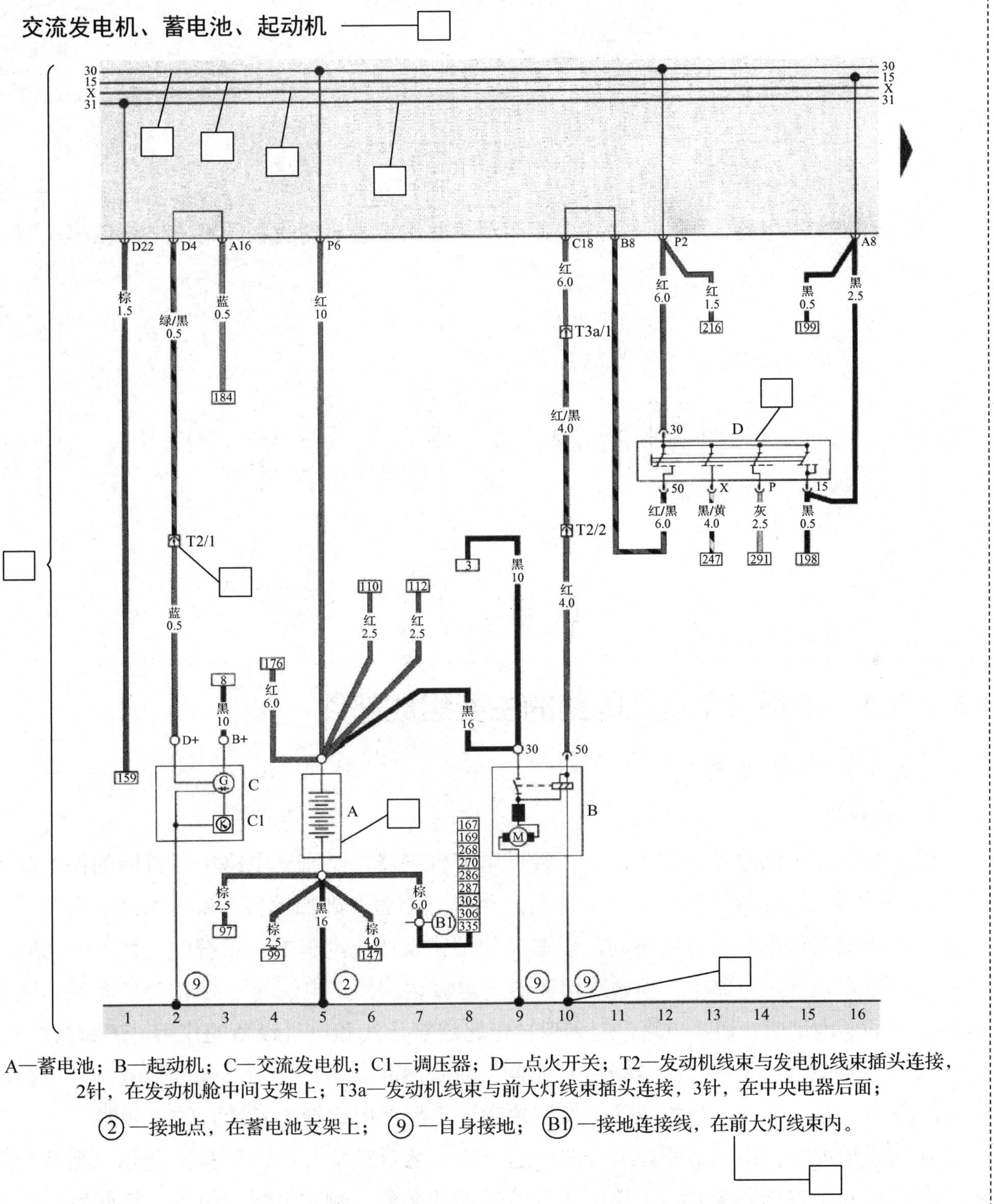

A—蓄电池；B—起动机；C—交流发电机；C1—调压器；D—点火开关；T2—发动机线束与发电机线束插头连接，2针，在发动机舱中间支架上；T3a—发动机线束与前大灯线束插头连接，3针，在中央电器后面；

②—接地点，在蓄电池支架上；⑨—自身接地；B1—接地连接线，在前大灯线束内。

5．对照实车电路，画出制动灯电路简图，并用带箭头的流程图写出电流流程。

电流流程：蓄电池+→30→

→搭铁

6．对照实车电路，画出示宽灯电路简图，并用带箭头的流程图写出电流流程。

7．在下图中写出各电气符号的含义。

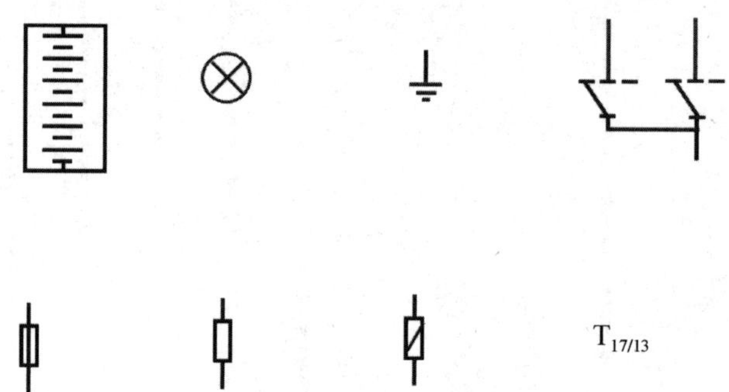

3.3.4　检测汽车灯光电路的主要组成部件

3.3.4.1　保险装置

1．熔断器

熔断器也称为保险丝、熔丝，是一种过电流保护器，是汽车电路中最普遍的保护装置。熔断器的外形及符号如图 3-17 所示，主要由熔体、熔管及外加填料等部分组成。汽车上不同规格的熔断器其颜色也会有所不同，以避免使用错误造成汽车电气系统的损伤。使用时，将熔断器串联在被保护电路中，当通过熔断器的电流达到额定电流的 1.35 倍时，熔断器因自身发热会在 60s 内熔断，切断电路，起到保护电路连接导线和电气设备的作用。熔断器熔断后，必须找到故障原因，彻底排除故障后才能换上新的熔断器，禁止未排除故障就直接更换。更换熔断器时，一定要与原规格相同，特别注意，不能使用比规定容量大的熔断器。

在通常情况下，很多熔断器组合在一起安装在熔断器盒内，如图 3-18 所示，熔断器盒俗称为保险丝盒，在熔断器盒盖上注明了各熔断器的名称、额定容量和位置。熔断器盒通常位于仪表台里面或仪表台下面的围板上、发动机罩下等处。和熔断器盒及保险装置相关的安装位置、颜色、额定容量、作用等各类信息均可以通过该车型的维修手册进行查阅，汽车维修手册如图 3-19 所示。

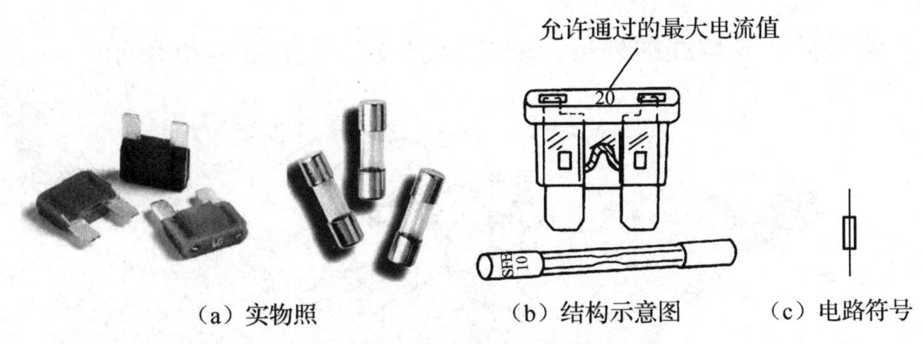

（a）实物照　（b）结构示意图　（c）电路符号

图 3-17　熔断器的外形及符号

图 3-18　熔断器盒

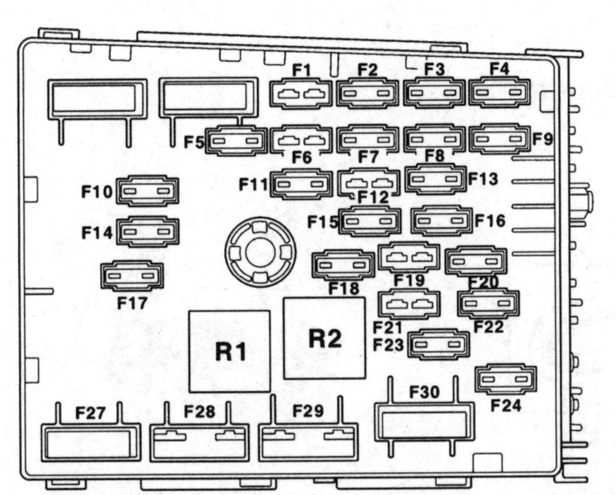

发动机舱内左侧电控箱上的熔断器（SB）
（从2011年第45周起/到2012年第9周止）

熔断器颜色

50A—红色
40A—橙色
30A—绿色
20A—黄色
15A—蓝色
10A—红色
5A—米色

R1—Motronic供电继电器-J 271
（100继电器）
R2—冷却液辅助泵继电器-J496
（100继电器）（用于装备1.4T
发动机标识字母CFB的车型）
R2—发动机部件供电继电器-J757
（100继电器）（用于装备1.8T
发动机标识字母CEA/2.0T
发动机标识字母CGM的车型）

位置编号	电路图中的元件代号	电路图中的元件名称	额定值	功能/部件	总线端
F1	未占用				
F2	SB2	熔断器 2	30A	J104—ABS 控制单元	KL30
F3	SB3	熔断器 3	15A	H2—高音喇叭 H7—低音喇叭	KL30
F4	未占用				
F5	SB5	熔断器 5	5A	J519—车身控制单元	KL30
F6	未占用				

图 3-19　汽车维修手册

2. 易熔线

易熔线是一种大容量的熔断器，用于保护电源电路和大电流电路。易熔线一般设置在蓄电池正极与线束连接处，易熔线的外形、安装位置及符号如图 3-20 所示。

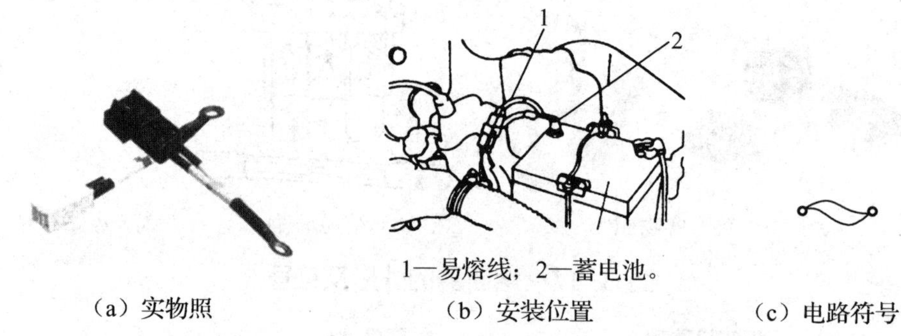

1—易熔线；2—蓄电池。

（a）实物照　（b）安装位置　（c）电路符号

图 3-20　易熔线的外形、安装位置及符号

3. 断路器

断路器用于正常工作时容易过载的电路中，它是利用双金属片受热变形的原理制成的，断路器的外形、结构及安装位置如图 3-21 所示。双金属片受热后的膨胀系数不同，当额外过大的电流经过双金属片时，会导致双金属片弯曲，触点开路，电路断开，无电流通过；当无电流通过时，双金属片冷却后恢复原样，断路器复位，触点重新闭合，电路导通。

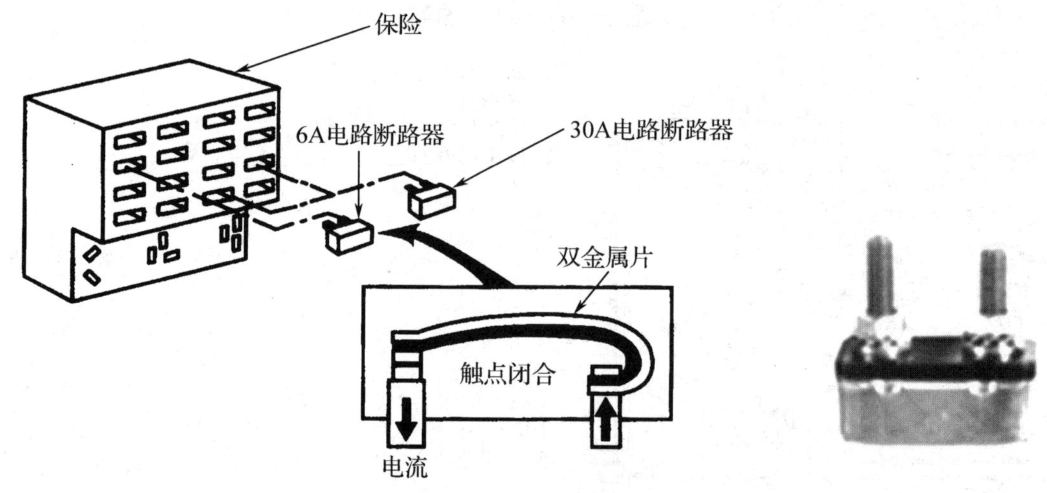

图 3-21　断路器的外形、结构及安装位置

4. 熔断器的检测

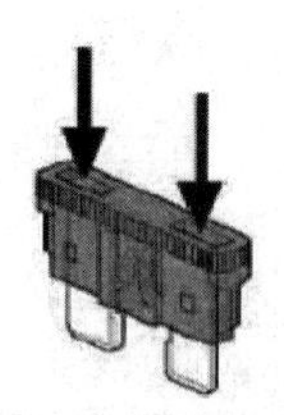

图 3-22　熔断器检测

检查熔断器是否熔断，需要用熔断器盒中配备的专用工具拆下要检测的熔断器。可以先目视检查熔断器中的元件是否断开，如果未断开，但仍有怀疑，可用万用表检查其导通性。首先将选择开关设定在电阻测量挡/导通挡，再把测试表笔放在熔断器的端子位置，检查是否导通（电阻值趋近 0Ω）和出现蜂鸣声，如果导通或出现蜂鸣声，说明熔断器导通性能良好，否则表示熔断器熔断。熔断器检测如图 3-22 所示。

3.3.4.2 继电器

汽车继电器（见图 3-23）既是一种控制开关，又是控制对象（执行器）。电磁继电器可以用低电压、弱电流控制高电压、强电流电路，起到保护作用，还可实现自动控制。

图 3-23 汽车继电器

1. 电磁继电器的结构

电磁继电器的结构如图 3-24 所示。电磁继电器的工作电路可分为低压控制电路和高压工作电路。低压控制电路是由线圈、衔铁、低压电源和开关组成的；高压工作电路由小灯泡、电源和相当于开关的静触点、动触点组成。

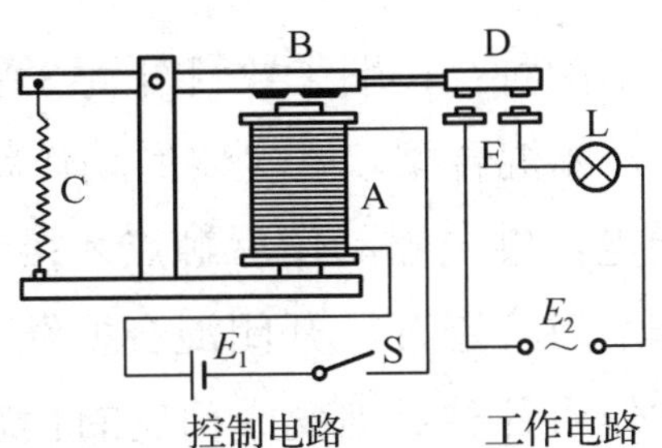

A—线圈；B—衔铁；C—弹簧；D—动触点；E—静触点。

图 3-24 电磁继电器的结构

2. 电磁继电器的工作原理

常态时，动、静触点间未连通，工作电路断开。如果用手指将动触点压下，则动触点与静触点接触将工作电路接通，小灯泡发光。闭合开关，线圈通电产生磁力，衔铁被吸下来，带动动触点同时与两个静触点接触，使动、静触点间连通。这时弹簧被拉长，工作电路被接通，小灯泡发光。断开开关，线圈失去磁性，对衔铁无吸引力。衔铁在弹簧的拉力作用下回到原来的位置，动触点与静触点分开，工作电路被切断，小灯泡不再发光。

结论：电磁继电器就是利用线圈控制工作电路通断的开关。

继电器在汽车电路中起保护和自动控制作用。继电器有功能型和电路控制型两类。功能型继电器常见的有闪光继电器、刮水器间歇继电器等，其作用是自动控制电路以一定的频率通断。电路控制型继电器常见的有卸荷继电器、前照灯继电器、雾灯继电器、启动继电器、空调继电器、喇叭继电器等，其作用是用小电流控制大电流，以减小控制开关触点的电流负荷，保护开关触点不被烧蚀。

汽车继电器大部分采用电磁继电器，电磁继电器的外观、结构图如图 3-25 所示，由线圈、电枢、复位弹簧和开关触点组成。电路接通时线圈产生磁力吸引操纵开关触点移动，可以使触点断开、闭合或切换。继电器电路分为控制电路和工作电路。控制电路的电流流过线圈并产生一个磁场，借此吸引触点，使各种电路接通或断开。

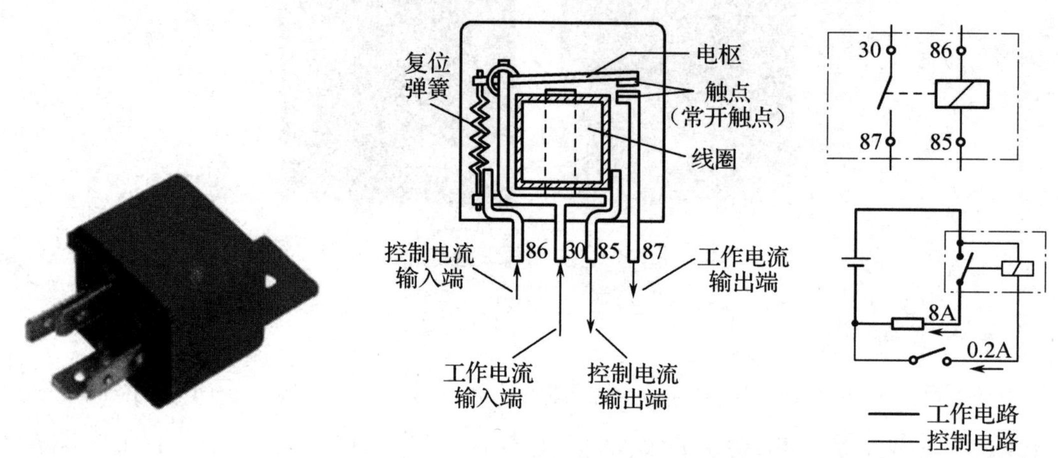

图 3-25　电磁继电器的外观、结构图

继电器按外形分为圆形和方形两种；按端子数目分为 3 端子、4 端子、5 端子等多种；按触点状态分为常开型、常闭型、开闭混合型。继电器的动作状态如图 3-26 所示。常开型继电器在平时触点是断开的，线圈通电，继电器动作后触点才接通；常闭型继电器在平时触点是闭合的，线圈通电，继电器动作后触点断开；开闭混合型继电器在平时常闭触点接通，常开触点断开，线圈通电，继电器动作后各触点则变成相反的状态。

	常开型（N.O）继电器	常闭型（N.C）继电器	开闭混合型继电器
正常（通电）状态	圆圈 不通 白 不通 不通	黑 通 黑点	不通 通 通 不通
线圈通电时的状态	12V 通 12V 通 通	12V 不通	12V 通 不通 不通 通

图 3-26　继电器的动作状态

3. 闪光继电器

闪光继电器是控制转向信号灯闪烁频率的装置，当汽车要转向时，由驾驶员打开相应的转向灯开关，转向信号灯按一定频率闪烁，以警示前后车辆驾驶员及行人。国标规定转向信号灯的闪光频率为 60～120 次/min。常见的闪光继电器有电热式、电容式、电子式三类，其中电子式闪光继电器具有性能稳定、工作可靠等优点，故被广泛应用。

4. 继电器的检测

（1）现场直观检查。打开点火开关，操纵继电器开关，应该能听到继电器触点闭合的“卡嗒”声音。

（2）继电器的静态检查。用万用表的电阻挡测量继电器 85 与 86 引脚之间的电阻，应为继电器线圈的标准值，30 与 87 引脚之间的电阻值应为无穷大。

（3）继电器的动态检查。将蓄电池电压加载到继电器的 85 与 86 引脚之间，如图 3-27 所示，测量继电器 30 与 87 引脚之间的电阻，阻值应为 0Ω。如此，才能确定继电器性能良好。

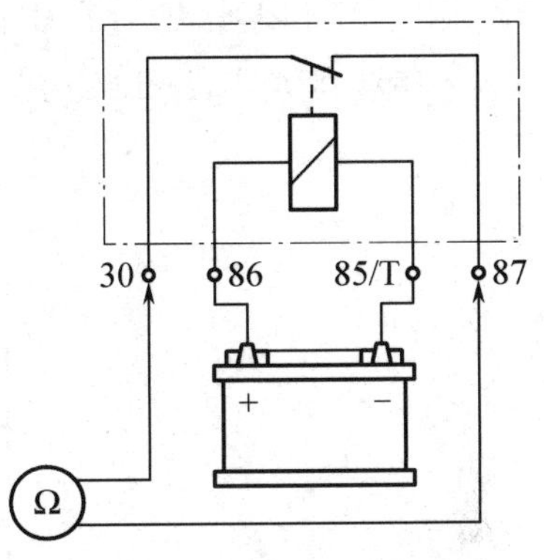

图 3-27　继电器动态检查

3.3.4.3 电路控制开关

汽车电路中的控制开关很多，在电路中起接通/关断电路的作用。控制开关按操作方式不同分为手动（旋转、推拉、按压）开关、压力开关、温度控制开关、机械控制开关等。需要强调的是，汽车电路中的多数开关为复合型开关，具有通断两个或两个以上电路的功能，如点火开关、风扇开关、灯光开关等。现代汽车上还使用了组合开关，组合开关将两种或两种以上的开关集装在了一起，可使操作更加简便。

1. 点火开关

点火开关（见图 3-28）是汽车电路中最重要的开关，是各条电路分支的控制枢纽，是多挡、多接线柱开关。点火开关主要用来控制点火电路，另外还控制发电机磁场电路、仪表电路、启动继电器电路及一些辅助电器等。

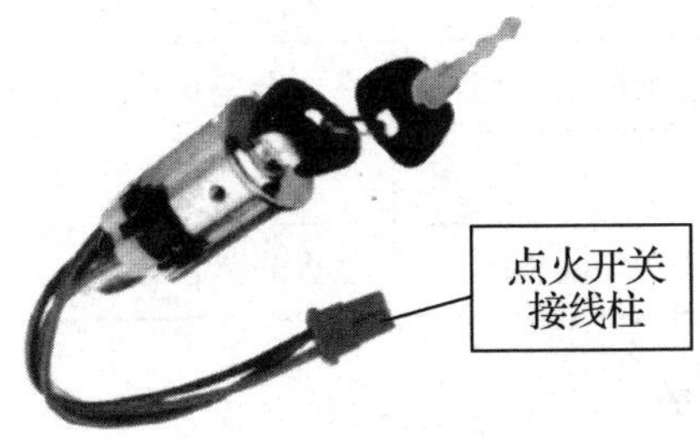

图 3-28　点火开关实物图

点火开关的主要功能：锁住方向盘转轴，LOCK 挡；接通仪表指示灯，ON 或 IG 挡；启动发动机，ST 或 START 挡；给附件供电，ACC 挡，主要是收音机、CD 机专用；给发动机预热，HEAT 挡（柴油车特有挡位）。其中启动挡、预热挡因为工作电流很大，开关不宜接通过久，所以这两个挡位在操作时必须用手克服弹簧力，扳住钥匙才能接通电路，一松手就会弹回点火挡（点火挡应该在 ON 位置），因此不能自行定位；其他各挡位均可自行定位。

点火开关挡位及点火开关接线柱与开关挡位对应关系如表 3-12 及表 3-13 所示。在 LOCK、OFF 挡时，4 个接线柱之间均处于断开状态；在 ACC 挡时，1、3 接线柱接通；在 ON 或 IG 挡时，1、2、3 接线柱接通；在 ST 或 START 挡时，1、2、4 接线柱接通。在进行点火开关检测时，可以用万用表上的电阻挡，通过检测点火开关在不同挡位接线柱的通断情况来判定点火开关的好坏，其他开关的检测方法亦如此。

表 3-12　点火开关挡位

开关挡位	1（BAT）	2（IG）	3（ACC）	4（ST）
LOCK（-1）				
OFF（0）	○			
ACC（Ⅰ）	○	————	○	
ON（Ⅱ）	○	○	○	
ST（Ⅲ）	○	○	————	○

注：○——○表示连接。

表 3-13　点火开关接线柱与开关挡位对应关系

代　号	名　称	作　用
1	电源接线柱	连接蓄电池与发电机的正极
2	点火接线柱	连接点火电路、仪表电路、发电机励磁电路及电子控制装置电源电路等
3	辅助电器接线柱	连接收放机、电动车窗等辅助电器的控制开关
4	启动接线柱	连接启动电路
LOCK	方向盘锁止挡	从 OFF 位逆转至该位，可锁止方向盘
OFF	断开位	点火开关在该位时，2、3、4 接线柱与 1 接线柱均处于断开状态
ACC	辅助电器挡	点火开关在该位时，1、3 接线柱相连接，使辅助电器电路接通电源
ON	点火挡	点火开关在该位时，1、2、3 接线柱相连接，使点火电路、仪表电路等接通电源
ST	启动挡	点火开关在该位时，1、2、4 接线柱相连接，使点火电路、启动电路等接通电源

2. 组合开关

组合开关（见图 3-29）是由两种或两种以上的开关集装在一起的，可使操纵更加方便。多功能组合开关将照明开关（前照灯开关、变光开关）、信号（转向、报警、超车）开关、刮水器/清洗器开关等组合为一体，安装在便于驾驶员操纵的转向柱上。

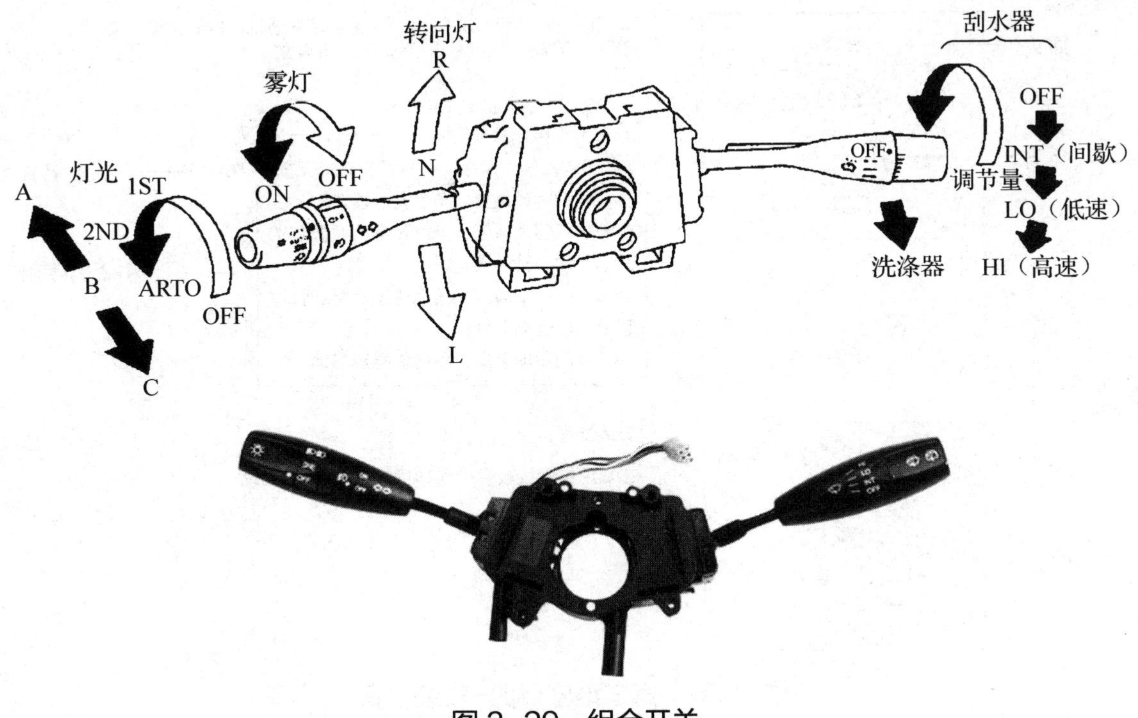

图 3-29　组合开关

3.3.4.4　插接器

现代汽车上大量使用了插接器，这有利于汽车的制造，更有利于维修。插接器（见图 3-30）又叫连接器，就是通常说的连接插头和插座，用于导线和导线间的相互连接。插接器由插头和插座两部分构成，按使用场合不同，其端子（引脚）个数不等，其上均标识有端子号，同样端子号的插头和插座相互配合。每一个插接器的安装位置、端子号、端子的作用都能在对应车型的维修手册上查阅到相关信息，汽车维修手册-安装位置如图 3-31 所示。

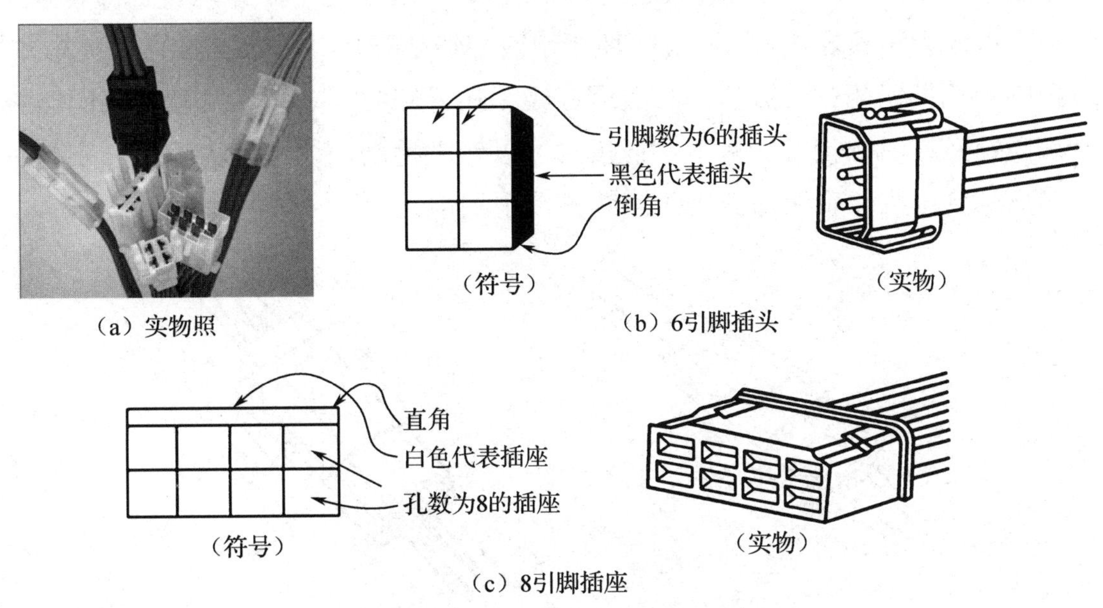

（a）实物照　（b）6引脚插头　（c）8引脚插座

图 3-30　插接器的符号和实物

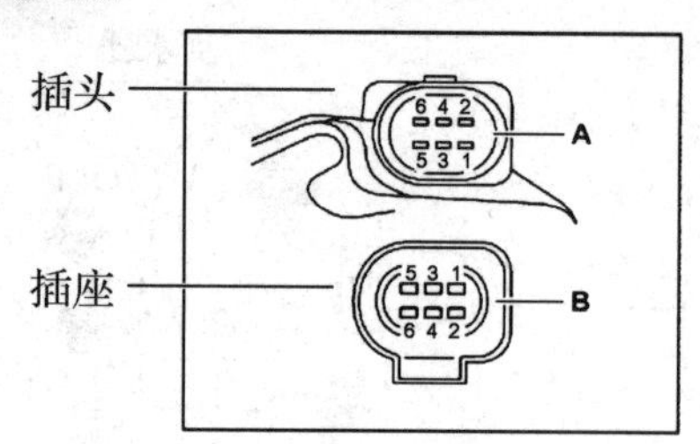

节气门控制单元-J338（用于装备1.8T发动机、标识字母CEA/2.0T的发动机标识字母CGM的车型）

插头连接：

A=节气门控制单元 ———— 插头名称

B=6引脚插座，黑色，节气门控制单元插座(T6ad) ———— 插座名称

1=节气门驱动装置，角度传感器2信号
2=节气门驱动装置，角度传感器电源（5V）
3=节气门驱动装置-
4=节气门驱动装置，角度传感器1信号
5=节气门驱动装置+
6=节气门驱动装置，角度传感器接地

———— 各引脚的作用

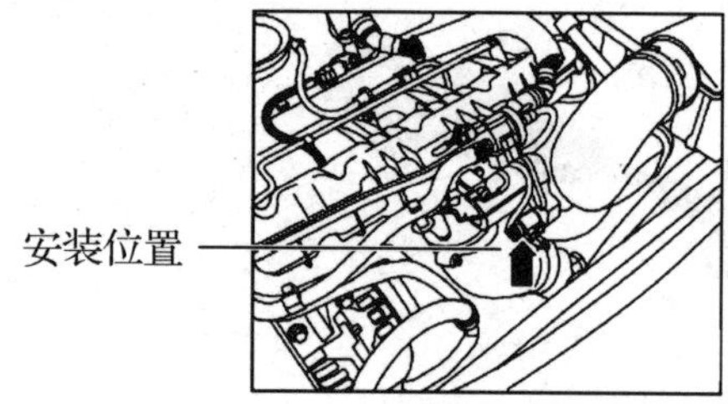

安装位置

在发动机进气歧管中间（见图中箭头所指位置）

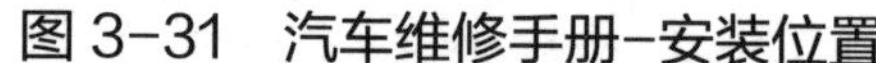

图 3-31　汽车维修手册-安装位置

插接器接合时，应先将其导向槽重叠在一起，使插头与插孔对准，然后平行用力插入，这样就可以十分牢固地连接在一起。所谓插接器的导向槽，是指插接器连接时为了使其正确定位而设置的凸凹轨。一对插头、插座由于导向槽的作用，一般来说不可能插错，非成对的插头与插座因其引脚数及外部形状不相同，因此也不会插错。所以使用插接器连接电路十分方便可靠。

为了防止插接器在汽车行驶过程中脱开，所有插接器均采用闭锁装置。插接器的闭锁装置及拆卸方法如图 3-32 所示。在检查及更换插接器时，应先压下闭锁，然后将其拉开。不压下闭锁时绝不可用力猛拉导线，以防止拉坏闭锁或导线断开。不同插接器的闭锁方式不一样，部分要求严格的插接器闭锁装置达到二级或三级，在拆卸时一定要认真观察其闭锁关系，彻底解除全部闭锁后再沿插接方向拆下，插拔时可以轻微晃动，切忌用力摇晃。安装时首先要沿插接方向插入到位，并确保每一级闭锁装置锁止到位。

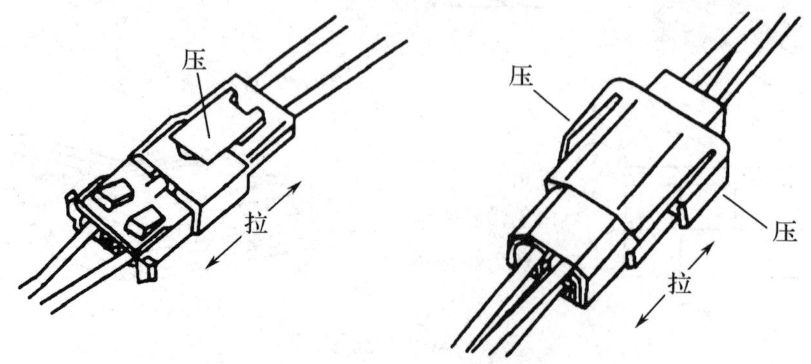

图 3-32　插接器的闭锁装置及拆卸方法

插接器通常可以用观察法直接进行检查，观察插接器中的引脚是否有锈蚀、弯曲、断裂、异物，插接器外观是否有破损、裂纹、绝缘层开裂等现象，如有其中一种，则需要更换。

3.3.4.5 检测汽车灯光电路的主要组成部件-工作页

1. 请提炼关键词，简写出以下汽车电路基础元件的类别、作用、特点等，并对实物进行认知。

（1）保险装置：

（2）继电器：

（3）电路控制开关：

（4）导线：

（5）插接器：

2. 请写出下图所示各元件的名称及作用。

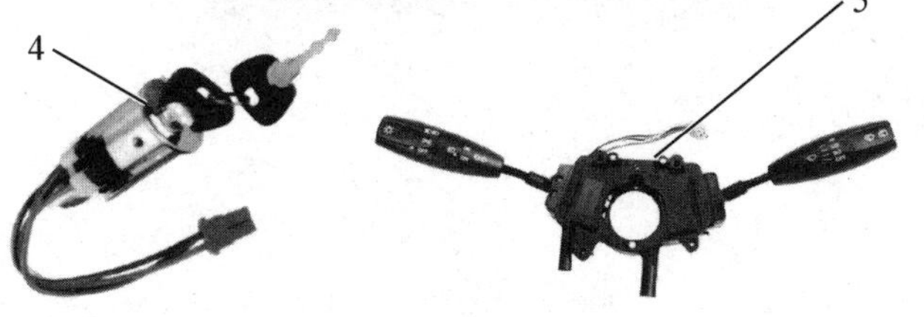

1：________________________；　　2：________________________；

3：________________________；　　4：________________________；

5：________________________。

3. 请认真阅读继电器的相关资料，并按下面的要求进行继电器的检测。

（1）请根据继电器实物绘制出继电器的符号及引脚。

（2）请画出继电器的电路简图，提炼关键词，简写出电磁继电器的工作过程。

（3）继电器检测。

工具：____。

① 静态检测

检测线圈：用图形符号表示出检测方法。 找到继电器的______两个引脚，选择______的欧姆挡，测量前需要______，然后红表笔接________，黑表笔接______，测量两个引脚之间的阻值。实际检测阻值为______Ω，说明继电线圈正常。	检测开关：用图形符号表示出检测方法。 找到继电器的______两个引脚，检测两个引脚之间的________，选择万用表______挡：红表笔与继电器的______相接，黑表笔与继电器的______相接，测量两个引脚之间的______值，实际检测阻值为______Ω，说明继电器开关正常。

② 动态检测

用图形符号表示出检测方法。

用导线将继电器的____________两端分别与蓄电池的正负极相连，然后将万用表打到____________挡，将万用表的红表笔与继电器的____________相接，黑表笔与继电器的____________相接，测量值为____________，说明继电器正常。

4. 结合实车，尝试点火开关各个挡位，并记录在点火开关处于各个挡位时车辆的状态。

代　号	名　称	车 辆 状 态
LOCK		
OFF		
ACC		
ON		
ST		

5. 请完成下列题目。

（1）汽车上常用的保险装置包括______________、______________、______________等。

（2）当通过熔断器的电流达到额定电流的______________倍时，熔断器因自身发热会在__________内熔断，切断电路，起到保护电路连接导线和电气设备的作用。

（3）______________在汽车电路中起保护和自动控制作用。

（4）继电器按触点状态分为______________、______________和______________。

（5）汽车继电器大部分采用______________，它由____________、电枢、____________和______________ 组成。

（6）国标规定转向信号灯的闪光频率为___________次/min。

（7）__________________ 主要用来控制点火电路，另外还控制发电机磁场电路、仪表电路、启动继电器电路及一些辅助电器等。

（8）______________是由两种或两种以上的开关集装在一起的，可使操纵更加方便。

（9）点火开关的________________是启动挡，不能长期通电。

（10）___________就是通常说的连接插头和插座，用于导线和导线间的相互连接。

（11）下列继电器中，属于功能型继电器的是（　　）。

A. 闪光继电器　　B. 卸荷继电器

C. 雾灯继电器　　D. 启动继电器

（12）下列继电器中，属于电路控制型继电器的是（　　）。

A. 闪光继电器　　B. 刮水器间歇继电器

C. 雾灯继电器　　D. 三端子继电器

（13）（　　）也称为保险丝、熔丝，是汽车电路中最普遍的保护装置，是一种过电流保护器。

A. 继电器　　B. 熔断器　　C. 易熔线　　D. 断电器

（14）（　　）是一种大容量的熔断器，用于保护电源电路和大电流电路，一般设置在蓄电池正极与线束连接处。

A. 继电器　　B. 熔断器　　C. 易熔线　　D. 断电器

(15)( )在电路中起接通/关断电路的作用。

A．继电器　B．保险装置　C．导线　D．电路控制开关

(16)为使汽车上的电气线路排列整齐有序，安装保养方便，并能保护导线的绝缘，一般都将同路的各条导线用绝缘带包扎成束，称为( )。

A．网线　B．线束　C．导线　D．高压导线

(17)更换熔断器时，可使用比原规格容量小的熔断器。( )

(18)电流过大时，断路器会断开，从而切断电路，电路被切断后，断路器又会恢复原样。( )

(19)继电器的作用是用小电流控制大电流，以减小控制开关触点的电流负荷，保护开关触点不被烧蚀。( )

(20)常开型继电器在平时触点是闭合的，线圈通电后继电器动作，触点才断开。( )

(21)为了防止插接器在汽车行驶过程中脱开，所有插接器均采用导向槽。( )

(22)一对插头、插座由于闭锁装置的作用，一般来说不可能插错。( )

3.3.5 汽车灯光不齐故障的诊断分析

汽车灯光系统是为保证汽车在无光或微光条件下的行车安全、提高车辆的运行速度而设置的。当汽车灯光系统出现故障时，会给行车安全带来严重影响，应及时排除故障。但是，汽车灯光系统十分繁杂，使用中的故障率高，因此不能仅凭借以往的工作经验诊断故障，而要先结合汽车灯光系统结构件进行分析、梳理，锁定故障范围，确定维修方案，这样排除故障才更准确。

3.3.5.1 汽车灯光系统故障的诊断方法

汽车灯光系统故障诊断的一般规律：根据出现的故障现象，分析可能的故障原因；然后对可能的故障部位逐个进行检测。对出现故障频率高的部位先行检查，对容易检查的可能故障部位优先检查。表 3-14 所示为汽车灯光系统常见故障现象和可能故障原因对应表。

表 3-14　汽车灯光系统常见故障现象和可能故障原因对应表

常见故障现象	可能故障原因
所有灯都不亮	1．电源总熔断器熔断。 2．蓄电池搭铁不良。 3．变光开关损坏。 4．继电器损坏。 5．灯光总开关损坏
远光灯或近光灯不亮	1．变光开关损坏。 2．导线搭铁。 3．导线断路、该灯熔断器熔断、灯丝烧坏

续表

常见故障现象	可能故障原因
前照灯灯光暗淡	1. 熔断器松动。 2. 线路中有松动、接触不良的地方。 3. 搭铁不良。 4. 发电机输出电压过低。 5. 电气设备漏电，负荷增大
一侧前照灯亮度正常，另一侧前照灯暗淡	1. 暗的一侧搭铁不良。 2. 导线插接器的插头接触不良
灯泡经常烧坏	1. 发电机输出电压过高

3.3.5.2 汽车灯光系统故障的常见检测方法

1. 直观检测法

直观检测法无须仪器和工具，通过人的视觉、听觉和触觉等诊断所检部位正常与否，对于一些显露的可能故障部位是一种简洁有效的故障检测方法。

2. 电压检测法

电压检测法是汽车电路故障检测中最常用的手段之一，它通过电压表测量相关检测点的电压来诊断电路和部件的通断性。线路的检测如图 3-33 所示。

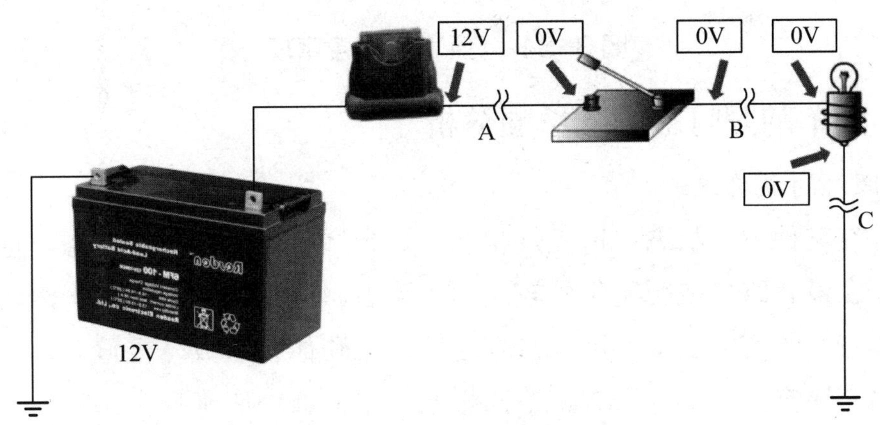

图 3-33 线路的检测

（1）检测部件与电源之间的线路：可以在部件连接或断开状态下，测量其连接电源的端子对搭铁的直流电压。接通点火开关或其他控制开关，该直流电压应为蓄电池电压。如果测得的电压为 0V，那么说明该电源线路有断路故障；如果测得的电压偏低（连接状态下测得），那么说明电源线路连接点有接触不良故障。

（2）检测部件的搭铁线路：在部件连接状态下测量其搭铁端子对搭铁的直流电压。接通点火开关或其他控制开关，该直流电压应为 0V。如果测得的电压为蓄电池电压，那么说明搭铁线路断路；如果测得一个较小的电压，那么说明搭铁不良。

（3）检测部件之间的连接线路：在接通电源时，测量两部件线路连接端子对搭铁的直流电压，两端子的电压应一致。如果测得后一端子的电压为0V，那么说明该连接线路断路；如果测得后一端子的电压低于前一端子的电压，那么说明该线路连接点接触不良。

3. 电阻检测法

电阻检测法也是汽车电路故障检测中常见的手段，它通过万用表测量相关线路和部件内部的电阻来判断电路和部件是否正常。

（1）检测部件连接线路的通断性：在不通电时断开线路连接，测量线路两连接点之间的电阻，电阻应为0Ω。如果有电阻，那么说明电路有断路故障。

（2）检测部件搭铁良好与否：在不通电时断开线路连接，测量搭铁端子与搭铁之间的电阻，电阻应为0Ω。如果电阻值为无穷大，那么说明未搭铁；如果测得大于0.2Ω以上的电阻值，那么说明搭铁线路连接点接触不良。

提示：在整个灯泡检测过程中，均不能用手握玻璃管部分，否则会造成灯泡在使用过程中局部受热而损坏，如图3-34所示。检测完毕后，应该清洁整个灯泡表面，确保灯泡表面洁净。

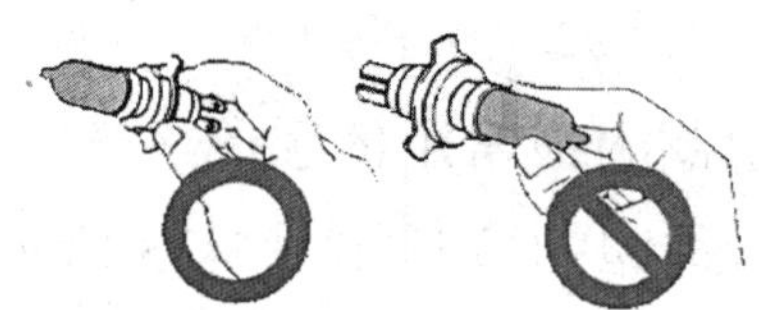

图3-34　灯泡检测注意事项

3.3.5.3　汽车前照灯故障的诊断分析

1. 汽车前照灯的电路识读

汽车前照灯有三种工作状态：远光灯状态、近光灯状态和超车灯状态。远光灯状态适用于汽车夜间行驶在没有路灯或照明条件较差的道路上。近光灯状态适用于汽车夜间行驶在有路灯或照明状态较好的道路上。滥用远光灯会给自己和他人造成严重危害，所以，在《中华人民共和国道路交通安全法实施条例》第四十八条第五款中明确规定：夜间会车应当在距相对方向来车150米以外改用近光灯，在窄路、窄桥与非机动车会车时应当使用近光灯。此外，同向行驶的车辆，如果后车在近距离内开启远光灯，也会严重影响前车驾驶员的视线，造成驾驶员视线盲区。在超车、山路行驶中转向、夜间遇到交叉路口等情况时，应该连续使用2、3次超车灯，提示其他车辆自己的行驶意图。

前照灯的三种工作状态都有不同的控制电路，下面以图3-35所示的上汽大众轿车前照灯电路为例来进行说明。

1）近光灯电路

将点火开关D置于“ON”挡，将灯光总开光E1置于2挡（前照灯挡），此时，近光灯电路接通，近光灯亮。近光灯电路如图3-36所示。

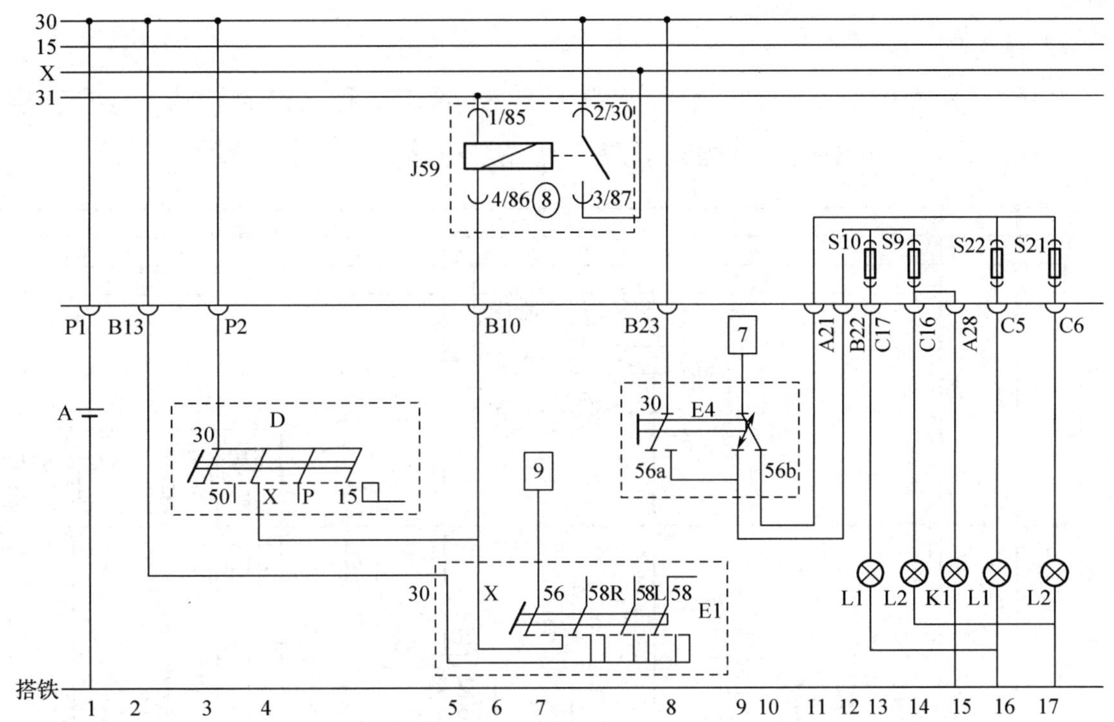

A—蓄电池；S9、S10—远光熔断器；S21、S22—近光熔断器；D—点火开关；J59—卸荷继电器；E4—变光开关；E1—灯光总开关；L1—左前照灯（含近光和远光）；L2—右前照灯（含近光和远光）；K1—远光指示灯。

图 3-35　上汽大众轿车前照灯电路

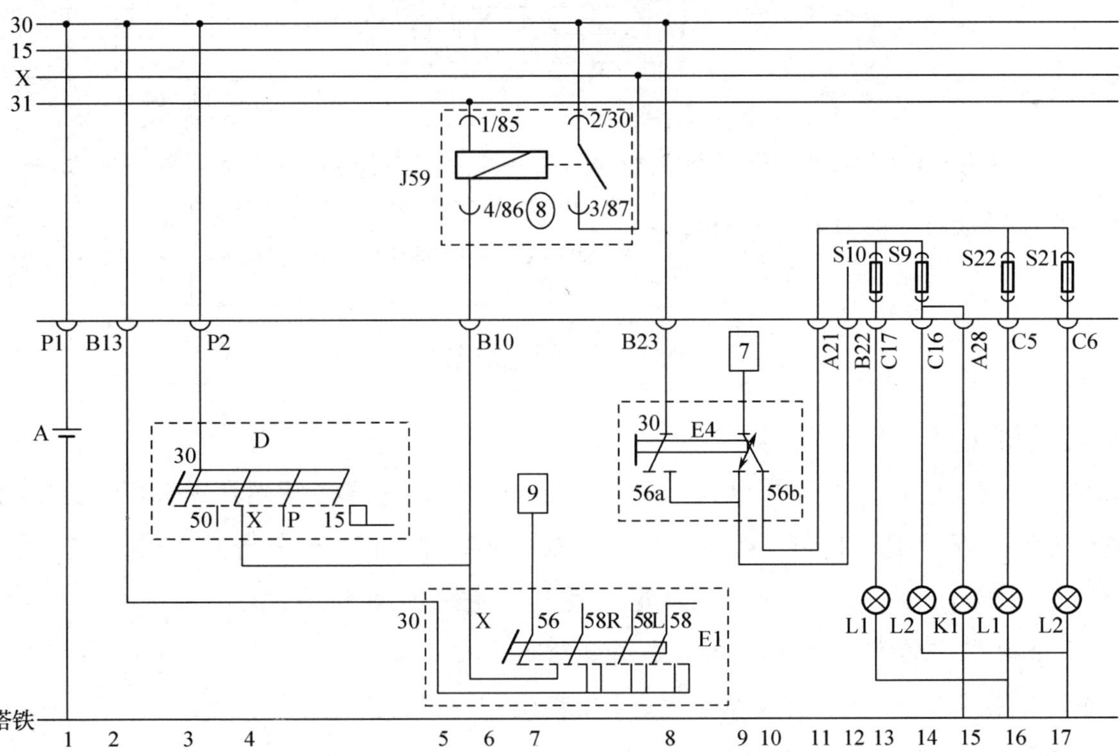

蓄电池+→中央接线盒P1接线柱→中央接线盒P2接线柱→点火开关30接线柱→点火开关X→E1的X→E1的56→变光开关E4的56→E4的56b→A21→

- S22→C5→左前照灯近光灯丝L1→
- S21→C6→右前照灯近光灯丝L2→

→搭铁→蓄电池-

图 3-36　近光灯电路

2）远光灯电路

将点火开关 D 置于“ON”挡，将灯光总开关 E1 置于 2 挡（前照灯挡），将变光开关 E4 向下推，此时，远光灯电路接通，远光灯亮。远光灯电路如图 3-37 所示。

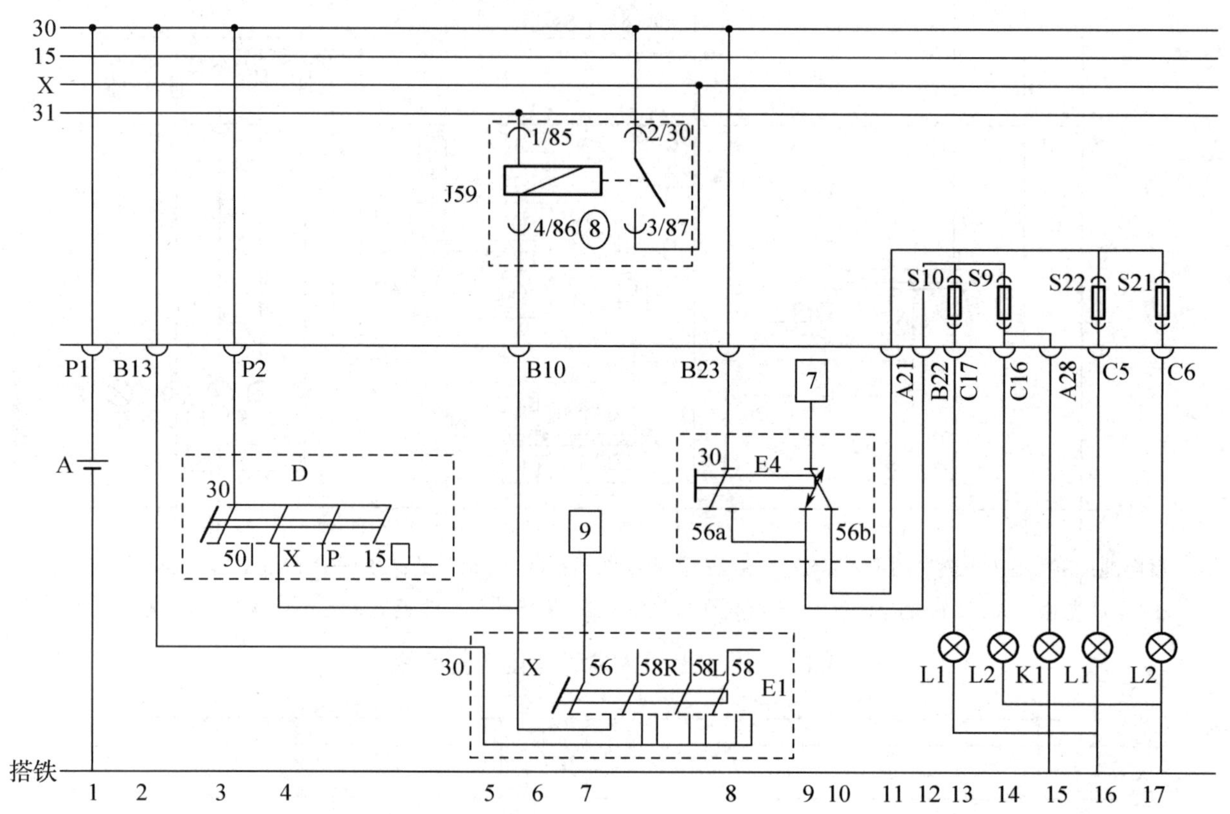

蓄电池+→中央接线盒P1接线柱→中央接线盒P2接线柱→点火开关30接线柱→点火开关X→E1的X→E1的56→变光开关E4的56→E4的56a→B22→

- S10→C17→左前照灯远光灯丝L1→
- S9→C16→右前照灯远光灯丝L2→
- S9→A28→远光指示灯K1→

→搭铁→蓄电池-

图 3-37　远光灯电路

3）超车灯电路

在超车灯状态时，无须打开点火开关和灯光总开关，只需将变光开关 E4 向上推，超车灯电路便接通，超车灯亮；松开 E4，E4 回到原位，则灯灭。E4 开关每向上推一次，超车灯便闪亮一次。超车灯与远光灯共用一组灯泡，超车灯电路如图 3-38 所示。

2. 汽车前照灯的常见故障现象及原因分析

前照灯的常见故障现象、故障原因、检测方法及维修方法如下所述。

1）故障现象：灯泡不亮

表 3-15 所示为灯泡不亮故障分析表。

2）故障现象：灯泡亮度弱

表 3-16 所示为灯泡亮度弱故障分析表。

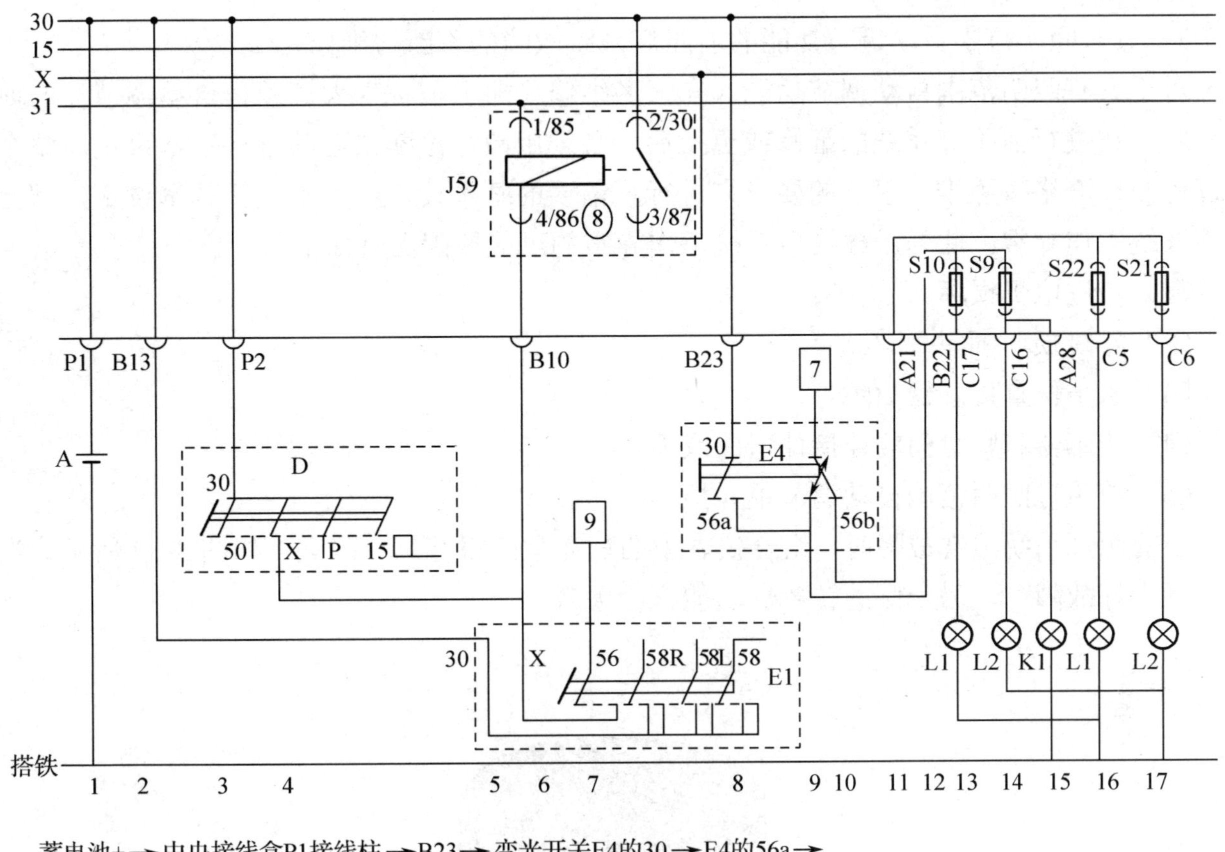

蓄电池+→中央接线盒P1接线柱→B23→变光开关E4的30→E4的56a→

→B22→ S10→C17→左前照灯远光灯丝L1 / S9→C16→右前照灯远光灯丝L2；S9→A28→远光指示灯K1 →搭铁→蓄电池-

图 3-38 超车灯电路

表 3-15 灯泡不亮故障分析表

可能故障原因	检 测 方 法	排 除 故 障
灯丝烧断	肉眼观察/电阻测量	更换灯泡
熔断器故障	肉眼观察/电阻测量	更换熔断器
导线故障（断路/短路）	电阻或电压测量	修复/更换导线
开关损坏	电阻测量	更换开关

表 3-16 灯泡亮度弱故障分析表

可能故障原因	检 测 方 法	排 除 故 障
导线中或接头处有接触电阻	电阻或电压测量	移除接触电阻/更换损坏部件
蓄电池电量不足	测试蓄电池电压	给蓄电池充电或更换蓄电池
使用了不合适的灯泡 （在 12V 的装置中使用了 24V 的金属灯丝灯）	肉眼观察	更换灯泡
搭铁不良	电阻或电压测量	维修搭铁点

3）具有照明范围自动调节功能的前照灯系统故障的诊断与维修

对于具有照明范围自动调节功能（在很多维修手册上被称为大灯照程自动调节）的前照灯系统，在进行前照灯系统的维修或更换后，必须用故障诊断仪对其进行基本设定。整个设定过程必须严格按照维修手册的要求来进行。错误的基本设定或者不进行基本设定，都会导致该系统工作异常。此外，导致该系统工作异常的可能原因还有如下几个方面。

（1）步进电机损坏。

（2）导线损坏/插头损坏。

（3）水平位置传感器故障。

（4）传感器和底盘间的连接件弯曲或损坏。

（5）前照灯照明范围自动调节单元损坏。

当前照灯系统出现故障时，组合仪表中的灯光故障报警灯会闪亮，如图 3-39 所示。当一侧的近光灯故障时，另一侧的转弯灯功能也会失效。

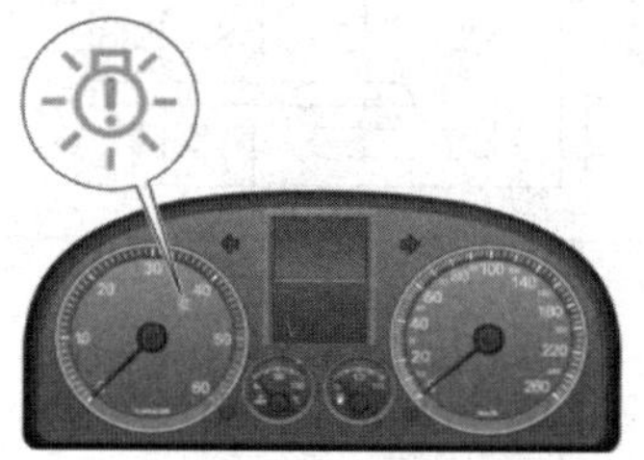

图 3-39　灯光故障报警灯

3. 汽车前照灯故障的诊断与排除流程

以前照灯近光灯不亮故障为例，制定其故障诊断与排除流程，如图 3-40 所示。

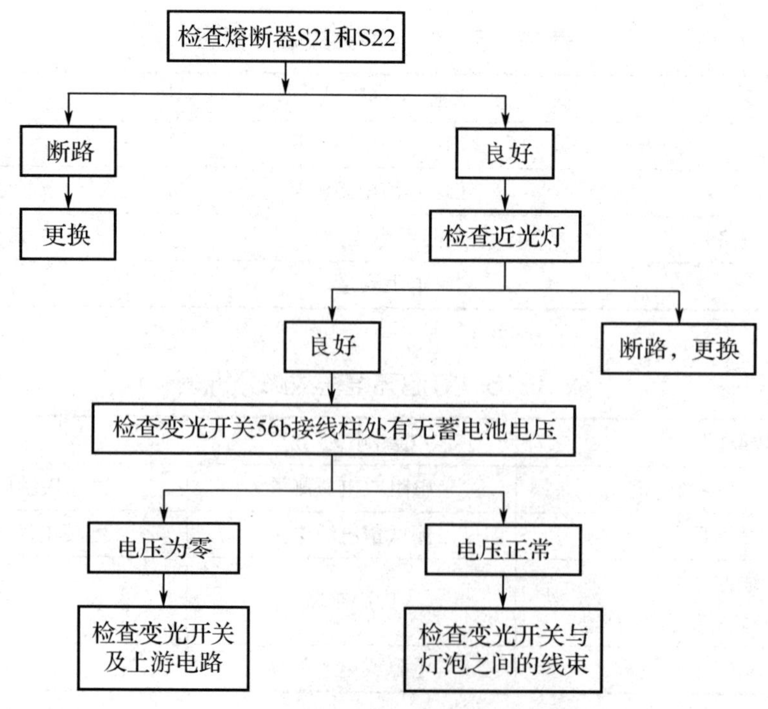

图 3-40　前照灯故障诊断与排除流程

3.3.5.4 汽车灯光不齐故障的诊断分析-工作页

1．提炼关键词，写出对汽车前照灯远、近光的使用要求。

2．请查阅其他车型的维修手册，摘抄出该车型的前照灯电路图，并用箭头标注出近光灯电路、远光灯电路和超车灯电路中电流的流向。在电路图的基础上，写出近光灯、远光灯、超车灯的电流流程。

3．请结合图 3-36、图 3-37，列表写出“右侧近光灯不亮”故障的可能原因、检测方法及排除故障的方法。

4．请完成下列各题。

（1）汽车灯光系统故障的常见检测方法有____________、____________、____________。

（2）汽车前照灯有三种工作状态：____________状态、____________状态和____________状态。

（3）夜间会车应当在距相对方向来车 150 米以外改用近光灯。（　　）

（4）夜间车辆行驶在窄路、窄桥与非机动车会车时应当使用远光灯。（　　）

（5）不管哪种前照灯系统，在进行维修后均不需要对其进行基本设定。（　　）

3.4 计划与决策

3.4.1 制订维修汽车灯光不齐故障的工作计划

请回顾任务情境，应用从本学习单元学到的知识和技能，制订维修汽车灯光不齐故障的工作计划，为实车操作做准备。

维修汽车灯光不齐故障的工作计划

<table>
<tr><td colspan="4">客户需求描述：</td></tr>
<tr><td colspan="4">人员分工：
负责人：
操作员：　　　　　　　　　　记录员：
安全员：　　　　　　　　　　质检员：
双人协作要点：</td></tr>
<tr><td colspan="4">任务计划执行时间：　　　分钟　　　　任务实际执行时间：　　　分钟</td></tr>
<tr><td colspan="4">一、车辆基本信息</td></tr>
<tr><td>车型</td><td></td><td>VIN 码</td><td></td></tr>
<tr><td>人员分工</td><td colspan="3"></td></tr>
<tr><td colspan="4">二、工具设备、材料准备</td></tr>
<tr><td colspan="4">□车外防护用品　□车内防护用品　□清洁用品　□车钥匙　□车轮挡块　□尾排
□万用表　□拆装工具</td></tr>
<tr><td colspan="4">三、确认故障现象</td></tr>
<tr><td colspan="4"></td></tr>
<tr><td colspan="4">四、识读相关电路</td></tr>
<tr><td colspan="4">查找相关维修手册，摘录相关电路图，标明电流流向，写明控制过程。</td></tr>
<tr><td colspan="4">五、确认可能的故障原因</td></tr>
<tr><td colspan="4">结合电路图列举可能的故障原因：

查找维修手册，确认待检测元件的安装位置：</td></tr>
<tr><td colspan="4">六、确定排除故障流程</td></tr>
<tr><td colspan="4"></td></tr>
<tr><td colspan="4">七、操作步骤</td></tr>
<tr><td>步　骤</td><td>操作要点及注意事项</td><td>人员具体分工</td><td>操作情况记录</td></tr>
<tr><td>1. 车身防护</td><td></td><td></td><td>□完成</td></tr>
<tr><td>2. 安放车轮挡块</td><td></td><td></td><td>□完成</td></tr>
</table>

续表

步　骤	操作要点及注意事项	人员具体分工	操作情况记录
3．检测前准备工作	（1）检查规定的油液液位，应符合标准。 （2）检查蓄电池电压，应符合规定；蓄电池标准最低电压为________V		□完成 液位：□合格 □不合格 蓄电池电压：____V。 结论：________。
4．检查检修工具			□完成
5．确认并记录所需测量的插头、元件和引脚等			□完成
6．按照排除故障流程用万用表对线路、元件进行测量	（1）测量线路电压，应保持电路完整。 （2）测量线路电阻，应将测量线路从总电路中断开。 （3）在连接或拆下检测仪器和拆装电气元件前，必须关闭点火开关，必要时断开蓄电池负极 测量过程及结果记录：		□完成 依据测量结果进行判断：
7．进行故障排除			□完成
8．维修质量检查			□完成

八、维修建议

可供客户选择的维修方案

1．____。

2．____。

3．____。

请在最终选择的维修方案后的“□”内画“√”。

3.4.2　确定任务实施内容及步骤

请确定任务实施内容及步骤要求，工作页见附录 D。

3.5 任务实施

3.5.1 维修汽车灯光不齐故障的安全注意事项

在维修汽车灯光不齐故障的过程中，一定要按如下规范操作，保证操作安全。

（1）做好维修处的车身防护，避免损坏车漆。

（2）使用维修工具过程中要注意安全，避免伤手。

（3）禁止带电操作，在连接和拆下检测设备、断开和连接电路中的元器件等时，务必要关闭点火开关，必要时断开蓄电池负极。

（4）检测仪器使用前、新的元器件安装前，一定要确认性能完好再使用，避免出现二次故障。

（5）一定要遵循故障率高的位置、容易拆装的位置先检测的原则，提高检测效率。

（6）在检测过程中要和他人做好协作，避免出现人为错误。

（7）插拔接头和测量导线时，一定要按照要求规范操作，避免损坏元器件、损坏绝缘层，安装时确保牢固，避免出现接触不良的故障。

3.5.2 维修汽车灯光不齐故障的实车操作

操作过程记录：请严格按照工作计划进行实车操作，并在计划表上做好操作记录。

实车操作评价：在维修汽车灯光不齐故障时，请依据下面的评价表对操作过程进行评价。

维修汽车灯光不齐故障评价表

评价对象		评价人		
操 作 步 骤	评 估 要 点	专 业 技 能		职 业 素 养
		应得分	实得分	
1．工具设备准备	检查工具设备准备得是否齐全，功能是否完好	5		责任担当□5□4□3□2□1 安全规范□5□4□3□2□1 合作沟通□5□4□3□2□1
2．车辆信息收集	查找车型、VIN 码，并准确记录	5		责任担当□5□4□3□2□1 安全规范□5□4□3□2□1 合作沟通□5□4□3□2□1
3．安装车身防护	正确使用汽车内外防护、汽车挡块	5		责任担当□5□4□3□2□1 安全规范□5□4□3□2□1 合作沟通□5□4□3□2□1
4．检测前准备	（1）检查规定的油液液位，应符合标准。 （2）检查蓄电池电压，应符合规定。 （3）掌握蓄电池电压的最低标准，并能根据测量结果给出合理建议	5		责任担当□5□4□3□2□1 安全规范□5□4□3□2□1 合作沟通□5□4□3□2□1
5．关闭车内电源	（1）关闭点火开关，若必要可断开蓄电池负极。 （2）做好测量准备工作，如需要选择合适的接口并接入电路	10		责任担当□5□4□3□2□1 安全规范□5□4□3□2□1 合作沟通□5□4□3□2□1

续表

评价对象		评价人		
操作步骤	评估要点	专业技能		职业素养
		应得分	实得分	
6．电路图的基本使用	（1）能够正确地从电路图上获取元器件相关信息。 （2）能正确分辨电路中的共用和独立部分。 （3）能够从电路图中正确找出相关元器件和线路走向。 （4）能通过电路分析制定高效、规范的诊断策略，诊断思路清晰、正确	20		责任担当□5□4□3□2□1 安全规范□5□4□3□2□1 合作沟通□5□4□3□2□1
7．故障检测与维修	（1）能准确进行故障现象的确认。 （2）会检查万用表电量并进行自检。 （3）能够准确操纵汽车灯光。 （4）能使用电阻法规范检测元件的好坏。 （5）能使用电压法规范检测线路的好坏。 （6）记录插头、模块和线路测量的结果，并判断是否正常，未记录或判断不正确此项均不得分。 （7）判断出该汽车线路的故障类型和维修方案，未记录或判断不正确此项均不得分。 （8）在测量过程中如果有用手摸表笔、扭头看数值、用蜂鸣挡测电阻等不规范行为，此项不得分	30		责任担当□5□4□3□2□1 安全规范□5□4□3□2□1 合作沟通□5□4□3□2□1
8．维修质量检查	（1）复查维修位置，确认元器件已经安装到位。 （2）正确确认故障现象已经消失	5		责任担当□5□4□3□2□1 安全规范□5□4□3□2□1 合作沟通□5□4□3□2□1
9．记录并提出维修建议	（1）按要求进行维修过程和结果的记录，字迹清楚，数据准确，结果正确。 （2）维修建议合理、科学，有可靠依据	10		责任担当□5□4□3□2□1 安全规范□5□4□3□2□1 合作沟通□5□4□3□2□1
10．清理现场，工具复位	清洁现场、工具设备，清理汽车并复位	5		责任担当□5□4□3□2□1 安全规范□5□4□3□2□1 合作沟通□5□4□3□2□1
序号	评估否决项	不能发生	是否发生	问题记录
1	测量不能对线路造成损坏，如不能破坏线路绝缘皮、不能造成插头/引脚损坏等	否		
2	由于自身操作不当造成电路烧毁或者维修设备故障	否		
3	由于错误操作对汽车、工具设备造成损坏	否		
总计		100		责任担当： 安全规范： 合作沟通：

注：操作拆装、检测调试属于专业技能，按照应得分打分；责任担当、安全规范、合作沟通属于职业素养，直接在对应的分值前面画“√”即可。

3.6 任务评估

3.6.1 任务完成质量检查

质量检查：任务完成质量检查记录单见附录 E。

3.6.2 工位 5S 检查

安全规范检查：工位 5S 检查结果记录单见附录 F。

3.6.3 任务完成安全隐患排查

安全隐患排查：任务完成安全隐患排查记录单见附录 G。

3.6.4 完善改进工作计划

计划改进：请根据实际的维修汽车灯光不齐故障工作，完善改进工作计划（以另一种颜色的笔在工作计划上标注和补充即可）。

3.7 任务反思

3.7.1 撰写维修汽车灯光不齐故障报告

撰写报告：任务实施工作报告见附录 H。

3.7.2 任务总结与思考

任务复盘：任务总结与思考记录单见附录 I。

3.8 知识拓展：车身控制单元 J519

随着汽车智能化水平的不断提升，电子控制单元在汽车上的应用越来越广泛，各种电子设备间的数据通信变得越来越多，在提高车辆舒适性的同时也带来了成本增加、故障率上升、布线复杂等问题。于是，需要设计功能强大的控制模块，来实现各种分散的控制器功能，对众多电气设备进行统一管理和控制，由此，汽车上的中央接线盒就逐渐演变成 BCM（Body Control Model），即车身控制单元 J519，也叫作车载电网控制单元。图 3-41 所示为车身控制单元 J519 控制的部分灯光系统，可以看到，原电路图中中央接线盒的位置已经被车身控制单元 J519 取代。采用车身控制单元集成控制，实现了各种单一继电器及执行器的高度集成，使各电气系统控制过程变得简单，简化了线路，减轻了线束的质量，减小了故障发生率。目前汽车上的车身控制单元主要控制汽车车身电气设备，比如整车灯具、刮水器、门锁、电动窗、天窗、电动后视镜、遥控等。工作时，这些电气设备的开关信号输入车身控制单元，车身控制单元直接或通过继电器控制相应电气设备工作，如图 3-41 所示的部分灯光系统。由此可见，使用车身控制单元使得汽车灯光系统故障的诊断分析变得比原来简单。

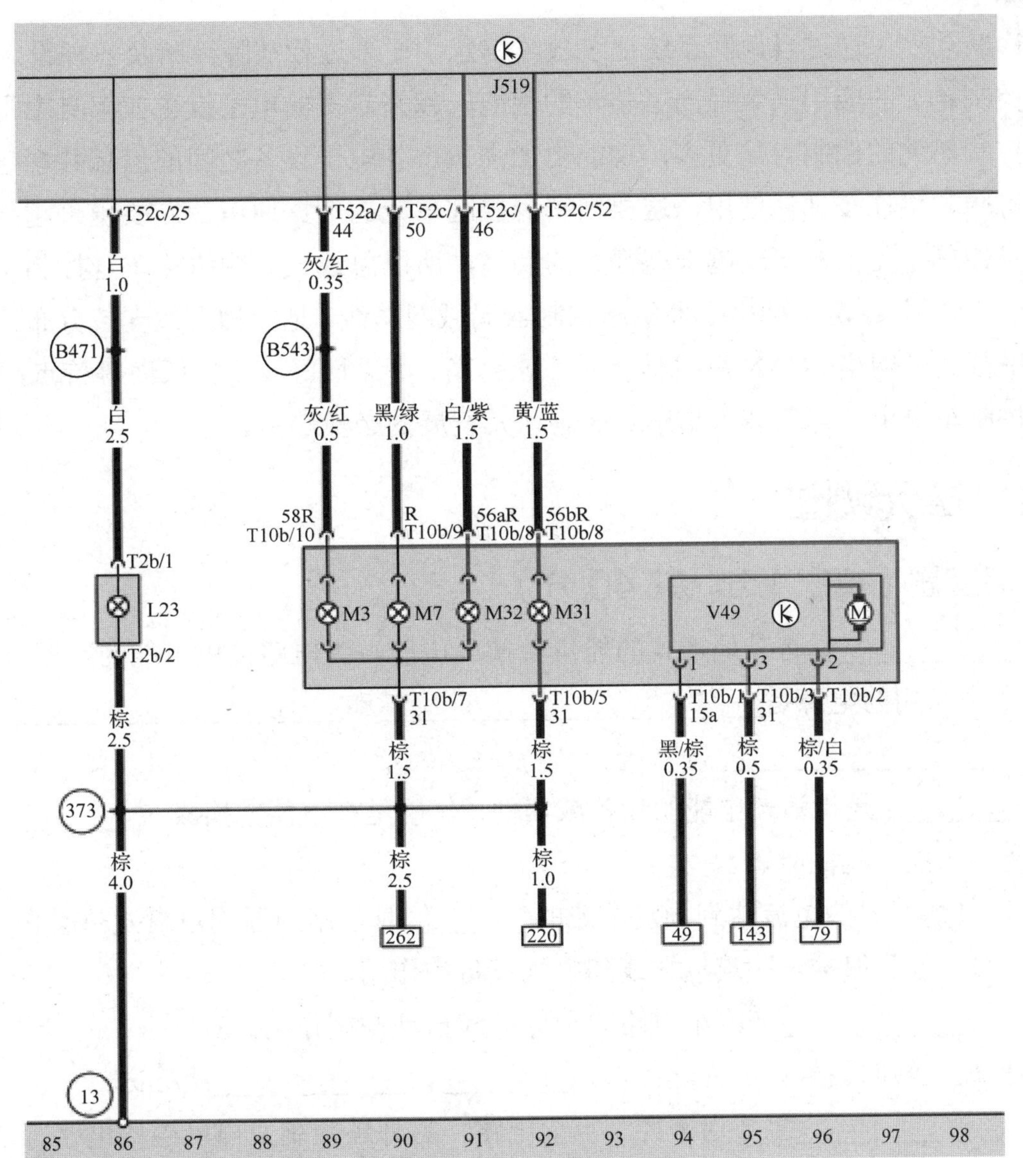

J519—车身控制单元，在仪表板左侧下方；L23—右侧前雾灯，在前保险杠前部右侧；M3—右侧停车灯，在右前照灯内；M7—右前转向信号灯，在右前照灯内；M31—右侧近光灯，在右前照灯内；M32—右侧远光灯，在右前照灯内；T2b—2 引脚插头，黑色，右侧前雾灯插头；T10b—10 引脚插头，黑色，右前照灯插头；T52a—52 引脚插头，黑色，在车身控制单元 A 号位上；T52c—52 引脚插头，棕色，在车身控制单元 C 号位上；V49—右前照灯光线调节电机，在右前照灯内；(13)—接地点，在右前轮罩前部；(373)—接地连接线，在主导线束中；(B471)—连接线，在主导线束中；(B543)—正极连接线（58R），在主导线束中。

图 3-41　车身控制单元 J519 控制的部分灯光系统

目前汽车上的车身控制单元包含各类车灯、门锁功能、电源管理、附加舒适功能等模块，同时集成了网关功能。车身控制单元接收来自网络总线、各类开关、传感器的各类信息，通过计算比对后发出指令，控制汽车上的各个电气设备工作；作为一个网络节点，车身控制单元还具有信号传输功能，可以将接收到的各类信息适时传输给其他需要此信息的控制单元；在电源开关关闭后，车身控制单元具有逐步减少电能消耗的电量管理功能；车身控制单元同时具有自诊断功能，通过自诊断系统记录故障信息，便于进行故障诊断及各种设定。

车身控制单元的应用大大提高了整车的性能，越来越多的电子设备在车身上得到应用，使得车身控制单元的控制对象更多，功能更加强大。各电子设备之间的信息共享越来越多，一个信息可同时供许多部件使用，这要求车身控制单元的数据通信功能要越来越强，单一集中式的车身控制单元很难实现越来越强大的功能，所以总线式、网络化车身控制单元成为发展趋势。而CAN总线是一种串行多主站控制器局域网总线，是一种有效支持分布式控制或实时控制的串行通信网络。CAN总线具有通信速率高、可靠性好及价格低廉等特点，利用CAN总线技术控制车身电子电气装置是车身控制单元发展的必然趋势。

3.9 单元测试

一、填空题（每空1分，共40分）

1. ____________是将其他形式的能量转换为电能，为电路提供电能的装置。

2. 汽车上常用的电源是______________________和______________________，两个电源______________________。

3. _________ 是指消耗电能的设备或器件，作用是把电能转换成______________（如热能、光能、声能、机械能等）。

4. 当通过熔断器的电流达到额定电流的______倍时，熔断器因自身发热会在_____内熔断，切断电路，起到保护电路连接导线和电气设备的作用。

5. ________________在汽车电路中起保护和自动控制作用。

6. 国标规定转向信号灯的闪光频率为____________________次/min。

7. _______________主要用来控制点火电路，另外还控制发电机磁场电路、仪表电路、启动继电器电路及一些辅助电器等。

8. ___________________是由两种或两种以上的开关集装在一起的，可使操纵更加方便。

9. 点火开关的__________________________ 是启动挡，不能长期通电。

10. _________________就是通常说的连接插头和插座，用于导线和导线间的相互连接。

11. 汽车电路根据各自的功能不同，一般可分为_______________、_______________、_______________。

12. 汽车电路的基本特点：____________、____________、____________、____________、__________。

13. 使用万用表测量电压时，应与被测电路_______________联。

14. 根据下面的电路图回答下列各题。

（1）灯泡EL_1和EL_2是_______联。

（2）开关SA_1控制_______，开关SA_2控制_______，开关SA_3控制_______。

（3）当开关SA_1、SA_3闭合，开关SA_2未闭合时，灯泡EL_1_______，灯泡EL_2_______；

当开关 SA_1、SA_2、SA_3 都闭合时，灯泡 EL_1 的灯丝断了，灯泡 EL_2______（选填“发光”“不发光”）。

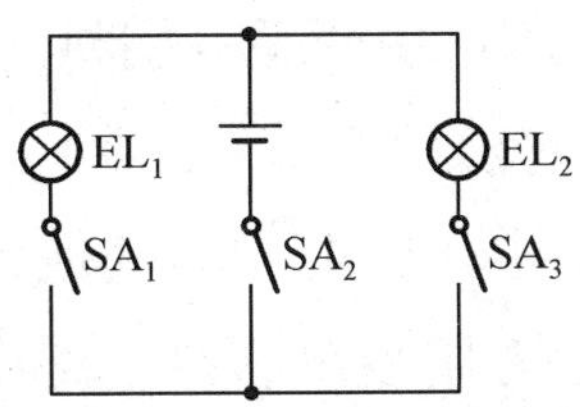

15．根据下面的电路图回答下列各题。

（1）灯泡 EL_1 和 EL_2 是________联。

（2）闭合开关，灯泡 EL_1________，灯泡 EL_2_________（选填“发光”“不发光”）。

（3）灯泡 EL_1 的灯丝断了，闭合开关，灯泡 EL_2_________（选填“发光”“不发光”）。

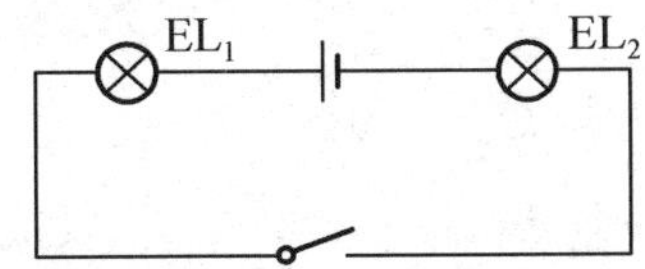

16．小明在实验时连成了下图所示的电路，但他闭合开关后发现灯泡 L_1 与 L_2 都不亮，检查电路后也不知道发生了什么故障，老师告诉他是其中一个灯泡的原因，并向他提问了几个问题，请你帮他根据老师的问题，判断故障的原因。

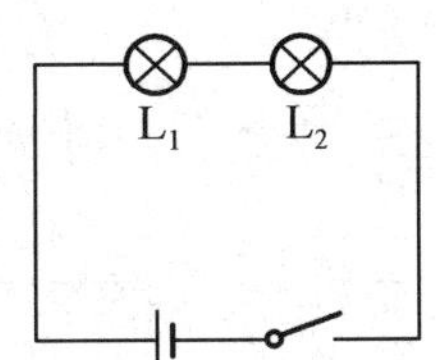

（1）电路中其中的一个灯泡被短路了，对吗？________，因为，如果是其中的一个灯泡被短路了，则_______________，所以肯定________（“是”或“不是”）其中的一个灯泡被短路了。

（2）电路中其中的一个灯泡灯丝断了，即开路了，对吗？________，因为其中的一个灯泡开路，则____________________，所以断定________（填“是”或“不是”）其中的一个灯泡开路了。

二、选择题（每题2分，共30分）

1．选择合适的量程挡位，如果不能确定被测量的电流大小，应该选择（　　）去测量。

A．任意量程　　B．小量程　　C．中间量程　　D．大量程

2．选择合适的量程挡位，如果不能确定被测量的电阻值大小，应该选择（　　）去测量。

A．任意量程　　B．小量程　　C．中间量程　　D．大量程

3．被测线路的电压要（　　）万用表的量程。

A．小于　　B．等于　　C．大于　　D．接近

4．用万用表欧姆挡测电阻时，下列说法正确的是（　　）。

A．测量前必须校零，而且每测一次电阻都要重新校零

B．为了使测量值比较准确，应该用两手分别将两表笔与待测电阻两端紧紧捏在一起，以使表笔与待测电阻接触良好

C．待测电阻若是连接在电路中，应把它与其他元件断开后再测量

D．测量电路的电压时，应把万用表串联在电路中

5．下列继电器中，属于功能型继电器的是（　　）。

A．闪光继电器　　B．卸荷继电器　　C．雾灯继电器　　D．启动继电器

6．下列继电器中，属于电路控制型继电器的是（　　）。

A．闪光继电器　　B．刮水器间歇继电器

C．雾灯继电器　　D．三端子继电器

7．以下是汽车电路基本特点的是（　　）。

A．并联　　B．直流　　C．负极搭铁　　D．以上都是

8．熔断器的电气符号是（　　）。

A．⏚　　B．▯　　C．▯　　D．▯

9．在识读电路图的过程中，（　　）不是电源线。

A．31 号线　　B．30 号线　　C．15 号线　　D．X 号线

10．在下图所示的各电路中，开头 S 闭合后，小灯泡 L_1、L_2 都能发光的是（　　）。

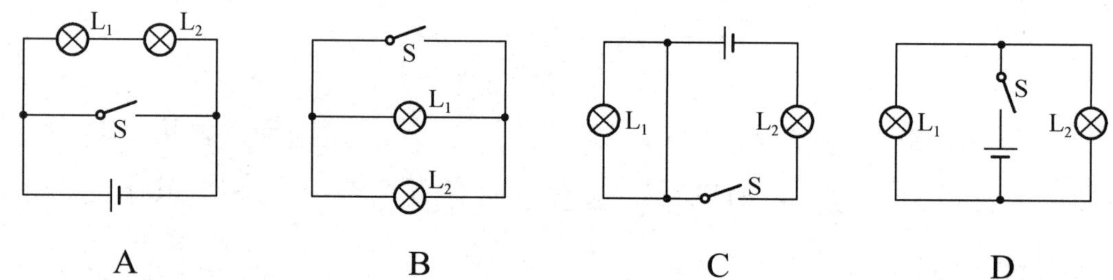

11．如下图所示的电路，当闭合开关 S，滑动变阻器 R 的滑片向 b 端移动时，电流表的示数及灯泡 L 的亮度变化情况应是（　　）。

A．电流表示数变大，灯泡 L 变暗

B．电流表示数变小，灯泡 L 变暗

C．电流表示数变大，灯泡 L 变亮

D．电流表示数变小，灯泡 L 变亮

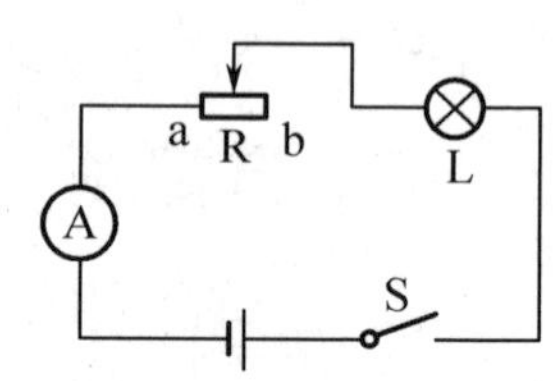

12．如图所示，灯泡 L_1、L_2 串联在电路中，开关闭合后两个灯泡都不亮。用电压表测灯泡 L_1 两端的电压时，其示数为 0；用电压表测灯泡 L_2 两端的电压时，其示数为 6V，则灯泡 L_1、L_2 的状况是（　　）。

A．L_1 完好、L_2 断路　　B．L_2 短路、L_1 断路

C．L_1、L_2 都断路　　D．L_1 完好、L_2 短路

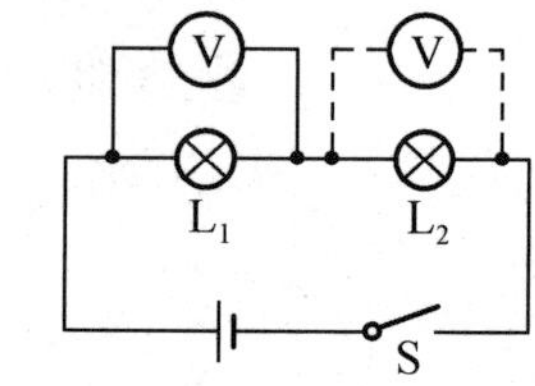

13．如下图所示，电压表的接法正确的是（　　）。

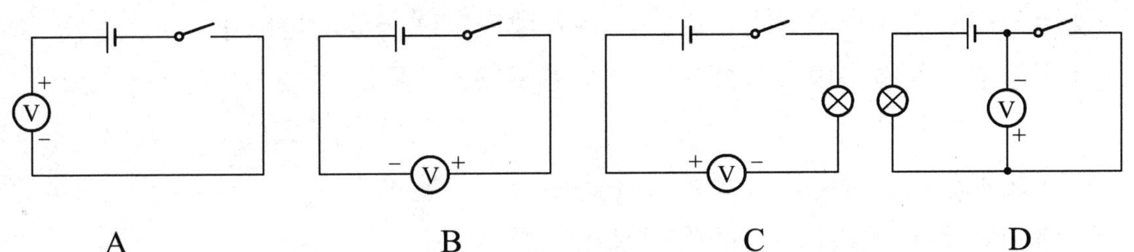

14．如下图所示，电路中能正确测出通过灯泡 L_2 的电流的是（　　）。

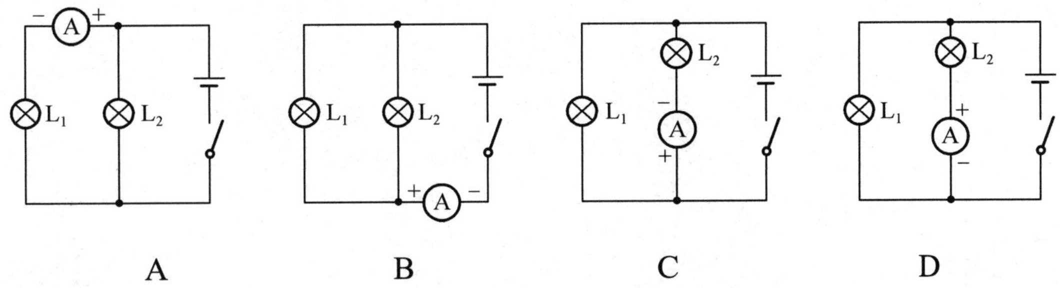

15．如图所示，粗心的小强把电流表当作电压表接在了灯泡 L_1 的两端，此时如果闭合开关，一定会发生（　　）。

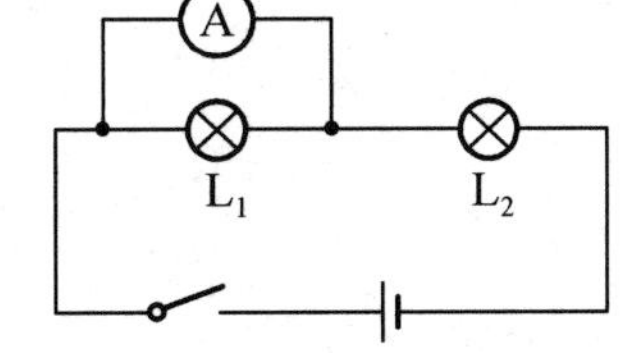

A．电源短路　　B．电流表损坏

C．L_1 不亮　　D．L_2 的灯丝烧断

三、判断题（每题 2 分，共 30 分）

1．汽车电路中各电气设备均采用并联连接的方式，每条电路均有自己的控制器件和保险装置。（　　）

2．大众汽车电路图中的 30 号线、电源线、常火线，接通电源的正负极，不必打开点火开关就有电。（　　）

3．大众汽车电路图中的 15 号线、电源线，受点火开关控制，必须打开点火开关才有电。（　　）

4．大众汽车电路图中的 31 号线是搭铁线，即与车身连通的线。（　　）

5．更换熔断器时，可使用比原规格容量小的熔断器。（　　）

6．继电器的作用是用小电流控制大电流，以减小控制开关触点的电流负荷，保护开关触点不被烧蚀。（　　）

7．常开型继电器在平时触点是闭合的，线圈通电后继电器动作，触点才断开。（　　）

8．一对插头、插座由于闭锁装置的作用，一般来说不可能插错。（　　）

9．在使用万用表之前，应先进行“校零”，即在两表笔短接时，读取万用表的电压或电流值。（　　）

10．在测量某一电量时，不能在测量的同时换挡，尤其是在测量高电压或大电流时。（　　）

11．不能带电测量电路中的电阻。（　　）

12．使用万用表电流挡测量电压时，应将万用表串联在被测电路中。（　　）

13．几个灯泡接入电路中，只要有一个灯泡不发光，则其他几个灯泡也一定不发光。（　　）

14．在连接电路的过程中，开关断开还是闭合，问题不大。（　　）

15．断路和短路在电路中所起的作用是相同的。（　　）

学习单元 4

汽车电子控制延时电路识读与故障检测——维修打开车门/行李箱盖时车内照明灯未开启故障

思政园地

创新发展

学生：老师，我只要严格按照师傅教的技能和维修手册上的指示认真地进行汽车电气设备的维修，是不是就能成为一名优秀的“汽车医生”？

老师：严格按照标准和规范进行车辆维修是对一个汽车维修人员的基本要求，但是作为一生和车辆打交道的人，我们还肩负着了解车主使用诉求和发现车辆维修实践中出现的问题，并进行提出、验证、解决的使命。每一名优秀的“汽车医生”都应该具备善于发现问题的眼睛、善于思考的头脑和善于解决问题的双手。

分享一个振兴民族汽车品牌“尖兵”——张国强的故事。张国强，中国第一汽车集团有限公司整车道路试验工，全国技术能手，全国五一劳动奖章获得者。上班时，张国强人不离车，一个部件一个部件地琢磨，查找问题。下班回到家，他一头扎进书堆里，寻找答案。看车、看书，上车、修车，周而复始，不厌其烦，对于厂里的车型，张国强熟悉连接每个零件的电线颜色，能背下整车螺栓的力矩……一次，在检查一辆新型卡车时，张国强感觉转向杆和减震器的空间布局有些异常，但设计师经过反复考量论证，认为没有问题。“有千万分之一的可能都不行”，张国强将卡车的减震器涂抹上红色颜料，到路况恶劣的道路上驾驶着车一遍遍测试。最后，张国强发现转向杆沾上了颜料，证明在极端恶劣的路况下，转向杆和减震器会发生碰撞，形成干涉。测试结果说服了设计师，他们改进优化了结构设计，避免了潜在的安全隐患。从一名操作方向盘的汽车兵，到引领技术创新的“汽车人”，张国强军人本色不改，用不懈努力诠释着大国工匠精神，为振兴民族汽车品牌贡献着自己的力量。

同学们，我想说的是，创新才能发展，不论身处何地，做任何事情，无论个人、企业还是国家，只有不断地创新，才能持续地发展。

4.1 学习目标

素质目标	知识目标	技能目标
1. 建立安全规范意识，严格遵守操作规范、遵守事故预防条例。 2. 能够根据给出的关键词绘制简图，并规范书写。 3. 能够高度集中注意力 30 分钟来完成一个任务。 4. 能够与合作伙伴良好地合作并积极主动地参与。 5. 能够客观公正地自评和评价他人。	1. 了解二极管、三极管、电容器等常见电子元件的结构及功能。 2. 掌握电子元件的检测方法。 3. 掌握车内照明灯电路的识读方法。 4. 掌握车内照明灯电路的分析和检测方法。	1. 能够熟练操作各类灯光开关并进行灯光功能检测。 2. 能够检测和调节前照灯。 3. 能够用万用表检测电路中的所有元器件。 4. 能够使用汽车故障诊断仪进行灯光系统故障的诊断。 5. 能够结合检测结果进行车内照明灯故障的分析与诊断。 6. 能够制订故障检测工作计划，并按照计划进行实践。

4.2 情境引入

4.2.1 情境描述

李女士在打开车门、行李箱盖时，发现车内照明灯未开启，故开车来到汽车修理厂，希望维修人员尽快进行维修，以便更好地使用车辆。

4.2.2 接受任务

思考：作为一名维修接待人员，当你遇到李女士到汽车修理厂求助时，应该如何进行接待呢？请依据情境描述，编写客户接待话术，做好接待客户的准备工作。客户接待话术表见附录 A。

角色扮演：请按照上面编好的话术进行角色演练，并从着装规范、举止得体等 8 个方面分别给予评价，5 分为完美，1 分为差得很远。客户接待评价表见附录 B，客户任务工单见附录 C。

4.2.3 任务分析

结合实际情况进行分析，在自己已经具备的能力或条件前的方框内画“√”，未画“√”的内容就是需要从本学习单元学习和掌握的知识、技能和素养。

在维修打开车门、行李箱盖时车内照明灯未开启故障时，需要具备下面的能力及条件：

□车外防护　□车内防护　□车辆启动前检查　□车辆启动　□安放车轮挡块

□连接尾排　□识别车辆身份信息　□操作车灯　□车内照明灯电路识读

□双人协作　□车内照明灯控制　□汽车故障诊断仪的使用　□万用表的使用

□依据检测结果进行故障判断　□用万用表检测电压、电流、电阻的方法

□汽车制造商维修手册的查阅

4.3 知识与技能储备

4.3.1 了解汽车常用的电子元件

4.3.1.1 半导体

在自然界中，根据材料的导电能力，我们可以将它们划分为导体、绝缘体和半导体。常见的导体有铜和铝等，常见的绝缘体有橡胶、塑料等。半导体是导电能力介于导体和绝缘体之间的材料，常见的半导体有硅和锗等。半导体可以分为以下三类。

本征半导体：纯净的半导体称为本征半导体。

P 型半导体：在本征半导体硅或锗中掺入微量的三价元素硼或镓，就形成了 P 型半导体。

N 型半导体：在本征半导体硅或锗中掺入微量的五价元素磷，就形成了 N 型半导体。

4.3.1.2 二极管

在 P 型和 N 型半导体的交界处会形成一个 PN 结，一个 PN 结就是一个二极管，P 区的引线称为阳极，N 区的引线称为阴极。二极管结构图如图 4-1 所示。

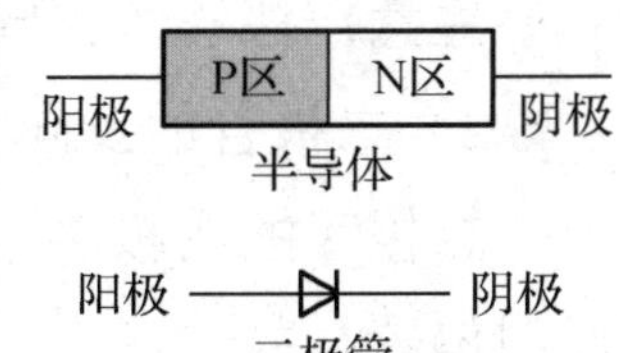

图 4-1　二极管结构图

1. 二极管的种类、作用及电路符号

二极管根据半导体材料的不同，可分为锗二极管（简称为锗管）和硅二极管（简称为硅管）；根据二极管用途的区别，可分为整流二极管、稳压二极管、发光二极管、光电二极管等。二极管的外观、作用及电路符号如表 4-1 所示。

表 4-1　二极管的外观、作用及电路符号

项目	整流二极管	稳压二极管	光电二极管	发光二极管
外观				
作用	整流	稳压	光控	显示
电路符号				

2. 二极管的伏安特性

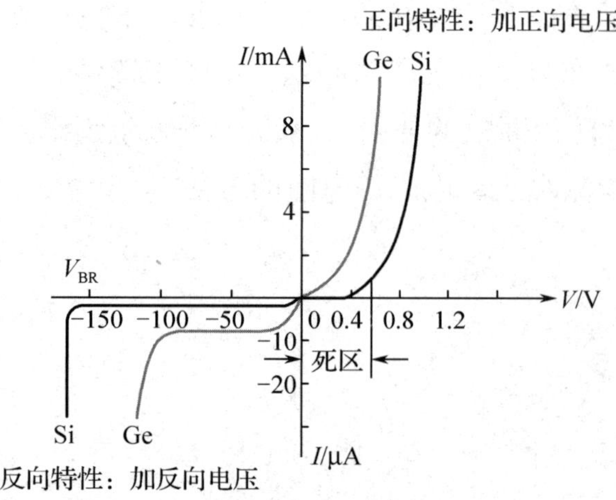

图 4-2 二极管的伏安特性曲线

二极管的伏安特性曲线如图 4-2 所示，即二极管两端电压与通过二极管的电流之间的关系曲线。

1）二极管的正向特性

二极管的阳极接电源正极（高电位），二极管的阴极接电源负极（低电位），称为二极管正向偏置。

设外加电压 *U* 是可以调整的，当外加电压小于 0.5V（对于硅管）时，二极管处于截止状态，电路中基本没有电流，这个电压称为二极管的死区电压。对于硅管，死区电压为 0.5V；对于锗管，死区电压为 0.1V。

当外加电压大于死区电压 0.5V（对于硅管）时，二极管正向导通，此时二极管存在着正向压降，对于硅管，正向压降约为 0.6V，即二极管后连接的电阻上的电压比电源电压小约 0.6V，而用电压表测量二极管电压约为 0.6V。

当二极管正向导通时，流过电阻的电流为电阻端电压与电阻的比值。二极管相当于一个闭合的开关，只是存在着一个约 0.6V 的电压降（对于硅管）。

注意：锗管的正向电压降为 0.2～0.3V，所以，若比较电压降，则锗管的性能比硅管好。

2）二极管的反向特性

二极管的阴极接电源正极（高电位），二极管的阳极接电源负极（低电位），称为二极管反向偏置。

二极管外加反向电压时，二极管处于截止状态，此时，通过电阻的电流很小，这个电流称为漏电流，反向的漏电流越小越好。

当外加电压达到一定值时，通过电阻的电流会突然增大，此时，二极管处于击穿状态，这个电压称为反向击穿电压。反向击穿有如下两种类型。

（1）电击穿：PN 结未损坏，断电即恢复。

（2）热击穿：PN 结烧毁，无法再恢复。

电击穿是可逆的，反向电压降低后二极管恢复正常。因此，电击穿往往被人们所利用，如稳压管。而热击穿则是指电击穿时没有采取适当的限流措施，导致电流大、电压高，使管子过热造成了永久性损坏。因此，工作时应避免二极管的热击穿。

3. 二极管的主要参数

依据二极管的工作特性和工作状态，二极管的主要参数如下。

（1）最大整流电流：当二极管处于正向导通状态时，允许通过的最大平均电流。在使用中，若二极管正向导通通过的电流过大，也可能造成二极管的损坏。

（2）最高反向工作电压：二极管运行时允许承受的最高反向电压。

（3）反向漏电流：二极管加上反向电压截止时，存在的电流。

（4）最高工作频率：此参数主要由 PN 结的结电容决定，结电容越大，二极管允许的最高工作频率越低。

4. 二极管的单向导电性能

二极管具有单向导电性能。

（1）正向导通。当 PN 结加上正向电压，即阳极接蓄电池正极，阴极接蓄电池负极时，PN 结处于导通状态，二极管正向导通示意图如图 4-3 所示，试灯中有电流通过，亮起。

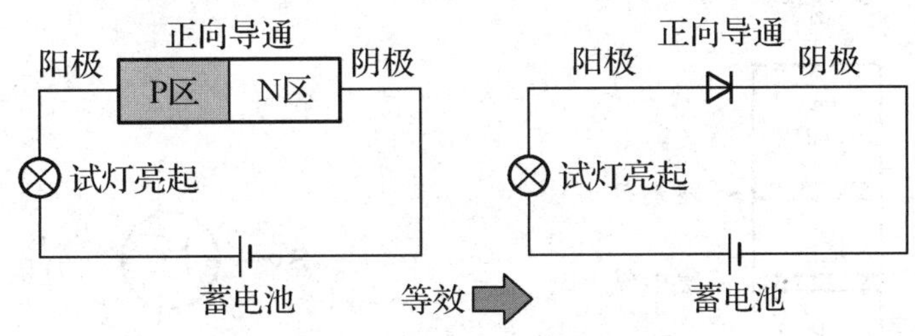

图 4-3 二极管正向导通示意图

二极管正向导通时存在电压降，如果蓄电池的电压是 12V，则试灯上的电压一定小于 12V；如果蓄电池的电压低于二极管正向导通的电压降，则二极管将不能导通。这个规律对二极管工作的影响不大，但却是决定二极管工作特性的本质规律。

（2）反向截止。当 PN 结加上反向电压，即阳极接蓄电池负极，阴极接蓄电池正极时，PN 结处于截止状态，二极管反向截止示意图如图 4-4 所示，试灯中没有电流通过，不能亮起。

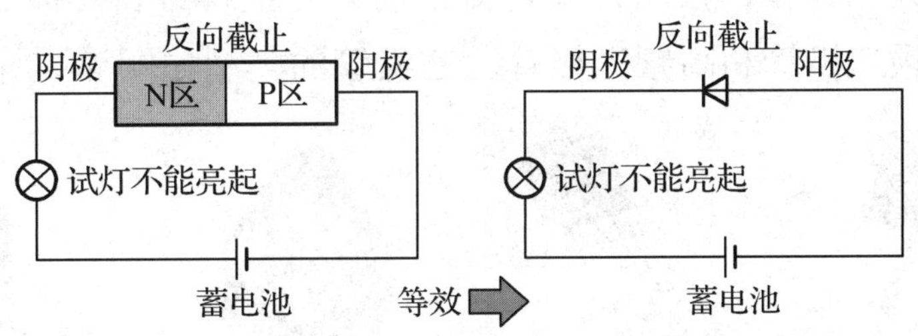

图 4-4 二极管反向截止示意图

二极管接反向电压时，存在一个耐压的问题：如果加在二极管上的反向电压过高，那么二极管会被击穿，此时二极管不再处于截止状态，而是处于导通状态。对普通二极管来说，这意味着二极管已经失去了反向截止的作用。但是，稳压二极管正是利用这个特点来工作的，在电路中的电压未达到反向击穿电压时，二极管会一直处于截止状态，电路也一直处于断开状态；一旦电路中的电压达到反向击穿电压，二极管会被击穿导通，此时电路就会导通，形成回路；当电压再次降到小于反向击穿电压时，二极管恢复到截止状态，电路断开。

在检测二极管性能时，可以结合二极管的工作特性，利用万用表的二极管/蜂鸣挡直接进行二极管正向导通及反向截止的检测，并依据检测结果来判断二极管的好坏。

4.3.1.3 三极管

1. 三极管的结构及类型

三极管是电路中的重要电子元件，由三块 P 型或 N 型半导体组成，常见的有 PNP 型三极管（N 型半导体在中间，见图 4-5）和 NPN 型三极管（P 型半导体在中间，见图 4-6）。三极管由基区、集电区和发射区三个区，以及相应的基极、集电极和发射极三个引脚组成。b（B）表示基极，c（C）表示集电极，e（E）代表发射极，基区和发射区之间的 PN 结称为发射结，基区和集电区之间的 PN 结称为集电结。

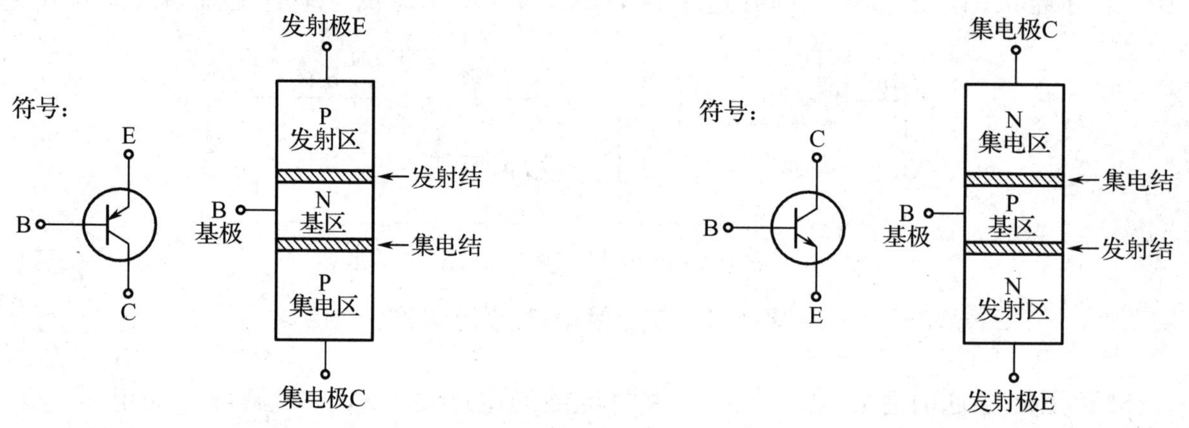

图 4-5 PNP 型三极管的结构和引脚图　　图 4-6 NPN 型三极管的结构和引脚图

三极管按照材料不同分为硅三极管和锗三极管；按照结构不同分为 PNP 型三极管和 NPN 型三极管；按照功率不同分为大功率三极管、中功率三极管、小功率三极管；按照用途不同分为放大三极管和开关三极管；按照封装材料不同分为金属封装三极管和塑料封装三极管；按照频率不同分为低频三极管和高频三极管。三极管的类型如图 4-7 所示。

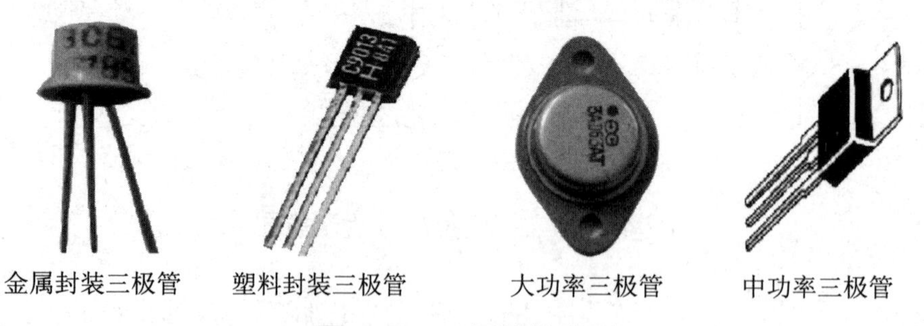

图 4-7 三极管的类型

2. 三极管的工作原理和状态

以下均以 NPN 型三极管为例来说明三极管的工作原理和状态。三极管有三个工作状态：截止、放大和饱和（见图 4-8）。

（1）截止状态。当断开基本电路或者基极电压低于 PN 结的死区电压时，三极管电路中没有基极电流，此时集电极和发射极之间相当于一个断开的开关，称为截止状态。

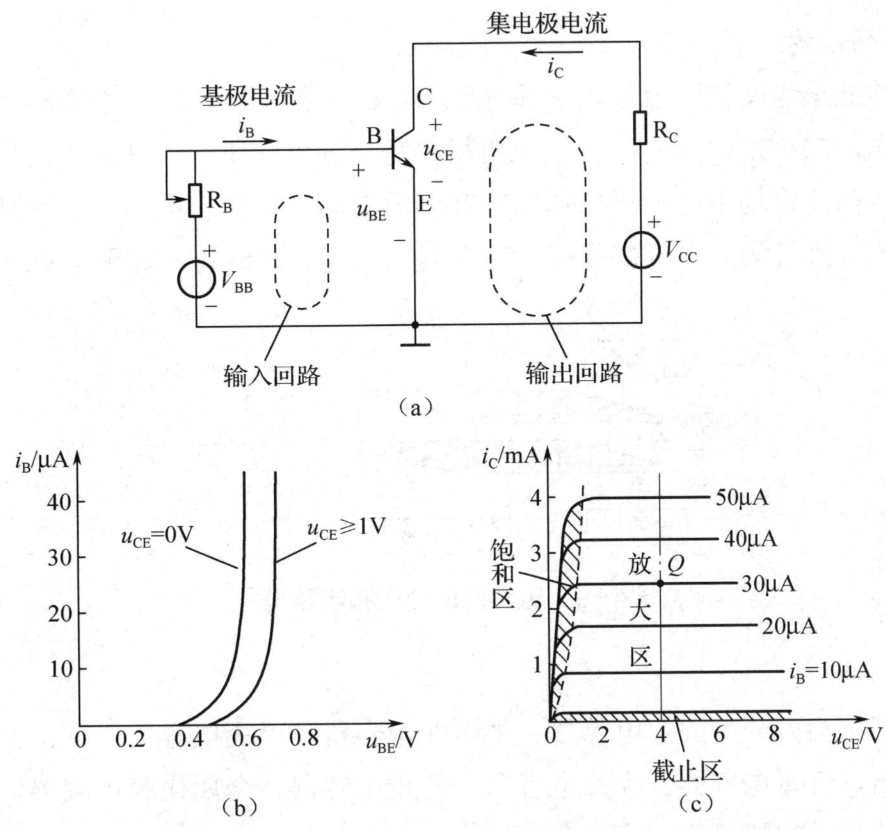

图 4-8 NPN 型三极管共发射极电路特性曲线

（2）放大状态。当接通基本电路或者基极电压达到 PN 结的死区电压时，三极管基极电路中出现基极电流，在集电极电流达到最大之前，集电极电流等于基极电流乘以三极管的放大倍数，此时称三极管处于放大状态。

（3）饱和状态。不断增大基极电流，使集电极电流达到最大，之后集电极电流不再受基极电流的控制，此时三极管的集电极和发射极之间相当于一个接通的开关，称为饱和状态。

3. 三极管的作用

三极管在电路中主要起放大作用和开关作用。

汽车电子电路中主要应用三极管的开关作用，电子控制单元通过控制三极管的基极来控制三极管处于截止或者饱和状态，从而实现对某个执行器的控制。现实中，现在的电子控制单元内均采用高度集成的控制芯片，早已取消了单个的三极管，但是为了理解它内部的控制原理，仍可以借用三极管的控制过程来加以理解。

在检测三极管性能时，可以直接利用万用表的晶体三极管 hFE 参数测试挡进行检测，并依据检测结果来判断三极管的好坏。

4.3.1.4 电容器

1. 电容器的作用

电容器是一种储能元件，是一种能容纳电荷的器件，俗称为“装电的容器”，在电子设备中被大量使用，可用于调谐、滤波、耦合、旁路、能量转换和延时控制等。

2. 电容器的结构

任何两个彼此绝缘又相距很近的导体（包括导线）都可以构成一个电容器。电容器是由两个电极及其之间的介质材料构成的。介质材料是一种电介质，当被置于两块带有等量异性电荷的平行极板间的电场中时，极化作用会在介质表面产生极化电荷，使束缚在极板上的电荷相应增加，维持极板间的电位差不变。电容器的结构和电路符号如图 4-9 所示。

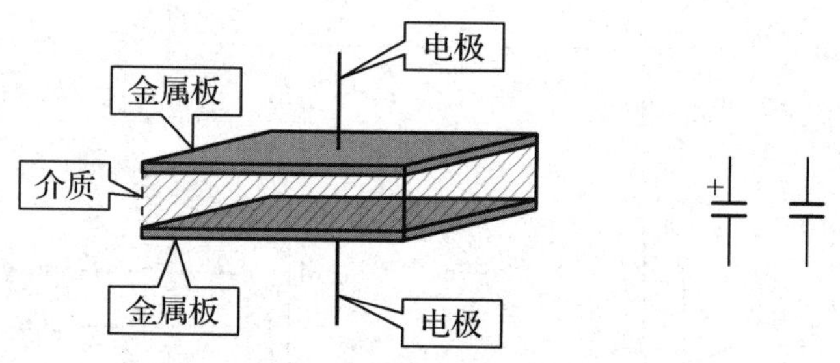

图 4-9 电容器的结构和电路符号

3. 电容器的种类

电容器按其结构可分为固定电容器、半可变电容器、可变电容器三种；按其介质材料可分为电解电容器、云母电容器、瓷片电容器、涤纶电容器、金属化膜电容器、多层陶瓷电容器等。电容器的种类如图 4-10 所示。

（a）电解电容器

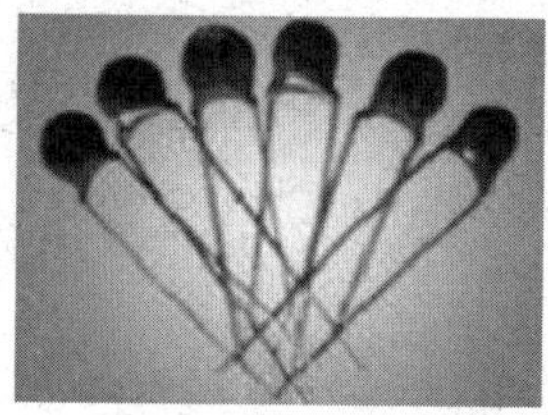

（b）瓷片电容器

（c）涤纶电容器

（d）半可变电容器

（e）可变电容器

（f）金属化膜电容器

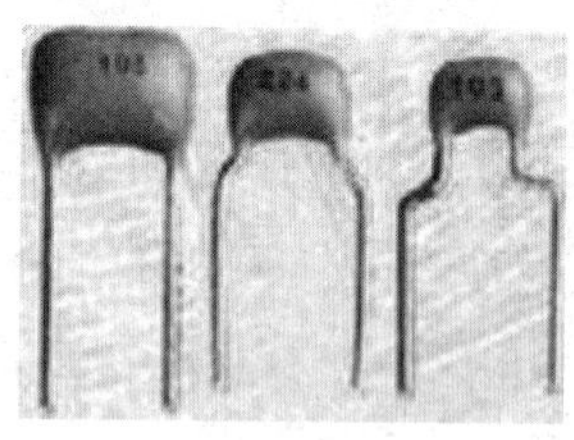

（g）多层陶瓷电容器

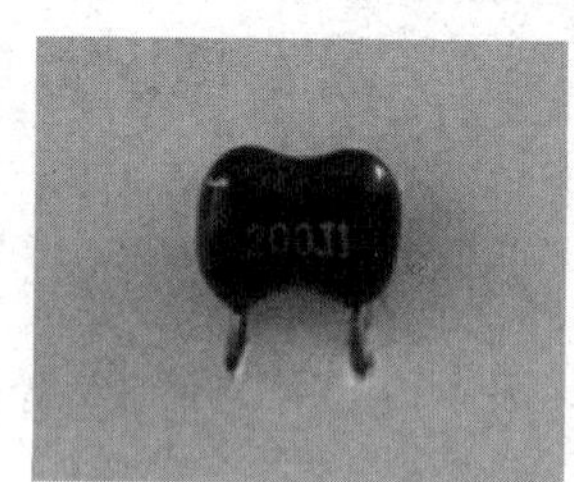

（h）云母电容器

图 4-10 电容器的种类

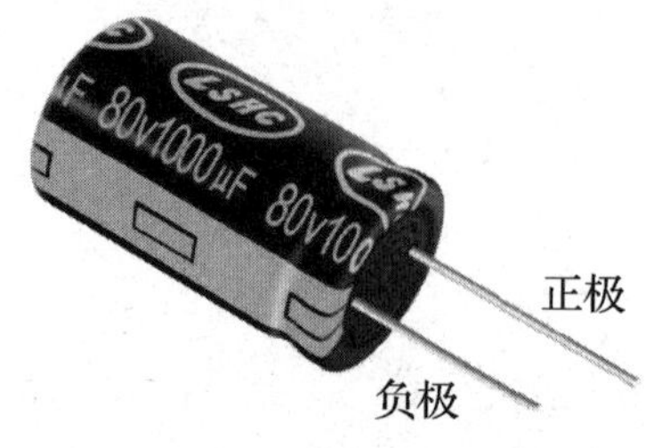

图 4-11 电容器正负极

4. 电容器正负极的判定

直插式极性电容的正负极一般都是长引脚为正极，短引脚为负极，如图 4-11 所示。为了判断准确，还可以使用如下方法：在电容器表面的灰色部分一般有两条矩形框，挨着灰色部分最近的引脚就是负极。

5. 电容器的电容

电容器所带电量 Q 与电容器两极间的电压 U 的比值，叫作电容器的电容，用字母 C 表示，单位为 F（法拉）。电容说明了电容器储存电量的能力，常用单位为 μF（微法）、pF（皮法），其计算公式和单位换算关系如下：

$$C=\frac{Q}{U}，\ 1\text{F}=10^{6}\mu\text{F}=10^{12}\text{pF}$$

6. 使用电容器时应注意的问题

（1）电容器的击穿电压：加在电容器两极板上的电压不能超过某一极限电压，超过这个极限电压，介质将被击穿，电容器损坏，这个极限电压为击穿电压。

（2）电容器的额定电压：电容器正常工作时的最大电压，额定电压低于击穿电压。

（3）电解电容器正负极不能接反，不能接交流电。

7. 电容器的充放电

理解电容器的充放电过程和研究它的特点及规律，可以通过下面的实验来进行。电容器的充放电电路如图 4-12 所示。

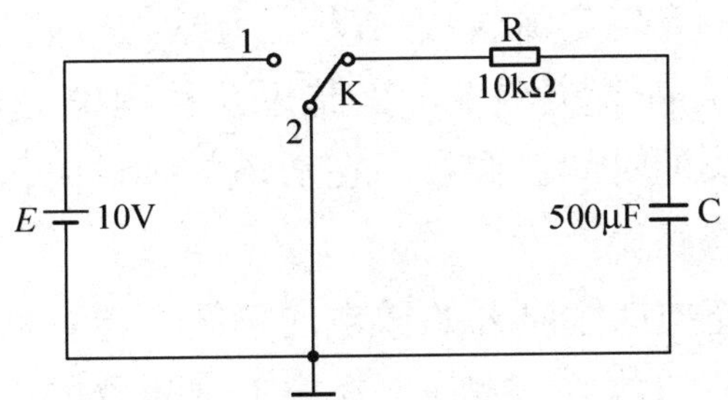

图 4-12 电容器的充放电电路

1）充电过程

开关 K 初始处于位置 2，此时电容器 C 两端的电压 U_C=0V。在 t=0 时刻，开关 K 由位置 2 扳向位置 1，电容器 C 开始充电，根据测得的电压、电流随时间变化的数据，可以画出 U_C-t 及 I_C-t 的变化曲线，电容器充电过程的变化曲线如图 4-13 所示。

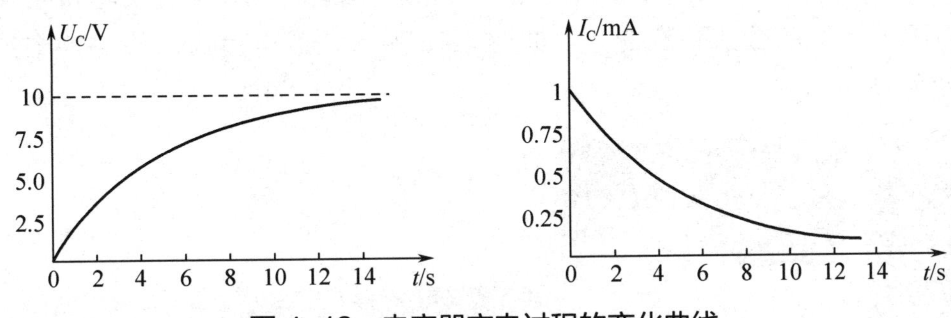

图 4-13 电容器充电过程的变化曲线

2）放电过程

开关 K 初始处于位置 1，这时电容器 C 已充满电荷，其电压值 U_C=10V。在 t=0 时刻，K

由位置 1 扳向位置 2，电容器 C 开始放电，根据测得的电压、电流随时间变化的数据，可以画出 U_C–t 及 I_C–t 的变化曲线，电容器放电过程的变化曲线如图 4-14 所示。

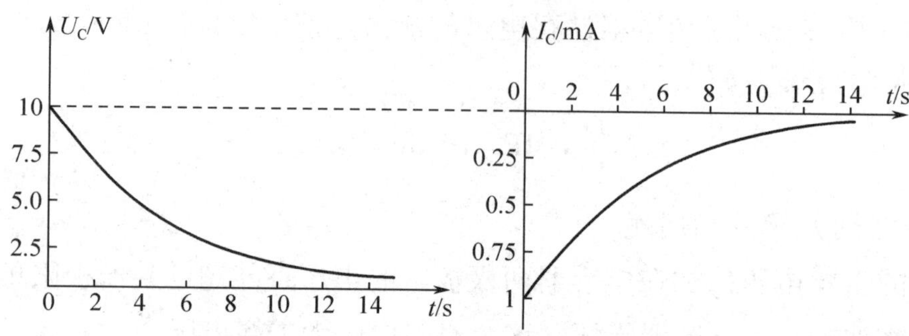

图 4–14　电容器放电过程的变化曲线

3）充放电的特点及规律

根据上面所得到的电容器充放电时 U_C、I_C 的数据和曲线，可以归纳出以下规律。

（1）电容器的充放电是需要时间的。电容器的充放电过程，实质是电容器上的电荷积累和消散的过程，而电荷量的变化是需要时间的，所以充放电也是需要时间的。

（2）在充电的开始阶段，充电电流较大，U_C 上升较快，随着 U_C 的增长，充电电流逐渐减小，U_C 的上升速度变缓，且向着电源电压 E 趋近。从理论上来说，要使电容器完全充满，完成充电的全过程需要无限长的时间。同样，在放电的开始阶段，电压 U_C 及电流 I_C 的变化也是较快的，而后期逐渐变得缓慢。

（3）在电容器刚刚开始充电或刚刚开始放电的瞬间，电容器的端电压及贮存的电荷 Q 都将保持着充电、放电开始之前的数值。例如，充电前电容器的电压 U_C=0V，则开始充电的瞬间 U_C 仍保持为 0V；而放电前如果电容器的 U_C=E，则放电开始瞬间仍保持为 E。即电容器的端电压在充电、放电开始的瞬间是不能突变的。

8. 电容器的检测

在检测电容器性能时，首先要给电容器放电，然后可以直接利用万用表的电容挡进行检测，如图 4-15 所示，并依据检测结果来判断电容器的好坏。还可以用万用表的电阻挡来测试其充电过程，测试时，先从万用表的最大阻值挡开始测起。万用表的表笔和电容器的两端连接后，如果万用表显示的数值不断变大，如图 4-16 所示，放电后再次检测的结果依旧，那么说明电容器性能良好。

图 4–15　电容挡直接检测电容器

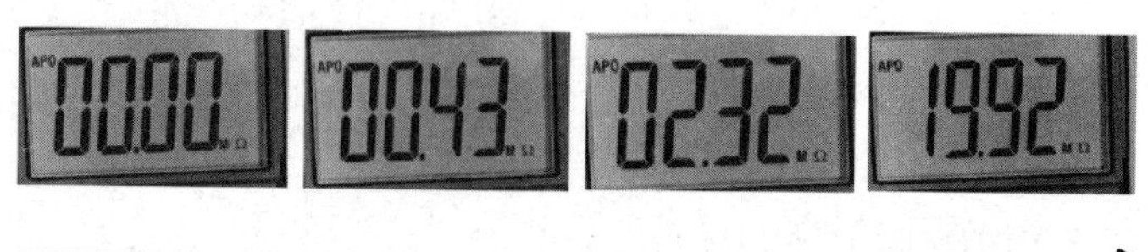

图 4–16　万用表显示的数值不断变大

4.3.1.5 了解汽车常用的电子元件-工作页

1．认知二极管。

（1）根据材料的导电能力，我们可以将材料划分为________、________和________。其中用于制作二极管的材料是________，常见的有________和________。

（2）根据图片，确定二极管的种类、作用及电路符号，填写在下表的空格内。

图片				
种类	整流二极管	光电二极管		
作用		光控		稳压
电路符号				

2．二极管伏安特性实验。

（1）二极管的正向特性测试。

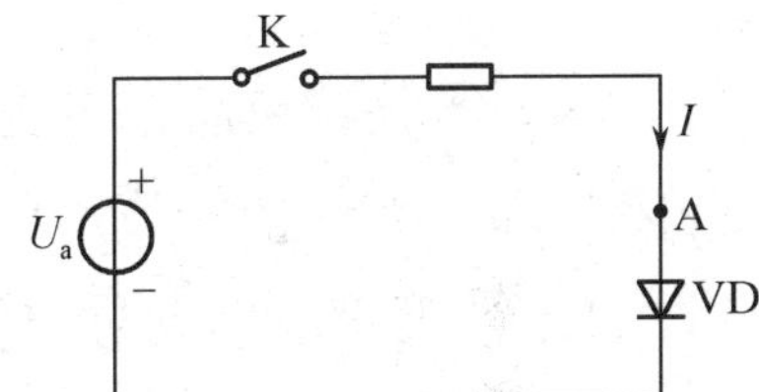

① 关闭实训台面板上的电源开关，将实训台面板上调节电压 U_a 的电位器逆时针旋转到底。

② 将二极管伏安特性测试实验模块固定在实训台面板上，在 A 点位置用电流插头线接入实训台面板上的直流毫安表，用导线给二极管伏安特性测试实验模块 U_a 接入电压。

③ 待检查接线无误后，打开实训台电源开关和直流毫安表电源开关，将开关 K 闭合，用万用表测量电路中 A 点与 U_a 负极的电压 U_D，慢慢调节实训台面板上调节电压 U_a 的电位器，按照下表给出的电压，记录直流毫安表的变化，将结果记录在表中。

U_D/V	0.3	0.5	0.6	0.7	0.75	0.8
I/mA						

（2）二极管的反向特性测试。

① 将实训台面板上的正负极线对调，用导线对应接入二极管伏安特性测试实验模块。

② 待检查接线无误后，打开实训台电源开关和直流毫安表电源开关，将开关 K 闭合，用万用表测量电路中 A 点与 U_a 负极的电压 U_D，慢慢调节实训台面板上调节电压 U_a 的电位器，按照下表给出的电压，记录直流毫安表的变化，将结果记录在表中。

U_D/V	−5	−10	−15	−20	−25	−30
I/mA						

（3）绘制二极管特性曲线。

依据前面两个表的数据在下面绘制出二极管的特性曲线。

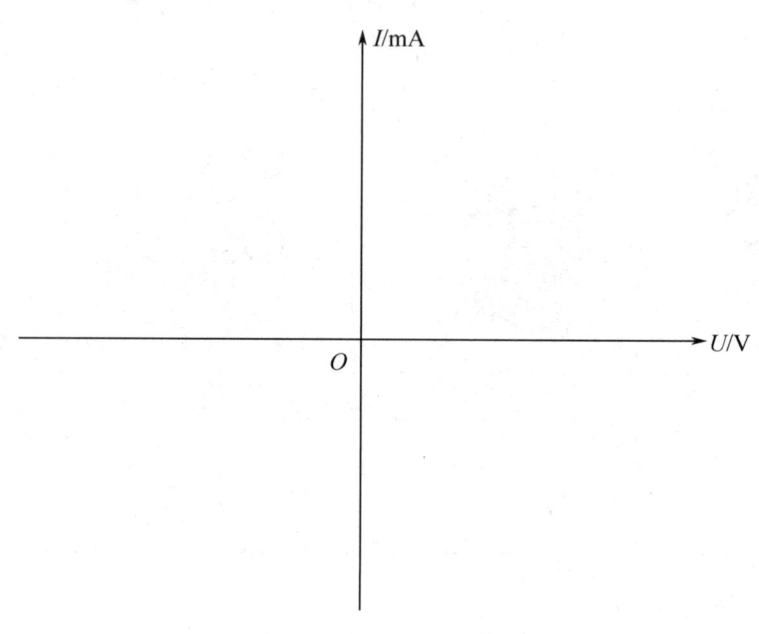

（4）实验结束后，将实训台面板上调节 U_a 的电位器逆时针调到底，将所用的开关扳到关闭状态，完成实验场地的 5S 工作。

3．二极管的单向导电性实验。

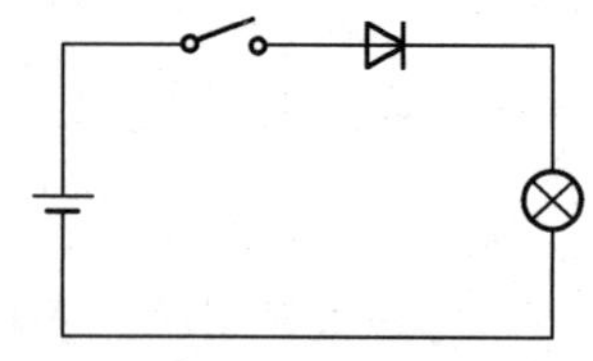

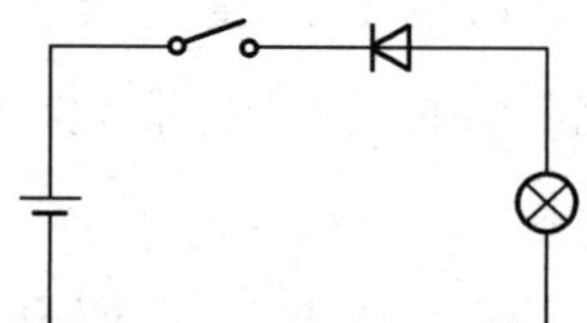

（1）根据左侧图，正确连接电路。

（2）开关闭合后，灯________，此时二极管相当于开关________，此时二极管为________状态。

（3）根据右侧图，正确连接电路。

（4）开关闭合后，灯________，此时二极管相当于开关________，此时二极管为________状态。

（5）二极管加一定的________电压时导通，加________电压时截止，这一导电特性称为二极管的单向导电性。

4．根据二极管检测的内容，完成下列问题和表格。

检测工具为________，挡位为________。

检查项目	正　向	反　向	判　断
二极管 1			
二极管 2			

5．看图完成下面各题。

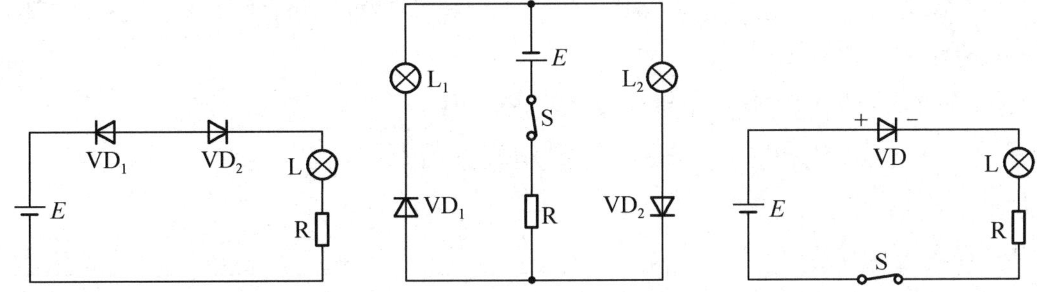

（1）分析左侧图中 VD_1 和 VD_2 各处于何种状态？灯泡 L 可能发光吗？

VD_1 处于________状态，VD_2 处于_________状态，灯泡 L_________。

（2）如中间图所示的电路，当开关 S 闭合后，哪个灯泡可能发光？

VD_1 处于_________状态，灯泡 L_1_______。

VD_2 处于_________状态，灯泡 L_2_______。

（3）如右侧图所示，二极管所加正向电压小于某个数值时，灯泡 L 能否亮？二极管处于何种状态？为什么？

6．认知三极管。

（1）三极管按照材料可以分为_______、________；按照结构分为_______、________。

（2）观察下图，从下面的选项中选择三极管的种类，并填写在图片的下方。

A．塑料封装三极管　　　　　　　B．中功率三极管

C．金属封装三极管　　　　　　　D．大功率三极管

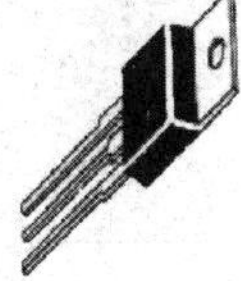

________________　________________　________________　________________

（3）三极管的符号为_____________、___________。三极管的作用是______________、______________。

7．根据三极管实验的内容，完成下列问题。

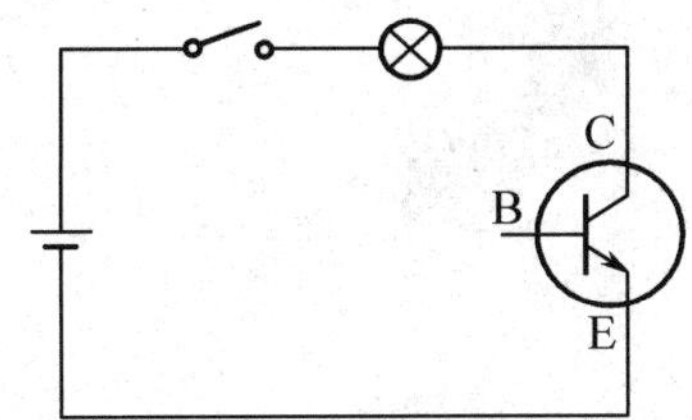

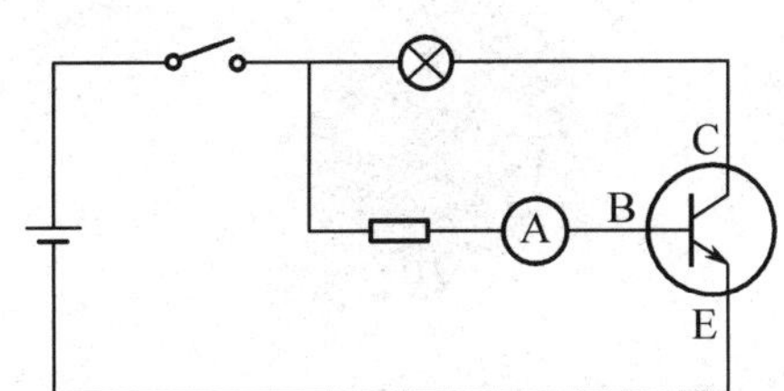

（1）根据左侧图，连接三极管实验电路。

（2）开关闭合，灯泡________（亮、不亮），相当于开关处于________（闭合、断开）状态。

（3）根据右侧图，正确连接三极管实验电路。

（4）开关闭合，灯泡________（亮、不亮），电流表的数值为________，相当于开关处于________（闭合、断开）状态。

（5）记录好实验结果，断开电源，完成 5S 工作。

（6）思考：在什么状态时，三极管起到开关作用？

8．认知电容器。

（1）电容器的作用是________、________、________、________、________和________等。

（2）观察下图，从下面的选项中选择电容器的类型，并填写在图片的下方。

半可变电容器　可变电容器　电解电容器　云母电容器

瓷片电容器　涤纶电容器　金属化膜电容器　多层陶瓷电容器

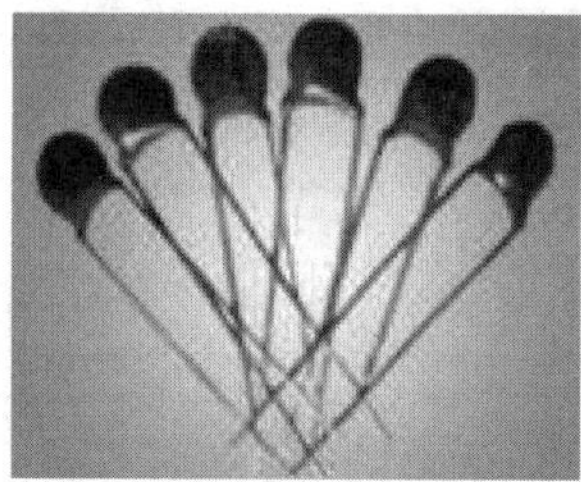

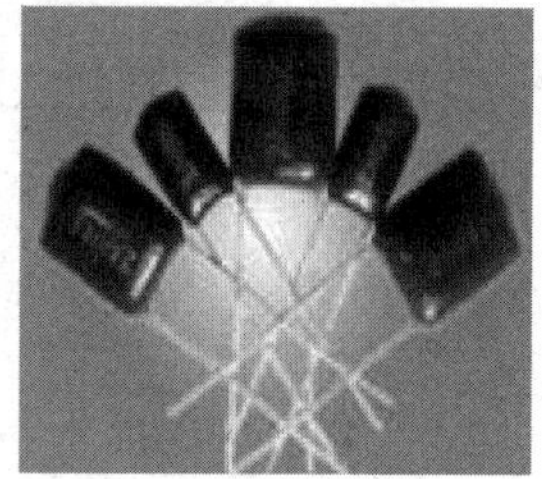

________　________　________　________

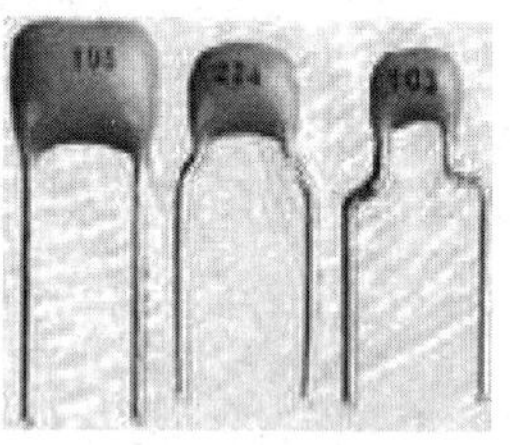

________　________　________　________

（3）电容器的符号为________。电容的单位是________，用字母________表示。

（4）根据下图给出的电容器，电容器的标称电容为________，额定电压为________。

（5）22pF=________F =________μF。2700pF=________F =________μF。

（6）标出下图电容器的正负极。

（4）题图

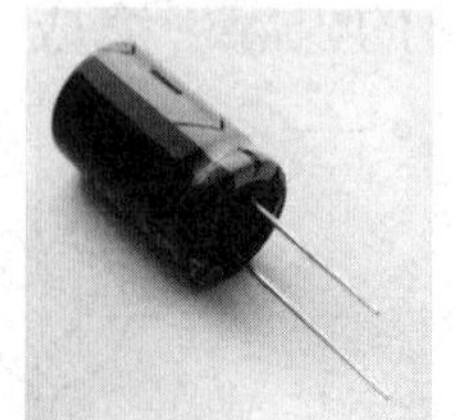

（6）题图

9．电容器实验。

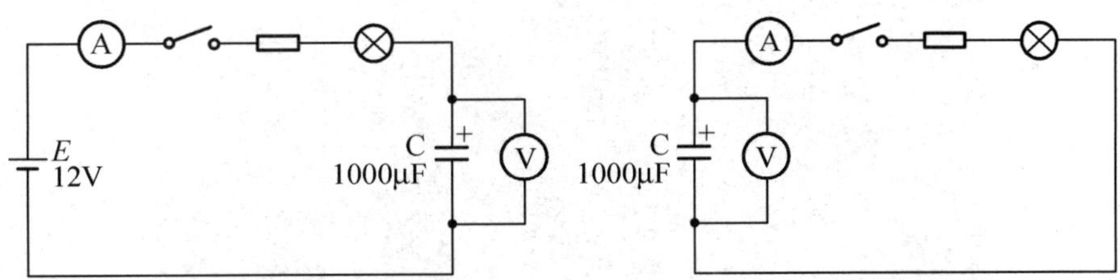

（1）根据左侧图，正确连接电容器实验电路。

（2）开关闭合，观察电容器的充电现象，并将结果记录在下表中。

实验项目	实验现象	
电容器充电	灯泡	灯泡的亮度由______到______，最后______（明、暗、熄灭）
	电流表	电流表的读数由______到______（大、小、零），最后为______ A
	电压表	电压表的读数由______到______（大、小），最后为______ V

（3）根据右侧图，正确连接电容器实验电路。

（4）开关闭合，观察电容器的放电现象，并将结果记录在下表中。

实验项目	实验现象	
电容器放电	灯泡	灯泡的亮度由______到______，最后______（明、暗、熄灭）
	电流表	电流表的读数由______到______（大、小、零），最后为______ A
	电压表	电压表的读数由______到______（大、小、零），最后为______ V

（5）记录好实验结果，断开电源，完成 5S 工作。

（6）思考并完成下列各题。

① 电容器充电完毕，灯泡为什么会熄灭？

② 在什么情况下，电路中才有电流通过？

4.3.2 分析汽车车内照明灯延时电路

4.3.2.1 车内照明灯装置

车内照明灯装置是用于在夜间方便驾驶员和乘客上下车，便于提取/存放行李及看文件等。车内照明灯装置主要包含车内照明灯（见图 4-17）、行李箱灯、杂物箱灯、门灯、仪表灯等。车内照明灯操作说明如表 4-2 所示。

图 4-17　车内照明灯

表 4-2　车内照明灯操作说明

按　钮	功　能
	关闭车内照明灯（左侧位置）
	打开车内照明灯（右侧位置）
	打开门控开关（中间位置） 在汽车解锁、打开某个车门或从点火开关中拔出钥匙时，车内照明灯自动亮起，在关闭所有车门数十秒后，车内照明灯自动熄灭
	打开阅读灯 关闭阅读灯

在正常情况下，当车内照明灯开关处于门控位置时，打开车门，车内照明灯亮起；反之，锁车或从点火开关中拔出钥匙数十秒后车内照明灯缓慢熄灭。行李箱灯和杂物箱灯，在打开或关闭前排乘员侧行李箱盖和杂物箱时，照明灯会自动接通或关闭。

4.3.2.2　车内照明灯延时控制

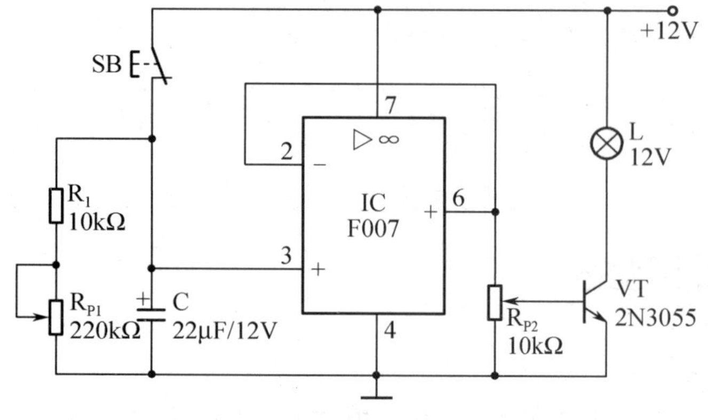

图 4-18　汽车车内照明灯延时电路

如果汽车车门关闭，车内照明灯立即熄灭，那么会令人觉得很不方便，使用延时控制可以使车内照明灯在车门关闭后自动由亮变暗，再完全熄灭。车内照明灯延时控制通常会采用延时继电器、电子元件构成的延时控制器和控制单元来实现，图 4-18 所示为汽车车内照明灯延时电路。

当车门打开时，汽车蓄电池（12V）通过车门开关 SB（车门打开时闭合，反之断开）对电容器 C 快速充电。运算放大器 IC（F007）的输出端（6 引脚）电压随电容器 C 两端电压的变化而变化。当电容器 C 充电结束时，IC 的输出端电压也近似为 12V。这时三极管 VT 饱和导通，车内照明灯最亮。当车门关闭时，开关 SB 断开，这时电容器 C 上的电压通过电阻 R_1 和滑动变阻器 R_{P1} 开始放电，电容器 C 两端的电压逐渐下降，IC 的输出端电压也随之变化，故车内照明灯的亮度逐渐变暗，直至全部熄灭。

图 4-19 所示为上汽大众汽车原车电路图。

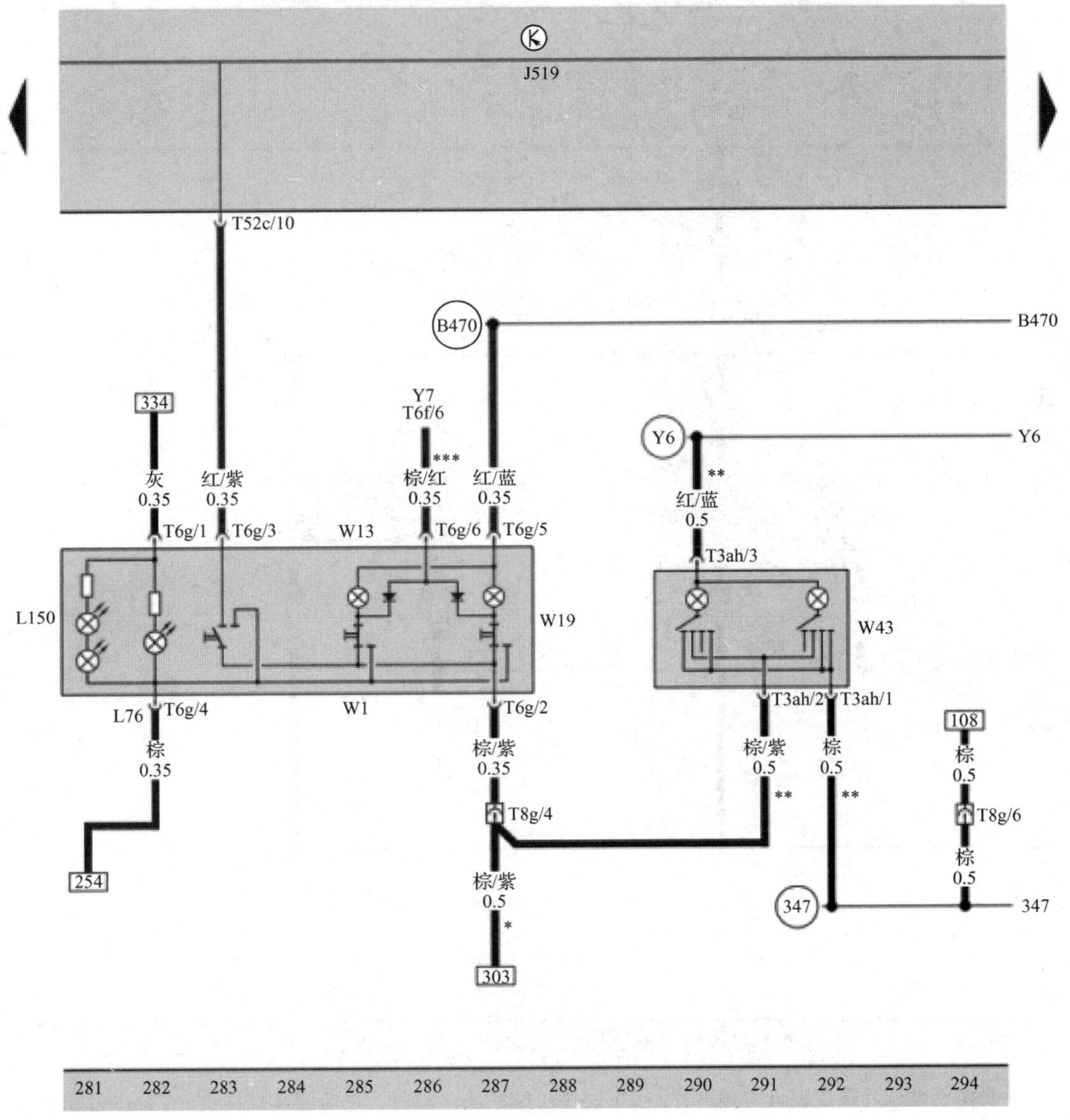

J519—车身控制单元，在仪表板左侧下方；L76—按钮照明；L150—中控台照明；T3ah—3 引脚插头，黑色，后部车内照明灯插头；T6f—6 引脚插头，黑色，自动防目眩车内后视镜插头；T6g—6 引脚插头，蓝色，前部车内照明灯插头；T8g—8 引脚插头，黑色，在车顶前部中间；T52c—52 引脚插头，棕色，在车身控制单元 C 号位上；W1—前部车内照明灯，在车顶前部中间；W13—前座乘客侧阅读灯，在车顶前部中间；W19—驾驶员侧阅读灯，在车顶前部中间；W43—后部车内照明灯，在车顶后部中间；Y7—自动防目眩车内后视镜，在前风挡玻璃上部中间；(347)—接地连接线，在车顶线束中；(B470)—连接线，在主导线束中；(Y6)—正极连接线（30a），在车顶线束中；*—用于装备全景天窗的车型；**—用于装备无车顶天窗的车型；***—用于装备自动防目眩车内后视镜的车型。

（a）

图 4-19　上汽大众汽车原车电路图

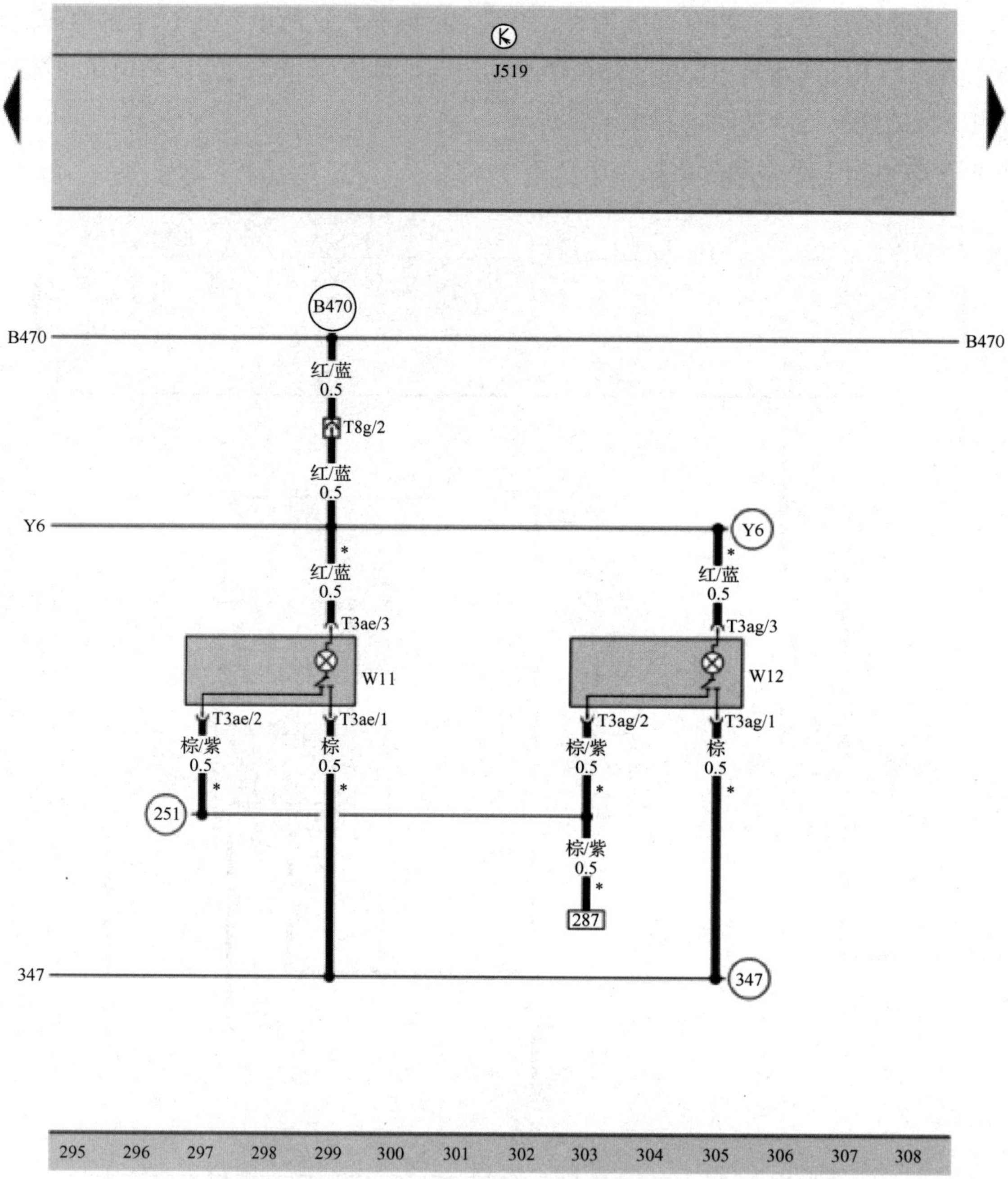

J519

B470
B470
红/蓝
0.5
T8g/2
红/蓝
0.5
Y6
Y6
红/蓝
0.5
红/蓝
0.5
T3ae/3
T3ag/3
W11
W12
T3ae/2
T3ae/1
T3ag/2
T3ag/1
棕/紫
0.5
棕
0.5
棕/紫
0.5
棕
0.5
251
棕/紫
0.5
287
347
347

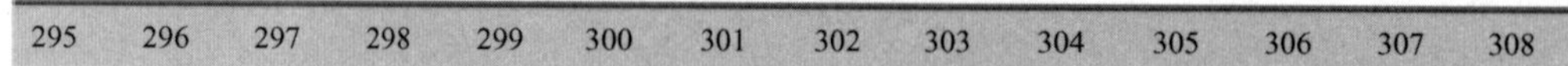

J519—车身控制单元，在仪表盘左侧下方；T3ae—3 引脚插头，黑色，左后阅读灯插头；T3ag—3 引脚插头，黑色，右后阅读灯插头；T8g—8 引脚插头，黑色，在车顶前部中间；W11—左后阅读灯，在车顶后部左侧；W12—右后阅读灯，在车顶后部右侧；(251)—接地连接线，在车顶线束中；(347)—接地连接线，在车顶线束中；(B470)—连接线，在主导线束中；(Y6)—正极连接线（30a），在车顶线束中；*—用于装备全景天窗的车型。

（b）

图 4-19　上汽大众汽车原车电路图（续）

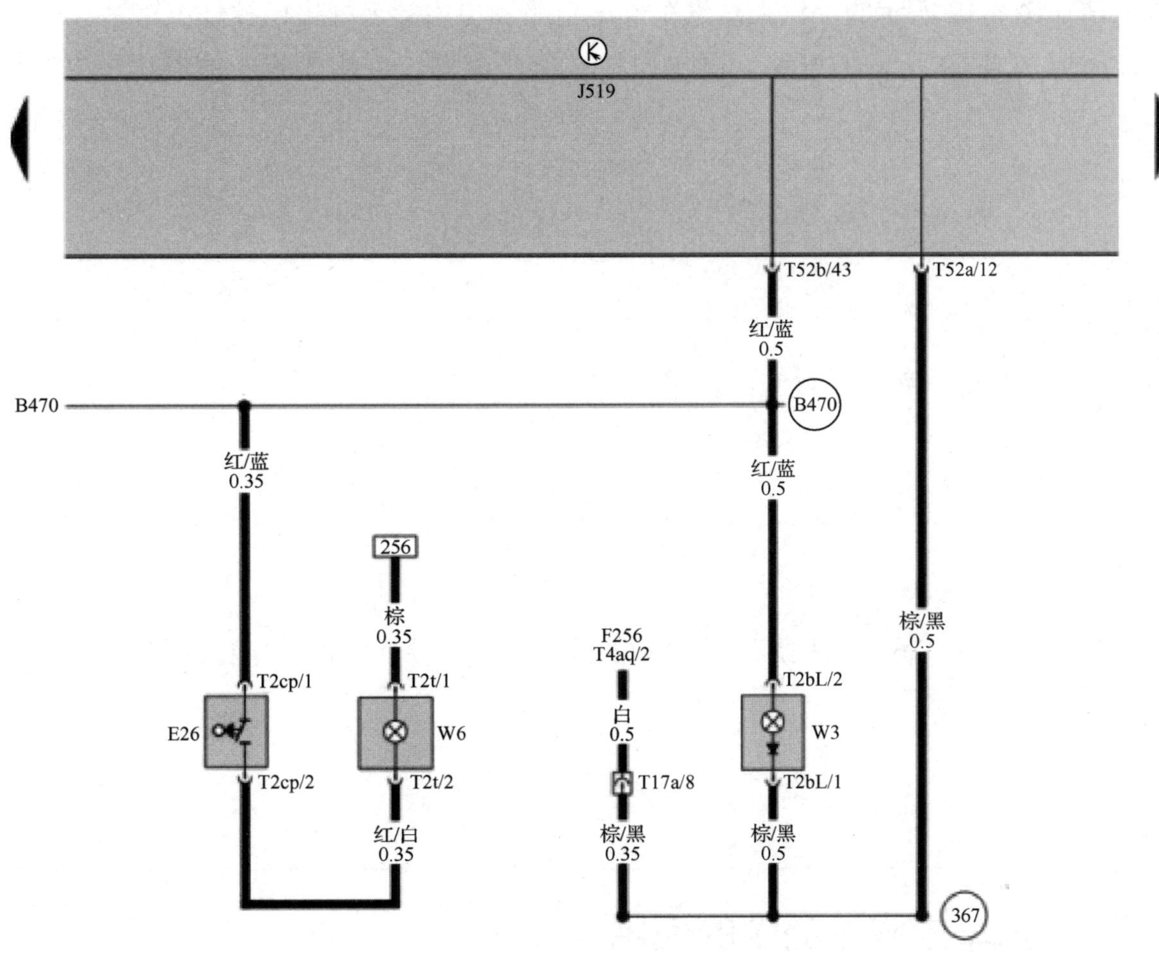

E26—手套箱照明灯开关，在手套箱内前部；F256—后行李箱盖闭锁单元，在后盖下部中间；J519—车身控制单元，在仪表盘左侧下方；T2t—2 引脚插头，黑色，手套箱照明灯插头；T2bL—2 引脚插头，黑色，行李箱照明灯插头；T2cp—2 引脚插头，黑色，手套箱照明灯开关插头；T4aq—4 引脚插头，黑色，后行李箱盖闭锁单元插头；T17a—17 引脚插头，黑色，在车顶后部弓形架左侧；T52a—52 引脚插头，黑色，在车身控制单元 A 号位上；T52b—52 引脚插头，白色，在车身控制单元 B 号位上；W3—行李箱照明灯，在左后侧围板上；W6—手套箱照明灯，在手套箱内；(367)—接地连接线，在主导线束中；(B470)—连接线，在主导线束中。

（c）

图 4-19 上汽大众汽车原车电路图（续）

4.3.2.3 分析汽车车内照明灯延时电路-工作页

1．请在图 4-19 所示的上汽大众汽车原车电路图中用彩笔标出门控灯电路。

2．对照图 4-19 所示的电路，画出门控灯电路简图，并用带箭头的流程图书写电流流程。

3．指出门控灯电路中二极管的作用。

4．结合电路图，分析门控灯电路可能的故障原因，并在电路图中标注出来。

4.3.3 汽车故障诊断仪的使用

4.3.3.1 电子控制自诊断系统概述

汽车电子技术在汽车上的应用越来越广泛，使汽车在动力性、经济性、安全性、舒适性及排放控制等方面都有了极大的提高和改善。但是，现代汽车电子控制系统日趋复杂，给汽车故障的诊断和维修工作带来越来越多的困难，因此，现代汽车在进行电子控制系统设计的同时，增设了系统故障自诊断功能（OBD-II）。自诊断功能就是利用 ECU（电子控制单元）监视电子控制系统各组成部分的工作情况，发现故障后自动启动故障运行程序，并将故障信息以故障码的形式储存到 ECU 存储器中，这不仅可以保证发动机在有故障的情况下继续工作，还可向驾驶员和维修人员提供系统中记录的故障情况，便于汽车的使用和维修。因此，从安全性和维修便利的角度来看，汽车电子控制系统都应配备故障自诊断功能。

当控制系统出现故障时，主 ECU 将会使仪表盘上的“故障指示灯”亮起，如图 4-20 所示，如灯光系统故障指示灯，提醒驾驶员注意灯光系统已出现故障，并将故障信息以故障码的形式储存到 ECU 存储器中，通过一定程序，能将故障码及有关信息资料调出，供检修使用。

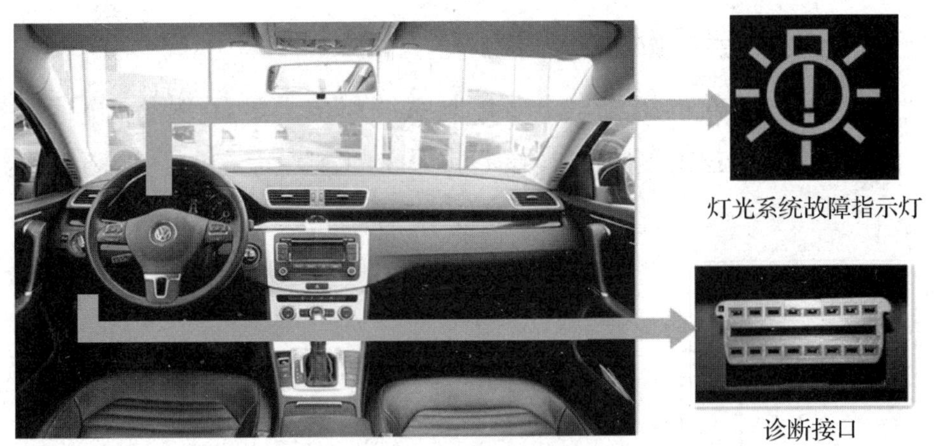

图 4-20　汽车电子控制自诊断系统

4.3.3.2　电子控制自诊断系统的功能

（1）发现故障。输入 ECU 的电压信号，在不同负荷状态下有一定的范围，如果此范围以外的信号被输入，那么 ECU 就会诊断出该信号系统处于异常状态。例如，发动机冷却水温信号系统处于正常状态时，传感器的电压为 0.3～4.7V，对应的发动机冷却水温度为-30～120℃，超出这一范围即被诊断为异常。

（2）故障分类。当 ECU 工作正常时，通过自诊断程序检测输入信号的异常情况，再根据检测结果将故障分为轻度故障、引起功能下降的故障、重大故障、硬故障、偶发故障等，并且将故障按重要性进行分类。

（3）故障报警。一般通过设置在仪表盘上的故障指示灯常亮来报警。在装有液晶显示器的汽车上，可直接用文字来显示报警内容。

（4）故障存储。把检测到的故障以代码的形式存储在 ECU 存储器中。在存储器中存储的代码，即使点火开关处于断开位置，也不会丢失。只有在用故障诊断仪给 ECU 发送清除命令或断开蓄电池电源及拔掉 ECU 熔断器时，存储器中的故障码才会被消除。

（5）故障处理。汽车在行驶过程中如果发生故障，为了不妨碍正常行驶，那么由 ECU 进行调控，利用预编程序中的备用值进行计算以保持基本的行驶性能，待停车后再由车主或维修人员进行相应的检修。

4.3.3.3　电子控制自诊断系统的工作原理

电子控制自诊断系统监测的对象是电子控制汽车上的各种传感器（如空气流量传感器）、电子控制系统本身及各种执行器（如继电器），故障判断正是针对上述 3 种对象进行的。电子控制自诊断系统共用汽车电子控制系统的信号输入电路，在汽车行驶过程中监测上述 3 种对象的输入信息，当某一信号超出了预设的范围值且这一情况在一定的时间内不会消失时，电子控制自诊断系统便判断为这一信号对应的电路或元件出现故障，并把这一故障以代码的形式存入 ECU 存储器，同时仪表盘上的故障指示灯亮起。针对 3 种监测对象产生的故障，电子控制自诊断模块会采取不同的应急措施。

4.3.3.4 电子控制自诊断系统的组成

汽车电子控制自诊断系统的组成与电子控制系统相仿，主要由故障自诊断电路（输入信号电路、控制信号电路等）、ECU 组成，其核心也是 ECU，电子控制自诊断系统组成如图 4-21 所示。

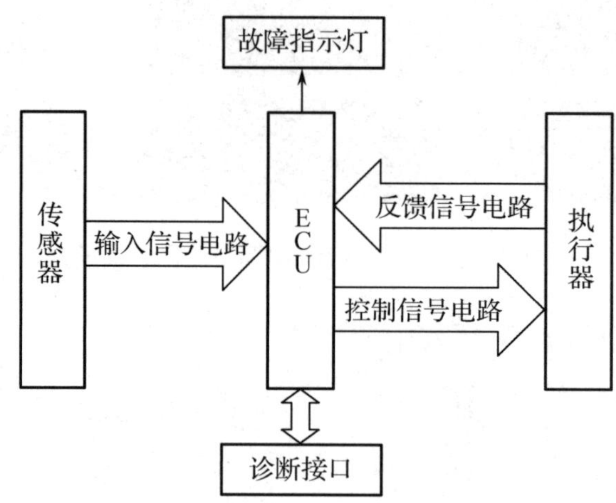

图 4-21 电子控制自诊断系统组成

1. 故障指示灯

故障指示灯可以警示驾驶员 ECU 已经检测到故障，提醒驾驶员需要送汽车到服务站进行检修。故障指示灯一般位于仪表盘上，如图 4-22 所示。

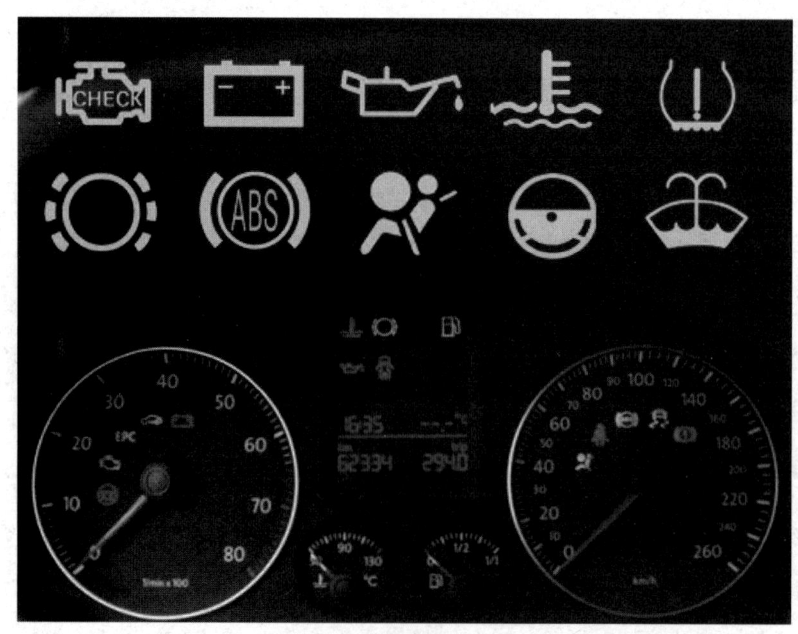

图 4-22 故障指示灯

2. 诊断接口

故障诊断接口用来连接故障诊断仪（也就是常说的解码器），现代汽车普遍采用符合 OBD-II 标准的 16 引脚故障诊断接口，如图 4-23 所示。

图 4-23　符合 OBD-II 标准的 16 引脚故障诊断接口

4.3.3.5　故障灯亮起的条件

电子控制自诊断系统对故障的确认有以下四种方法。

1. 值域判定法

当 ECU 接收到的输入信号超出规定的数值范围时，电子控制自诊断系统就确认该输入信号出现了故障。例如，某汽车水温传感器正常使用温度范围为-30～120℃（或范围更大些），输出电压为 0.30～4.70V，所以当控制系统检测出信号电压小于 0.15V 或大于 4.85V 时就判定水温传感器信号系统发生短路或断路故障。

2. 时域判定法

当 ECU 检测到某一输入信号在一定的时间内没有发生变化或变化没有达到预先规定的次数时，电子控制自诊断系统就确定该信号异常。例如，氧传感器在发动机达到正常工作温度，控制系统进入闭环后，计算机检测不到氧传感器的输出信号已超过一定时间或者氧传感器信号电压在 0.45V 上下没有变化已超过一定时间，电子控制自诊断系统就判定氧传感器信号系统出现了故障。

3. 功能判定法

ECU 给执行器发出动作指令后，会检测相应传感器的输出参数变化，若传感器输出信号没有按照程序规定的参数变化，就确认执行器或电路出现故障。例如，一般汽车的废气再循环（EGR）系统装有 EGR 阀高度传感器，用以检测 EGR 阀是否正常工作。但有的汽车并没设置 EGR 阀高度传感器，当 ECU 发出开启 EGR 阀命令后，通过检测进气压力传感器（MAP）的输出信号是否有相应变化，也可以确定 EGR 阀有无动作，若没有变化，则确认 EGR 阀及电路有故障。

4. 逻辑判定法

ECU 对两个相互联系的传感器进行数据比较，当发现两个传感器信号之间的逻辑关系违反设定条件时，就断定一定出现了故障。例如，若 ECU 检测到发动机转速大于某个转速，节气门位置传感器的输出信号小于某个值，则判定节气门位置传感器出现了故障。

4.3.3.6 使用汽车故障诊断仪读取和清除故障码

汽车故障诊断仪的使用

汽车故障诊断仪（又被称为汽车解码器）是用于诊断汽车故障的专业检测设备，用户可以利用它迅速地读取汽车 ECU 系统中的故障，并通过液晶显示屏显示故障信息，迅速查明发生故障的部位及原因。

故障诊断仪现在有两种：一种是专用诊断仪，是由各大汽车制造商根据自己厂家生产的汽车的特点，专门开发的只针对自己厂家生产的汽车检测设备，不具有通用性，如大众的 VAS5052、丰田的 IT2、通用的 TECH-2；另一种是可以对大多数汽车进行故障诊断的通用型诊断仪，如博世 KT670、车博士、金奔腾等。

1. 故障诊断仪的功能

故障诊断仪是汽车维修中非常重要的工具，一般具有如下几项或全部的功能。

（1）读取故障码功能。

（2）清除故障码功能。

（3）读取动态数据流功能。

（4）万用表功能。

（5）示波功能。

（6）元件动作测试功能。

（7）匹配、设定和编码等功能。

（8）维修资料存储及查阅功能。

（9）进行故障诊断引导功能。

（10）英汉辞典、计算器及其他辅助功能。

故障诊断仪通过测试延长线和诊断接头同车上的诊断接口连接后，才能与 ECU 进行通信。故障诊断仪大都随机带有使用手册，按照说明极易操作。

一般来说，故障诊断仪的使用分成以下几步：在车上找到诊断接口；选用相应的诊断接口；根据车型，进入相应的诊断系统；读取故障码；查看数据流；诊断维修之后，清除故障码。下面以博世 KT670 为例介绍故障诊断仪。

2. 一般测试条件

（1）打开汽车电源开关。

（2）汽车的蓄电池电压应为 11～14V。

（3）节气门应处于关闭状态。

（4）点火正时和怠速应在标准范围内，水温和变速箱油温达到正常工作温度。

3. 操作方法

（1）通过诊断接口连接故障诊断仪。

（2）进入故障诊断仪开机界面，如图 4-24 所示。

（3）进入故障测试界面，如图 4-25 所示。

（4）进入系统选择界面，如图 4-26 所示；选择测试系统，如图 4-27 所示。

图 4-24 进入故障诊断仪开机界面

图 4-25 进入故障测试界面

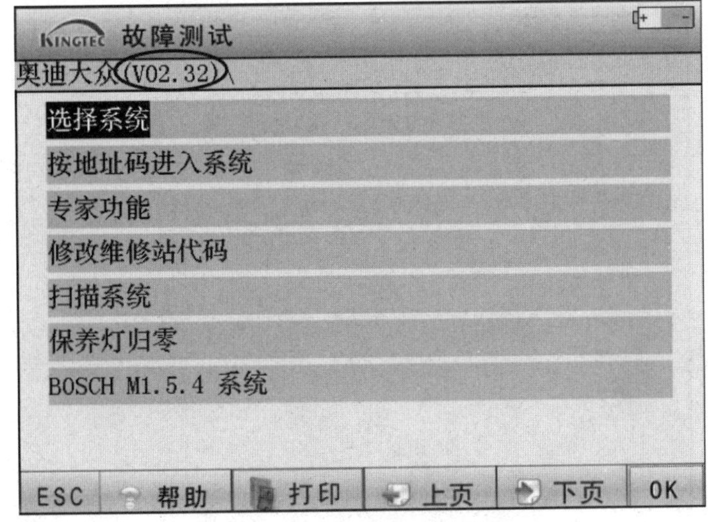

图 4-26 进入系统选择界面

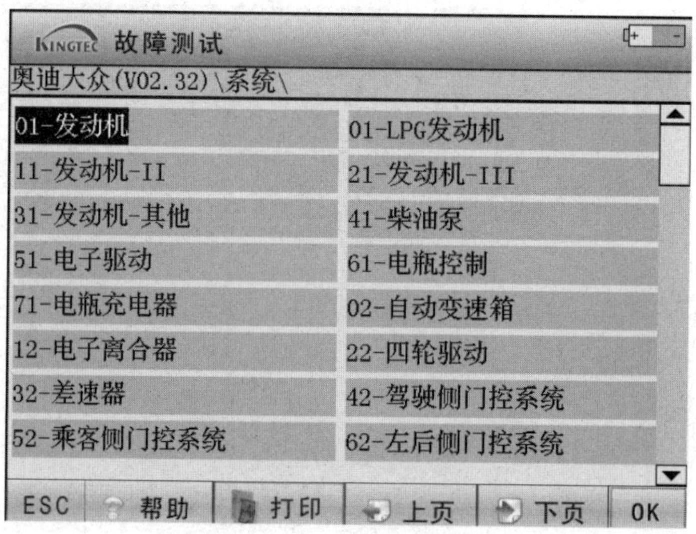

图 4-27　选择测试系统

（5）进行故障测试，读取故障码，如图 4-28 所示；显示故障码具体信息，如图 4-29 所示。

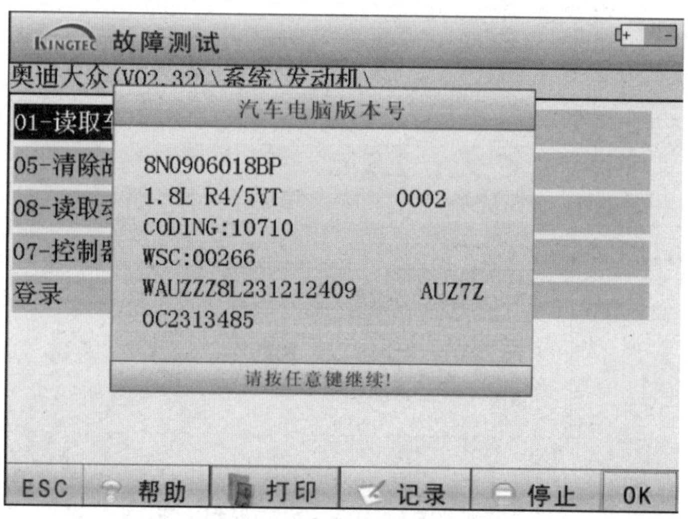

图 4-28　读取故障码

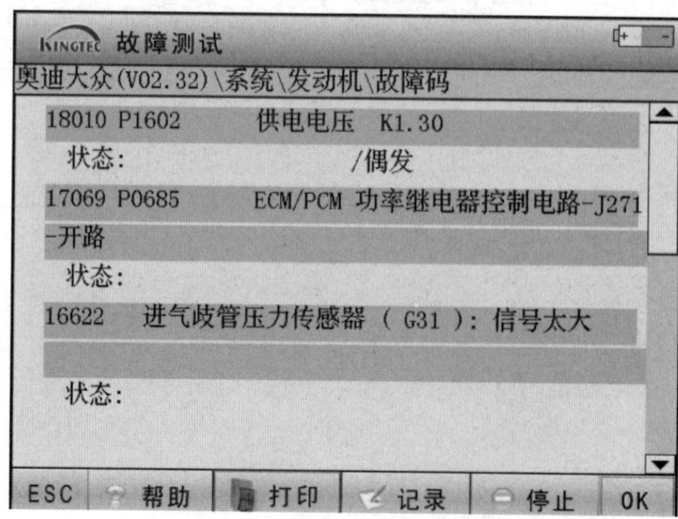

图 4-29　显示故障码具体信息

（6）清除故障码，如图 4-30 所示。

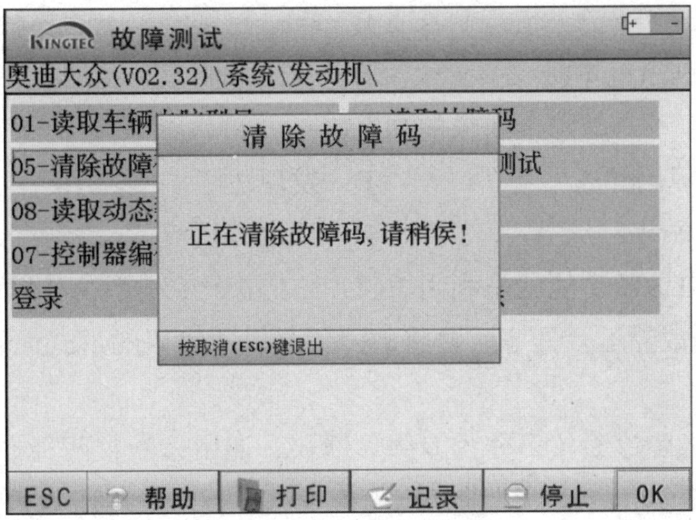

图 4-30 清除故障码

4.3.3.7 使用故障诊断仪进行故障诊断的流程

（1）关闭点火开关。

（2）连接故障诊断仪。

（3）将点火开关置于“ON”挡。

（4）打开故障诊断仪电源开关。

（5）根据提示逐步进行操作。

（6）读取故障码。

（7）记录故障码，并清除故障码。

（8）退出系统并关闭故障诊断仪，使汽车运行后重新读取故障码。

（9）按照故障码信息提示和诊断提示，逐步进行故障诊断。

（10）排除故障后清除故障码，重新运行汽车并再次读取故障码，确认故障已排除，仪表盘上的故障指示灯熄灭。

提示：有时读到的故障码可能是偶发故障码，比如，汽车在颠簸路面上行驶时，传感器和执行器偶然的接触不良。所以在进行读取故障码操作时，先读取、记录故障码，然后清除故障码，使车辆再次运行后再次读取故障码，此时仍然出现的故障码才表示真的存在故障。

4.3.3.8 汽车故障诊断仪的使用–工作页

1．下面（　　）不是电子控制自诊断系统的功能。

A．发现故障　　B．故障报警

C．故障存储　　D．读取故障码

2．下面（　　）不是电子控制自诊断系统监测的对象。

A．水温　　B．电子控制汽车上的各种传感器

C．电子控制系统本身　　D．电子控制汽车上的执行器

3．下面（　　）不是故障诊断仪的功能。

A．读取故障码　　B．发现故障

C．清除故障码　　D．读取数据流

4．判断对错：自诊断功能就是利用 ECU 监视电子控制系统各组成部分的工作情况，发现故障后自动启动故障运行程序，并将故障信息以故障码的形式储存到 ECU 存储器中。（　　）

5．判断对错：故障诊断仪可分为专用诊断仪、通用诊断仪两种。（　　）

6．判断对错：在读取故障码之前，应先检查汽车蓄电池电压是否正常，以防止蓄电池电压过低而导致故障自诊断电路工作不正常。（　　）

7．判断对错：汽车专用示波器的波形，显示的是电压与时间的关系曲线。（　　）

4.3.4　汽车车内照明灯故障的诊断分析

4.3.4.1　车内照明灯故障维修案例

下面以一个真实的车内照明灯故障维修案例进行分析。

1．故障现象

有一辆行驶里程约 11 万千米的 2008 年的上海大众斯柯达明锐轿车，车主反映：该车车内照明灯在开关处于门控位置时常亮。

2．故障诊断

经试车，故障确如车主所述。在正常情况下，当车内照明灯开关在门控位置时，打开车门，车内照明灯亮起；反之，车内照明灯熄灭。连接故障诊断仪进行故障诊断，显示各系统均无故障。进行开关车门实验，仪表盘上的车门指示灯指示正常。根据图 4-31 所示的电路可知，前部车内照明灯有 3 条线：第 1 条为 30 号电源线，由继电器控制；第 2 条为车身控制单元 J519 控制线；第 3 条为搭铁线。开关拨到常照明位置时的电流走向：J317 继电器→车内照明灯→门控开关→搭铁。如果拔掉车钥匙后关门并遥控锁车或机械锁车，那么 J519 将切断继电器的火线，灯熄灭。开关拨到门控位置时电流的走向：J317 继电器→车内照明灯→门控开关→J519。如果 4 个车门都关闭，那么 J519 输出蓄电池电压高电位，车内照明灯两端的电压相等，灯熄灭；如果有 1 个车门开启，那么 J519 输出搭铁线低电位，车内照明灯亮起。

根据电路图测量前部车内照明灯总成，来自继电器的 30 号电源线正常，搭铁线正常，J519 控制线为搭铁线低电位，此时 4 个门关闭，仪表盘上的车门指示灯熄灭。首先检查 J519 的熔断器，若正常，则推断有 3 种情况：J519 内部故障总是输出搭铁线低电位；J519 前的电路有

问题；J519 后的电路有问题。为此我们拆下 J519 的 B 插头，测量 11 号引脚到前部车内照明灯的 J519 控制线间的电阻值，为 0Ω，导线无断路；测量 J519 控制线与搭铁线间的电阻值，居然也为 0Ω。分析电路图可知，在正常情况下，J519 控制线与搭铁线间的电阻应为无穷大。

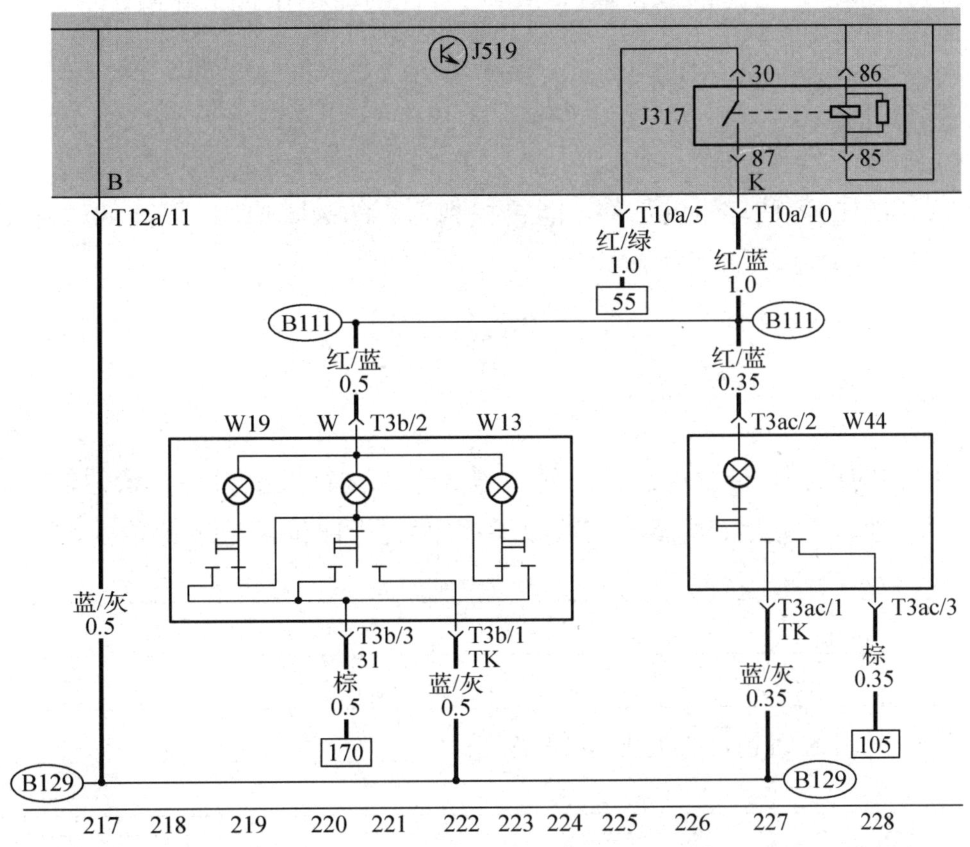

J519—车身控制单元，在仪表盘左侧下方；T3ac—3 引脚插头，黑色，后阅读灯插头；T3b—3 引脚插头，黑色，前部车内照明灯插头；T10a—10 引脚插头，黑色，在车身控制单元 K 号位上；T12a—12 引脚插头，黑色，在车身控制单元 B 号位上；W—前部车内照明灯，在车顶前部中间；W13—前排乘客侧阅读灯，在车顶前部中间；W19—驾驶员侧阅读灯，在车顶部中间；W44—后部中间阅读灯，在后座中部上方；B111—连接线，在仪表盘线束内；B129—连接线，在仪表盘线束内。

图 4-31 上海大众斯柯达明锐轿车车内照明灯电路

分析电路图发现，从 J519 输出的控制线有两条，分别为前部车内照明灯的控制线和后部车内照明灯的控制线。我们拆下后部车内照明灯总成，测量 J519 控制线与搭铁线的电阻值，为 0Ω，说明问题就在此处。经仔细观察后发现，灯座处的 J519 控制线与搭铁线连在了一起。在正常情况下，灯座处的 J519 控制线与搭铁线装配时，金属片线板是一体的，装好后应用工具将其剪断。本车也有剪过黏连部位的痕迹，但没有彻底剪断。将黏连部位彻底剪断后，试车，故障排除。

3. 故障总结

由于该车采用了车身控制单元，当控制电源线对地短路时，车身控制单元就会采取保护措施。如果被 J519 监控的灯泡损坏，更换灯泡后还是不亮，那么只要将其灯光开关关闭再重新打开就会恢复正常。

4.3.4.2 汽车车内照明灯故障的诊断分析-工作页

阅读上面的维修案例后，完成下面各题。

1．你认为造成上述故障的真正原因是什么？如何避免出现上述故障？

2．依据对自己的评估，如果是你，能否找到真正的故障原因呢？你将面临的最大困难是什么？

3．请按照你的理解，结合电路图，对 2 或 3 个人进行案例讲述，请他们对你的讲述从语言表达、逻辑性、专业性、电路识读能力等方面进行评价，记录评价内容。

评价 1：________________________________。

评价 2：________________________________。

评价 3：________________________________。

针对评价中提出的问题，你将采取的措施：________________________________

________________________________。

4.4 计划与决策

4.4.1 制订维修打开车门/行李箱盖时车内照明灯未开启故障的工作计划

请回顾任务情境，应用从本学习单元学到的知识和技能，制订维修打开车门/行李箱盖时车内照明灯未开启故障的工作计划，为实车操作做准备。

维修打开车门/行李箱盖时车内照明灯未开启故障的工作计划

客户需求描述：	
人员分工： 负责人： 操作员： 安全员： 双人协作要点：	 记录员： 质检员：

续表

<table>
<tr><td colspan="2">任务计划执行时间：　　分钟</td><td colspan="2">任务实际执行时间：　　分钟</td></tr>
<tr><td colspan="4">一、车辆基本信息</td></tr>
<tr><td>车型</td><td></td><td>VIN 码</td><td></td></tr>
<tr><td>人员分工</td><td colspan="3"></td></tr>
<tr><td colspan="4">二、工具设备、材料准备</td></tr>
<tr><td colspan="4">□车外防护用品　□车内防护用品　□清洁用品　□车钥匙　□车轮挡块　□尾排
□万用表　□拆装工具　□故障诊断仪</td></tr>
<tr><td colspan="4">三、确认故障现象</td></tr>
<tr><td colspan="4"></td></tr>
<tr><td colspan="4">四、识读相关电路</td></tr>
<tr><td colspan="4">查找相关维修手册，摘录相关电路图，标明电流流向，写明控制过程。</td></tr>
<tr><td colspan="4">五、确认可能的故障原因</td></tr>
<tr><td colspan="4">结合电路图列举可能的故障原因：

查找维修手册，确认待检测元件的安装位置：</td></tr>
<tr><td colspan="4">六、确定排除故障流程</td></tr>
<tr><td colspan="4"></td></tr>
<tr><td colspan="4">七、操作步骤</td></tr>
<tr><td>步　骤</td><td>操作要点及注意事项</td><td>人员具体分工</td><td>操作情况记录</td></tr>
<tr><td>1. 车身防护</td><td></td><td></td><td>□完成</td></tr>
<tr><td>2. 安放车轮挡块</td><td></td><td></td><td>□完成</td></tr>
<tr><td>3. 检测前的准备工作</td><td>（1）检查规定的油液液位，应符合标准。
（2）检查蓄电池电压，应符合规定；蓄电池标准最低电压为__________V</td><td></td><td>□完成
液位：□合格
□不合格
蓄电池电压：_____V。
结论：_____________。</td></tr>
<tr><td>4. 检查检修工具</td><td></td><td></td><td>□完成</td></tr>
</table>

续表

步　骤	操作要点及注意事项	人员具体分工	操作情况记录
5. 确认并记录所需测量的插头、元件和引脚等			□完成
6. 连接故障诊断仪进行故障诊断	诊断过程及结果记录：		□完成 依据诊断结果进行判断：
7. 按照排除故障流程用万用表对线路、元件进行测量	（1）测量线路电压，应保持电路完整。 （2）测量线路电阻，应将测量线路从总电路中断开。 （3）在连接或拆下检测仪器和拆装电气元件前，必须关闭点火开关，必要时断开蓄电池负极 测量过程及结果记录：		□完成 依据测量结果进行判断：
8. 进行故障排除			□完成
9. 维修质量检查			□完成
八、维修建议			
可供客户选择的维修方案： 1. ________________________________ ________________________________。 2. ________________________________ ________________________________。 3. ________________________________ ________________________________。 请在最终选择的维修方案后的“□”内画“√”。			

4.4.2 确定任务实施内容及步骤

请确定任务实施内容及步骤要求，工作页见附录 D。

4.5 任务实施

4.5.1 维修打开车门/行李箱盖时车内照明灯未开启故障的安全注意事项

在维修打开车门/行李箱盖时车内照明灯未开启故障的过程中，一定要按如下规范操作，保证操作安全。

（1）做好维修处的车身防护，避免损坏车漆。

（2）使用维修工具过程中要注意安全，避免伤手。

（3）禁止带电操作，在连接和拆下检测设备、断开和连接电路中的元器件等时，务必要关闭点火开关，必要时断开蓄电池负极，避免对电子元器件造成损坏。

（4）检测仪器使用前、新的元器件安装前，一定要确认性能完好后再使用，避免出现二次故障。

（5）插拔故障诊断仪前，一定要关闭点火开关，插拔时注意用力方向，避免损坏引脚。

（6）插拔接头和测量导线时，一定要按照要求规范操作，避免损坏元器件、绝缘层，安装时确保牢固，避免出现接触不良的故障。

4.5.2 维修打开车门/行李箱盖时车内照明灯未开启故障的实车操作

操作过程记录：请严格按照工作计划进行实车操作，并在计划表上做好操作记录。

实车操作评价：在维修打开车门/行李箱盖时车内照明灯未开启故障时，请依据下面的评价表对操作过程进行评价。

维修打开车门/行李箱盖时车内照明灯未开启故障评价表

<table>
<tr><td>评价对象</td><td></td><td>评价人</td><td colspan="2"></td></tr>
<tr><td rowspan="2">操作步骤</td><td rowspan="2">评估要点</td><td colspan="2">专业技能</td><td rowspan="2">职业素养</td></tr>
<tr><td>应得分</td><td>实得分</td></tr>
<tr><td>1. 工具设备准备</td><td>检查工具设备准备得是否齐全，功能是否完好</td><td>5</td><td></td><td>责任担当□5□4□3□2□1
安全规范□5□4□3□2□1
合作沟通□5□4□3□2□1</td></tr>
<tr><td>2. 车辆信息收集</td><td>查找车型、VIN 码，并准确记录</td><td>5</td><td></td><td>责任担当□5□4□3□2□1
安全规范□5□4□3□2□1
合作沟通□5□4□3□2□1</td></tr>
</table>

续表

评价对象		评价人		
操作步骤	评估要点	专业技能		职业素养
		应得分	实得分	
3．安装车身防护	正确使用汽车内外防护、汽车挡块	5		责任担当□5□4□3□2□1 安全规范□5□4□3□2□1 合作沟通□5□4□3□2□1
4．检测前准备	（1）检查规定的油液液位，应符合标准。 （2）检查蓄电池电压，应符合规定。 （3）掌握蓄电池电压的最低标准，并能根据测量结果给出合理建议	5		责任担当□5□4□3□2□1 安全规范□5□4□3□2□1 合作沟通□5□5☑3□2□1
5．关闭车内电源	（1）关闭点火开关，若必要可断开蓄电池负极。 （2）做好测量准备工作，如需要选择合适的接口并接入电路	5		责任担当□5□4□3□2□1 安全规范□5□4□3□2□1 合作沟通□5□4□3□2□1
6．电路图的基本使用	（1）能够正确地从电路图上获取元器件相关信息。 （2）能正确分辨电路中的共用和独立部分。 （3）能够从电路图中正确找出相关元器件和线路走向。 （4）能通过电路分析制定高效、规范的诊断策略，诊断思路清晰、正确	10		责任担当□5□4□3□2□1 安全规范□5□4□3□2□1 合作沟通□5□4□3□2□1
7．故障检测与维修	（1）能准确进行故障现象的确认。 （2）能正确使用故障诊断仪进行诊断查询。 （3）能正确记录故障码，并能依据故障码提示下一步工作。 （4）能准确找到检测部位，并正确连接检测仪器。 （5）会检查万用表电量并进行自检。 （6）能够准确操纵汽车灯光。 （7）能使用电阻法规范检测元器件的好坏。 （8）能使用电压法规范检测线路的好坏。 （9）记录插头、模块和线路的测量结果，并判断是否正常，未记录或判断不正确此项均不得分。 （10）判断出该汽车线路的故障类型和维修方案，未记录或判断不正确此项均不得分。 （11）在测量过程中如果有用手摸表笔、扭头看数值、用蜂鸣挡测电阻等不规范行为，此项不得分	45		责任担当□5□4□3□2□1 安全规范□5□4□3□2□1 合作沟通□5□4□3□2□1
8．维修质量检查	（1）复查维修位置，确认元器件已经安装到位。 （2）正确确认故障现象已经消失	5		责任担当□5□4□3□2□1 安全规范□5□4□3□2□1 合作沟通□5□4□3□2□1

续表

评价对象		评价人		
操作步骤	评估要点	专业技能		职业素养
		应得分	实得分	
9．记录并提出维修建议	（1）按要求进行维修过程和结果的记录，字迹清楚，数据准确，结果正确。 （2）维修建议合理、科学，有可靠依据	10		责任担当□5□4□3□2□1 安全规范□5□4□3□2□1 合作沟通□5□4□3□2□1
10. 清理现场，工具复位	清洁现场、工具设备，清理汽车并复位	5		责任担当□5□4□3□2□1 安全规范□5□4□3□2□1 合作沟通□5□4□3□2□1
序号	评估否决项	不能发生	是否发生	问题记录
1	测量不能对线路造成损坏，如不能破坏线路绝缘皮、不能造成插头引脚损坏等	否		
2	由于自身操作不当造成电路烧毁或者维修设备故障	否		
3	由于错误操作对汽车、设备工具造成损坏	否		
总计		100		责任担当： 安全规范： 合作沟通：

注：操作拆装、检测调试属于专业技能，按照应得分打分；责任担当、安全规范、合作沟通属于职业素养，直接在对应的分值前画“√”即可。

4.6 任务评估

4.6.1 任务完成质量检查

质量检查：任务完成质量检查记录单见附录 E。

4.6.2 工位 5S 检查

安全规范检查：工位 5S 检查结果记录单见附录 F。

4.6.3 任务完成安全隐患排查

安全隐患排查：任务完成安全隐患排查记录单见附录 G。

4.6.4 完善改进工作计划

计划改进：请根据实际的维修打开车门/行李箱盖时车内照明灯未开启故障的工作，完善改进工作计划（以另一种颜色的笔在工作计划上标注和补充即可）。

4.7 任务反思

4.7.1 撰写维修打开车门/行李箱盖时车内照明灯未开启故障报告

撰写报告：任务实施工作报告见附录 H。

4.7.2 任务总结与思考

任务复盘：任务总结与思考记录单见附录 I。

4.8 知识拓展：汽车的“伴我回家”功能

汽车的“伴我回家”功能就是一种汽车前照灯在车辆熄火后可以延时自动关闭的功能，此时车主可以借助此光线看清回家的路况，如图 4-32 所示。延时的时间可调，一般是 30s、60s、90s。

图 4-32 汽车“伴我回家”功能

4.8.1 “伴我回家”功能开启

在点火开关关闭后，快速地将灯光组合开关从 OFF 挡打到其他任意挡，然后将灯光组合开关打回到 OFF 挡，激活“伴我回家”功能的组合开关如图 4-33 所示，或者向前推动一下组合开关，再回到原位，则“伴我回家”功能就被激活，近光灯亮起。仪表盘上会显示“伴我回家灯已启用”，如图 4-34 所示。

图 4-33 激活“伴我回家”功能的组合开关

图 4-34 仪表盘上显示提示信息

4.8.2 “伴我回家”功能关闭条件

满足以下任意条件，“伴我回家”功能都将被关闭。

（1）点火开关不处于 OFF 挡。

（2）达到计时时间，自动关闭。

（3）灯光开关打到其余任意挡位。

4.8.3 “伴我回家”功能计时

“伴我回家”功能开启后，默认计时 30s，若在 30s 内有任意门或行李箱门保持为开启状态，则重新计时 180s，如果在此期间所有门及行李箱门都关上，则重新计时 30s。如果觉得“伴我回家”功能计时 30s 时间太短，可以在中央显示屏上将时间调整成 30s、60s、90s 等，中央显示屏上“伴我回家”功能时间设定如图 4-35 所示。

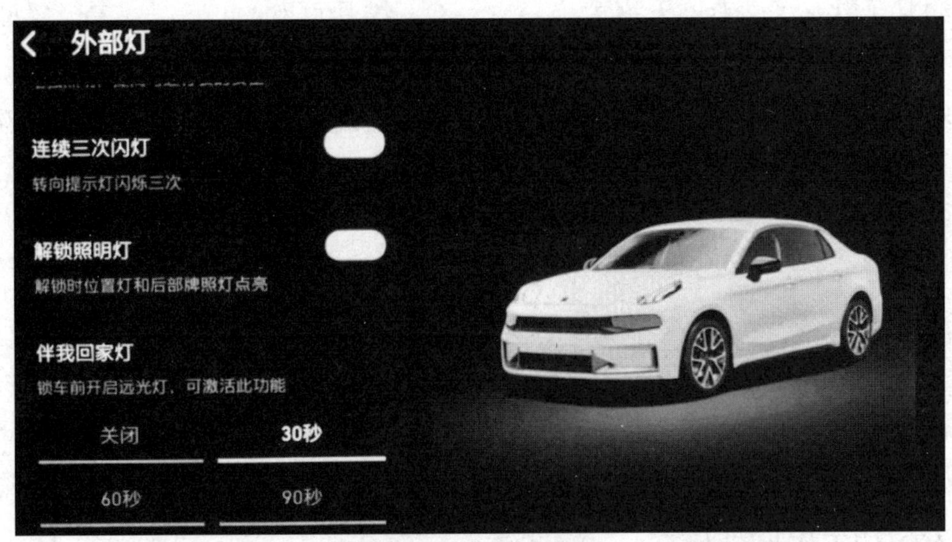

图 4-35 中央显示屏上“伴我回家”功能时间设定

4.9 单元测试

一、填空题（每空 1 分，共 30 分）

1. 根据材料的导电能力，我们可以将材料划分为________、________和________。其中用于制作二极管的材料是________，常见的有________和________。

2. 二极管具有________特性，二极管按照半导体材料分为________、________。

3. 三极管按照材料可以分为________、________；按照结构分为________、________。三极管的符号为________、________。三极管的作用是________、________。

4. 电容器的作用是________、________、________、________、________和________等，电容器的符号为________，电容的单位是________，用字母________表示。

5. 22pF=__________F=__________μF；2700pF=__________F =__________μF。

二、单选题（每题 2 分，共 30 分）

1. 半导体的导电能力（　　）。

A．与导体相同　　B．与绝缘体相同

C．介乎导体和绝缘体之间　　D．不确定

2. 普通半导体二极管是由（　　）的。

A．一个 PN 结组成　　B．两个 PN 结组成

C．三个 PN 结组成　　　　D．四个 PN 结组成

3．半导体二极管的主要特点是具有（　　）。

A．电流放大作用　　　　B．单向导电性

C．电压放大作用　　　　D．储存电量作用

4．理想二极管的正向电阻为（　　）。

A．约几千欧　　B．无穷大　　C．约几百欧　　D．零欧

5．理想二极管的反向电阻为（　　）。

A．约几千欧　　B．无穷大　　C．约几百欧　　D．零欧

6．二极管接在电路中，若测得 a、b 两端电位如右图所示，则二极管的工作状态为（　　）。

-7V
a
VD
b
-6.3V

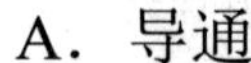

A．导通

B．截止

C．击穿

D．不确定

7．电路如图所示，所有二极管均为理想元件，则 VD_1、VD_2、VD_3 的工作状态为（　　）。

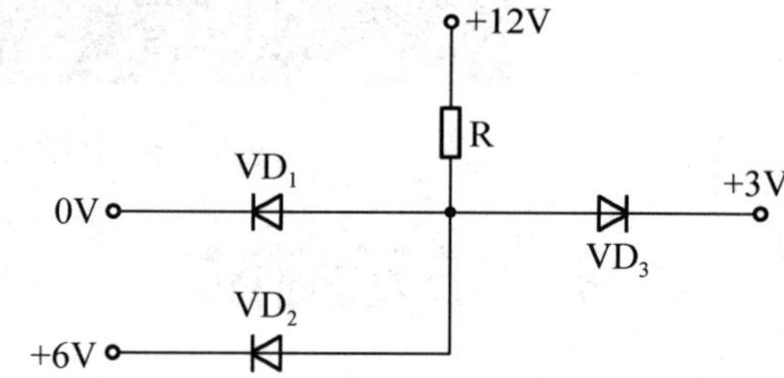

A．VD_1 导通，VD_2、VD_3 截止

B．VD_1、VD_2 截止，VD_3 导通

C．VD_1、VD_3 截止，VD_2 导通

D．VD_1、VD_2、VD_3 均截止

8．若用万用表测二极管正、反向电阻的方法来判断二极管的好坏，好的二极管应为（　　）。

A．正、反向电阻相等　　　　B．正向电阻大，反向电阻小

C．反向电阻比正向电阻大很多倍　　　　D．正、反向电阻都等于无穷大

9．普通三极管是由（　　）的。

A．一个 PN 结组成　　　　B．两个 PN 结组成

C．三个 PN 结组成　　　　D．四个 PN 结组成

10．PNP 型和 NPN 型三极管，其发射区和集电区均为同类型半导体（N 型或 P 型）。所以在实际使用中发射极与集电极（　　）。

A．可以互换使用　　　　B．不可以互换使用

C．PNP 型可以互换使用　　　　D．NPN 型不可以互换使用

11．三极管的主要特点是具有（　　）。

A．单向导电性和稳压作用　　　　B．放大作用和开关作用

C．稳压作用和放大作用　　　　D．开关作用和单向导电性

12．电容器是一种常用的电子元件，对电容器认识正确的是（　　）。

A．电容器的电容表示其储存电荷的能力

B．电容器的电容与它所带的电荷量成正比

C．电容器的电容与它两极板间的电压成正比

D．电容的常用单位有 μF 和 pF，$1MF=10^3pF$

13．一个电容器带的电荷量为 Q 时，两极板间的电势差为 U，若使其电荷量增加 4×10^{-7}C，电势差增加 20V，则它的电容是（　　）。

A．1×10^{-8} F　　B．2×10^{-8} F　　C．4×10^{-8} F　　D．8×10^{-8} F

14．关于电容器的充放电，下列说法中正确的是（　　）。

A．充放电过程中外电路有瞬间电流

B．充放电过程中外电路有恒定电流

C．充电过程中电源提供的电能全部转换为内能

D．放电过程中电容器中的电场能逐渐增大

15．如图所示，汽车内的照明灯受两个开关的控制，当车门打开时，与车门开关相连的弹簧伸长，车内的照明灯亮；当弹簧被压缩时，车内的照明灯自动熄灭，但是关上车门以后利用车内的开关还可以控制这个照明灯的亮与灭，下列符合要求的电路是（　　）。

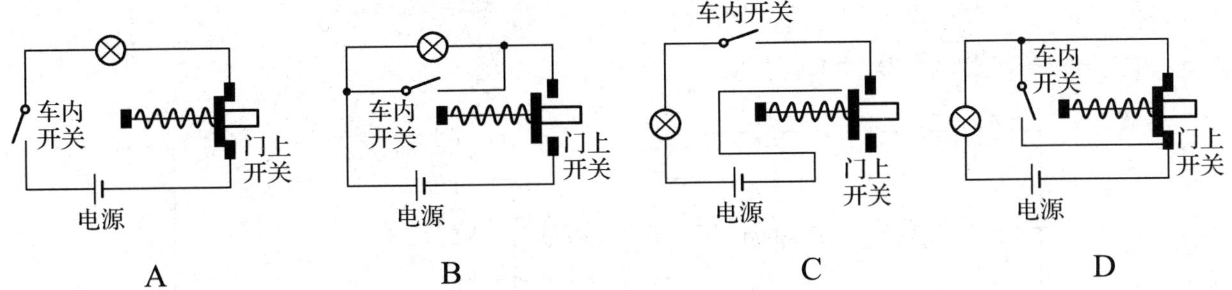

三、判断题（每题 2 分，共 20 分）

1．对于二极管，加上正向电压时它截止，加上反向电压时，它立即导通。（　　）

2．灯泡电路中有接触电阻时，灯泡的亮度会变暗。（　　）

3．晶体二极管加反向电压时一定截止。（　　）

4．灯泡线路短路时，灯泡不亮。（　　）

5．PN 结正向偏置时电阻小，反向偏置时电阻大。（　　）

6．晶体三极管有两个 PN 结，因此它具有单向导电性。（　　）

7．晶体三极管的集电极和发射极可以互换使用。（　　）

8．放大器具有能量放大作用。（　　）

9．电容器是一种储能元件。（　　）

10．普通二极管的正向伏安特性也具有稳压作用。（　　）

四、简答题（共 20 分）

1．分析题。（5 分）

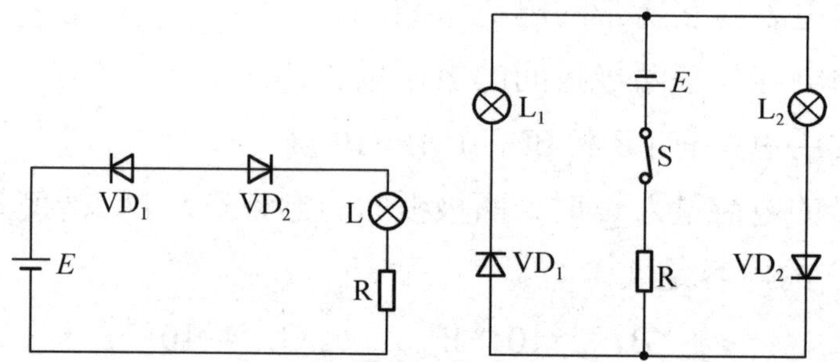

（1）分析左侧图中 VD_1 和 VD_2 各处于何种状态？灯泡能发光吗？

VD_1 处于________状态，VD_2 处于________状态，灯泡 L________。

（2）如右侧图所示的电路，当开关 S 闭合后，哪个灯泡能发光？

VD_1 处于________状态，灯泡 L_1________。

VD_2 处于________状态，灯泡 L_2________。

2．请回答在什么状态下，三极管起到开关作用。（5 分）

3．看图回答问题。（10 分）

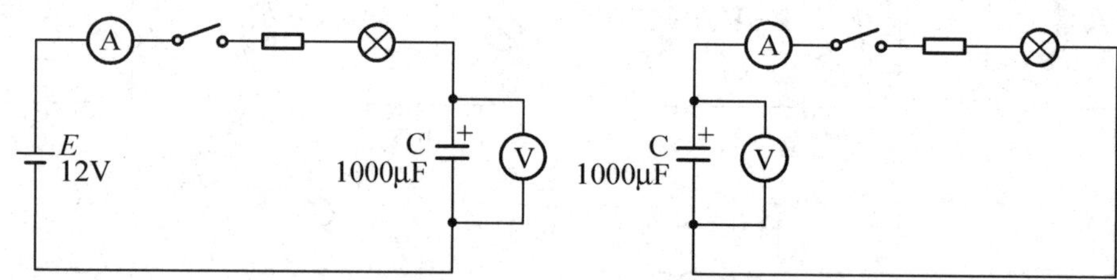

（1）在左侧图所示的电路中，电容器何时充电？充电完毕，灯泡为什么会熄灭？

（2）在右侧图所示的电路中，在什么情况下，电路中才有电流通过？

汽车占空比控制电路识读与故障检测——维修汽车弯道灯损坏故障

思政园地

民族自信

学生：老师，我周围很多人都跟我说，在汽车产业方面我国始终不如外国，这是真的吗？

老师：中国汽车工业协会 2022 年的统计数据显示，我国新能源汽车产销分别为 705.8 万辆和 688.7 万辆，连续 8 年保持全球第一。全球最热销的 20 个新能源汽车品牌中，国产品牌占据半壁江山，目前国产新能源汽车全球销量占比超过 60%。

我国汽车工业起步晚，起初国产车并不被外国看好，嘲讽声音不绝于耳。国产汽车从 2005 年开始参加法兰克福车展，曾被德媒无情嘲讽为“来自中国的破铜烂铁”。2015 年比亚迪电动巴士 K9 亮相日本京都地区，被当地民众质疑会散架。

如今，我国突破锂电池、电子控制等技术，建立了完整产业链体系，国产新能源汽车的车身内饰、外观质量和续航能力等，均优于行业整体水平。比亚迪在 2022 年以约 50 万辆的销量优势超越特斯拉，拿下当年全球新能源汽车“销冠”。2022 年 10 月，国产新能源汽车几乎“攻陷”了在巴黎举办的车展。法媒无奈表示：“要么是中国的电动车，要不就不是电动车”。

同学们，我想说的是，建立民族自信心，不管身处顺境还是逆境，都要坚信在社会发展过程中，我们贡献着自己的力量，发挥着自己的作用。正是无数人的贡献和奋斗，凝聚成了巨大的力量，创造出了我国一个又一个的奇迹，才有了高铁、扫码支付、网购等一系列的创新科技，推动了国家的进步和发展，使我国屹立于世界民族之林。

5.1 学习目标

素质目标	知识目标	技能目标
1. 建立安全规范意识，严格遵守操作规范。 2. 能够“最大化”利用有限的时间。 3. 能够快速阅读资料，找出关键词，归纳整理。 4. 能够完成比较棘手的任务。 5. 能够清晰、友好且有趣地向他人口头转述信息。 6. 做事认真负责，主动遵守事故预防条例。	1. 了解现代照明装置的结构和功能。 2. 了解 PWM 信号：占空比、频率、有效电压等相关概念。 3. 理解弯道灯控制。 4. 掌握示波器的使用方法。	1. 能够用示波器测量 PWM 信号。 2. 能够进行弯道灯控制电路分析。 3. 能够按照规范流程制订工作计划。 4. 能够进行弯道灯电路故障的检测。

5.2 情境引入

5.2.1 情境描述

李先生的汽车在行驶时，出现了组合仪表中的灯光故障指示灯常亮，转向时弯道灯不亮的情况，他希望维修人员尽快修复故障，确保行车安全。

5.2.2 接受任务

思考：作为一名维修接待人员，当你遇到李先生到汽车修理厂求助时，应该如何进行接待呢？请依据情境描述，编写客户接待话术，做好接待客户的准备工作。客户接待话术表见附录 A。

角色扮演：请按照上面编好的话术进行角色演练，并从着装规范、举止得体等 8 个方面分别给予评价，5 分为完美，1 分为差得很远。客户接待评价表见附录 B，客户任务工单见附录 C。

5.2.3 任务分析

结合实际情况进行分析，在自己已经具备的能力或条件前的方框内画“√”，未画“√”的内容就是需要从本学习单元学习和掌握的知识、技能和素养。

在维修汽车弯道灯损坏故障时，需要具备下面的能力及条件：

□车外防护　□车内防护　□车辆启动前检查　□车辆启动

□安放车轮挡块　□连接尾排　□识别车辆身份信息　□操作车灯

□汽车电路图识读　□双人协作　□弯道灯控制　□汽车故障诊断仪的使用

□万用表的使用　□依据检测结果进行故障判断

□用万用表检测电压、电流、电阻的方法　□汽车制造商维修手册的查阅

□汽车示波器的使用

5.3 知识与技能储备

5.3.1 了解汽车弯道灯

汽车上安装的普通前照灯具有固定的照射范围，车灯的灯光只能沿直线传播，所以在夜间行驶时，一旦汽车转弯，弯道内侧就会出现大面积的视野盲区，这在夜间跑山路或者走大弧度高架桥时是非常危险的！为此，部分汽车制造商在汽车上加装了弯道照明系统，极大地提升了夜间行车安全性。按照工作原理和成本高低的不同，弯道灯照明系统可以分为静态弯道辅助照明系统和动态弯道辅助照明系统两种。

5.3.1.1 静态弯道辅助照明系统

静态弯道辅助照明系统是指在原有前照灯系统的基础上，在汽车低速转弯时，弯道灯亮起，进行补光，消除“盲区”，以极大地提升夜间行车安全。普通前照灯与静态弯道辅助照明系统如图 5-1 所示。

（a）普通前照灯　　（b）静态弯道辅助照明系统

图 5-1　普通前照灯与静态弯道辅助照明系统

目前静态弯道辅助照明系统有两种常见的形式，如图 5-2 所示：一种是在前照灯里面额外加装弯道灯；另一种是依靠已有的灯（雾灯、侧灯等）进行辅助照明。其实道理都是一样的，只要打开前照灯，时速低于 40km/h 时，方向盘旋转达到一定角度，就可以自动开启相应方向的弯道灯或者雾灯（侧灯）给予辅助照明，可有效减小夜间转弯时的近处盲区，特别适用于慢速、急弯等复杂路段，有效提升了汽车行驶安全。

静态弯道辅助照明一般为近光，只照亮“左”或“右”的一小片区域，弯道辅助照明灯与前照灯位置均是固定的，只是通过开启时间的实时控制来达到转弯辅助照明的作用。

从效果上看，静态弯道辅助照明就是低速转弯时额外的灯亮起，进行补光。

从优缺点上看，静态弯道辅助照明一般为近光，只照亮弯道内侧的一小片区域，对于汽车在夜间低速行驶和原地转弯作用比较明显，能够让驾驶员看到车的侧面。但是，雾灯或侧灯的亮度本来就有限（远不如前照灯），所以辅助照明效果不明显。

（a）依靠已有灯辅助照明

（b）额外加装弯道灯

图 5-2　两种静态弯道辅助照明系统的形式

从成本上看，很多汽车都把前雾灯当作弯道辅助照明灯，只需要改动车辆计算机编程就可以实现，几乎无额外成本。在后期使用和维护上，由于需要经常性地亮起和熄灭照明灯，所以灯泡的使用寿命会有一定的影响。

目前福特旗下的翼虎，大众旗下的 POLO、途安、速腾等车型都配备了静态弯道辅助照明系统。

5.3.1.2　前照灯随动转向系统

前照灯随动转向系统，也被称为自适应前照灯系统（Adaptive Front-lighting System，AFS）或者智能前照灯系统。AFS 能够根据汽车方向盘角度、汽车偏转率和行驶速度，不断对前照灯进行动态调节，以适应当前的转向角，保持灯光方向与汽车当前的行驶方向一致，确保对前方道路提供最佳照明，并为驾驶员提供最佳可见度，从而显著提升汽车在黑暗中驾驶的安全性。在路面照明差或多弯道的路况中，AFS 可扩大驾驶员的视野，还可提前提醒对面来车。有无 AFS 的对比如图 5-3 所示。

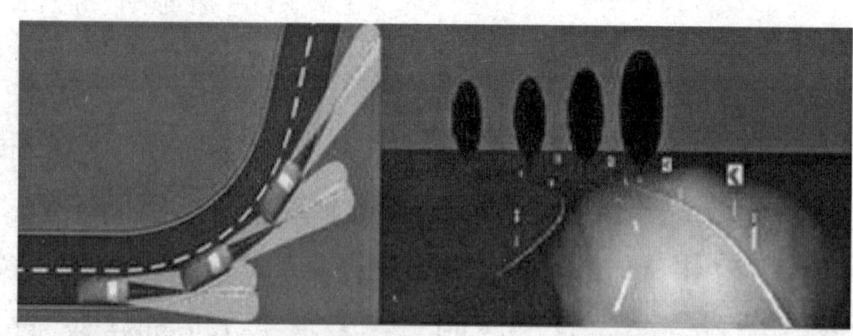

（a）无AFS

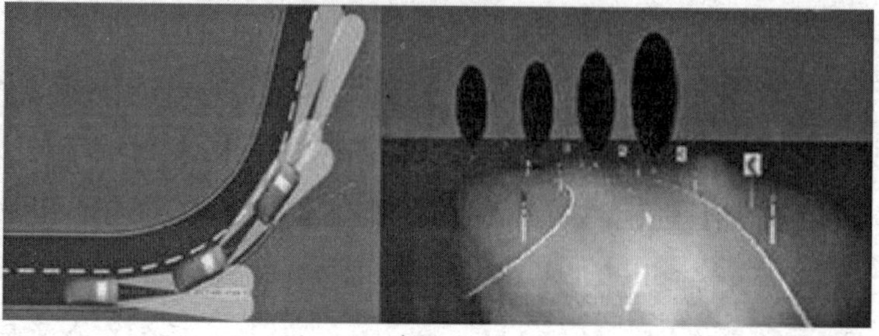

（b）有AFS

图 5-3　有无 AFS 的对比

AFS 是一种由传感器组、传输通路、处理单元和执行机构组成的系统。由于需要对多种汽车行驶状态做出综合判断，所以客观上决定了 AFS 是一种多输入、多输出的复杂系统。AFS 的结构与工作原理如图 5-4 所示。

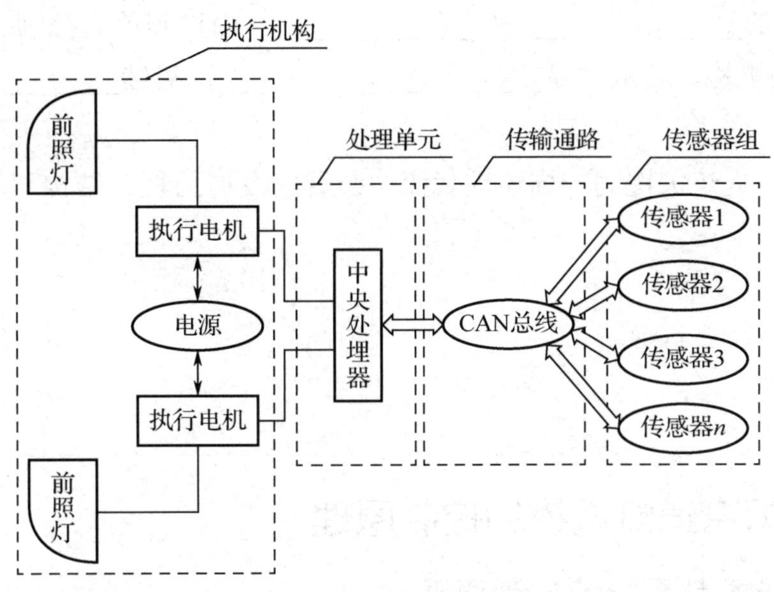

图 5-4 AFS 的结构与工作原理

从外观上看，安装 AFS 的前照灯，跟人的眼珠类似，动作时，就像眼珠在左右转动。

从实现方式上看，AFS 在灯组内增加了一套执行机构来带动灯泡和灯杯转动（具体传动方式会由于制造商不同而稍有不同，但原理是一样的），移动的时机及幅度由控制单元控制。

从成本上看，由于光束移动 1～2m 时灯泡只需要转动很小的角度（大概在 3°～5°），所以驱动灯泡转向需要非常精密的传动机构，其成本是比较高的，后续维护成本也会相应提高。

通常 AFS 安装在 B 级以上车型中，目前市场上安装 AFS 的主流 B 级车型有帕萨特、凯美瑞、迈腾、雅阁、雪铁龙 C5 等。

5.3.1.3 了解汽车弯道灯–工作页

1. 完成下列各题。

（1）普通汽车前照灯具有____________照射范围，当汽车夜间在弯道上转弯时，由于无法调节____________，常常会在弯道内侧出现视野盲区，极大地威胁了驾驶员夜间的行车安全。

（2）静态弯道辅助照明系统有两种常见的形式：一种是____________；另一种是____________进行辅助照明。只要____________达到一定角度，就可以____________的弯道灯或者雾灯（侧灯）给予辅助照明。静态弯道辅助照明一般为近光，只照亮“左”或“右”的一小片区域，弯道辅助照明灯与前照灯位置____________，只是通过开启时间的实时控制来达到转弯辅助照明的作用。

（3）AFS 能够根据____________________、____________________和____________________，不断对前照灯进行____________________，以适应当前的转向角，保持灯光方向与____________一致，确保对前方道路提供最佳照明。AFS 在灯组内增加了一套_______________来带动灯泡和灯杯转动，移动的________________及__________________由控制单元控制。驱动灯泡转向需要非常精密的传动机构，其成本是________________________，后续________________________也会相应提高。

2．请查阅资料提炼关键词，描述现代照明装置的发展历程、结构和功能。

5.3.2 认识弯道灯系统的控制原理

5.3.2.1 电子控制系统的控制原理

电子控制系统均按照“输入→处理→输出”的原理工作。

输入：传感器记录信息并以电压信号的形式进一步传送给电子控制单元。

处理：电子控制单元处理电压信号中含有的信息，并且将既定的实际值和存储在程序中的额定值进行比较，计算相应的执行器的运转情况。

输出：由电子控制单元发出指令指挥执行器进行工作，建立期望的系统工作状态。

以智能前照灯系统为例，电子控制单元（中央处理器）好比是智能前照灯系统的“大脑”，各种传感器则是智能前照灯系统的“眼睛、耳朵和鼻子”，执行器就是智能前照灯系统的“手、脚和腿”。电子控制单元采集传感器的信号并进行运算和处理，之后控制执行器动作，最终控制智能前照灯系统中的机械系统运转。汽车电子控制系统控制原理图如图 5-5 所示。

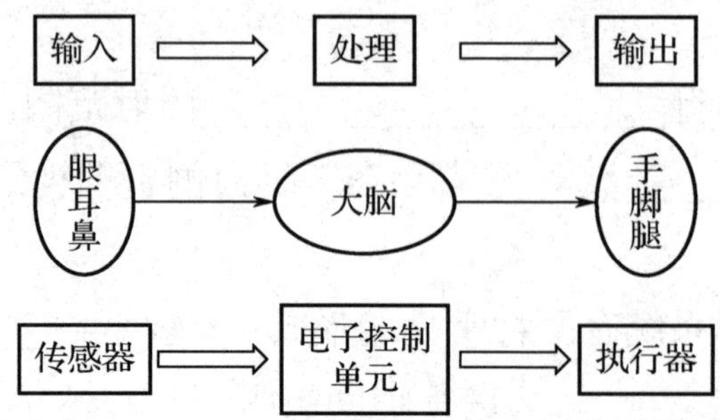

图 5-5 汽车电子控制系统控制原理图

传感器是装在汽车各部位的信号转换装置，其功能是将电子控制系统所需要的灯光开关信号、行驶速度、转向角度等汽车照明系统的工作情况和汽车运行状况信号采集下来，并将它们转换成电子控制单元可以识别的电信号后传送给电子控制单元。

电子控制单元是智能前照灯系统的核心部件，实际上是一种微型计算机，一方面给各传感器提供基准电压，并从传感器处接收汽车照明系统的工作信号；另一方面完成对这些信号的计算与处理，并发出相应指令来控制执行器的动作。

执行器受电子控制单元的控制，负责执行电子控制单元发出的各项指令，是具体执行某项控制功能的装置。

此部分的内容请结合下面节选自维修手册的内容进行理解。

维修手册（节选）

照明装置

来源：BOSCH ESI[Tronic]

OPEL/Insignia 2.0 CDTI 4x4/69/2，0/118.0 kW

系统信息和标准值

<照明装置-自适应氙气灯 4.0>由下列部件、子系统和功能组成：

* 弯道灯
* 转向灯
* 高速公路灯
* 乡间公路灯
* 恶劣天气灯
  - 点火器
  - 镇流器
  - 气体放电灯
  - 左侧弯道灯
  - 右侧弯道灯
  - ALWR/弯道灯控制器
  - 中央电子系统
  - 灯光传感器
* 自动照明宽度调节系统
  - 车轴传感器
  - 伺服电机
  - ALWR/弯道灯控制器
  - 中央电子系统
  - ESP 控制器

提示：

* <自适应氙气灯>功能请参阅处理操作指导书。

* 注意车辆操作指导书中的其他信息。

其他功能描述:

* 弯道灯

< 弯道灯 > 的部件指的是 < 静态弯道灯 > 的部件

在下列条件下 < 弯道灯 > 功能被激活:

- 行驶速度 40km/h 以下
- 打开前照灯开关
- 转动部件 < 方向盘 >，转向角超过可编程序的界限值

在下列条件下 < 弯道灯 > 功能被关闭:

- 行驶速度高于 40km/h
- 部件 < 方向盘 > 位于直行位置
- 挂倒车挡

当部件 < 弯道灯 > 持续打开 2 分钟时，部件 < 弯道灯 > 会被关闭 2 分钟，以防止部件 < 弯道灯 > 过热。

< 弯道灯 > 转向灯

下列信号在部件 < ALWR/弯道灯控制器 > 中用于 < 转向灯 > 功能。

- 方向盘角度传感器信号
- 车轮转速传感器信号
- 速度

旋转角度通过行驶速度和转向角度信号值计算出来。

* 城市灯

在下列条件下 < 城市灯 > 功能被激活:

- 行驶速度低于 55km/h
- 部件 < 灯光传感器 > 识别街道的照明灯光
- 识别相应的道路等级

由于行驶速度较低，灯光的分布减少至车辆附近的范围。

5.3.2.2 弯道灯系统的控制技术——PWM 控制

PWM（Pulse Width Modulation）控制——脉冲宽度调制控制，也叫作占空比控制，控制的就是 PWM 信号，也叫作占空比信号。PWM 指通过对一系列脉冲的宽度进行调制，来等效地获得所需要的波形（含形状和幅值）。通过电子控制单元对加在工作执行器上一定频率的电压信号进行脉冲宽度的调制，以实现对执行器工作状态精确、连续的控制。汽车弯道灯控制系统采用的就是 PWM 控制。要理解 PWM 控制，就要对下面的四个概念有所了解。

1. 周期

若一组事件或现象按同样的顺序重复出现，则把完成这一组事件或现象的时间或空间间隔，称为周期，常用符号为 T，周期的单位为秒，符号为 s。

2. 频率

频率是指单位时间内完成周期性变化的次数，是描述周期运动频繁程度的量，常用符号为 f，频率的单位为赫兹，简称为赫，符号为 Hz。

3. 占空比

占空比是指有效电平在一个周期内所占的时间比例。脉冲宽度为 1s、信号周期为 4s 的脉冲序列的占空比为 0.25。占空比控制信号图如图 5-6 所示。现代汽车的控制精度越来越高，特别是在电子控制系统中，以前所采用的一些普通的开关式执行器已经不能满足现代轿车的控制要求了，比如 EGR 系统、怠速控制系统、燃油蒸发控制系统、灯光亮度控制系统等，这些系统需要更加精准的控制。

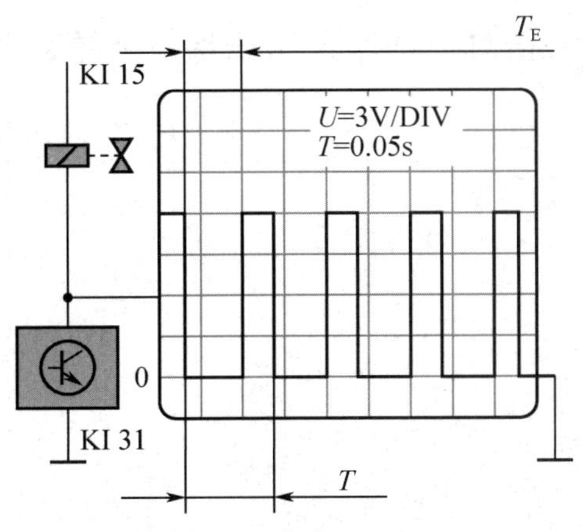

图 5-6 占空比控制信号图

各参数间的关系为

$$T = T_E + T_A,\quad f = \frac{1}{T},\quad V_T = \frac{T_E}{T}\cdot 100\%$$

式中 T——周期（s）；

T_E——开通时间（s）；

T_A——关闭时间（s）；

f——频率（Hz 或 1/s）；

V_T——占空比（%）。

4. 电压的有效值

电压的有效值取决于通电时间与周期的比和信号电压的最大值。占空比信号的有效电压值如图 5-7 所示。控制器通过改变占空比，影响被控的执行器，如电机的功率，从而实现对执行器的精准控制。

各参数间的关系为

$$U_{eff} = \frac{T_E}{T}U_{max},\quad T_E = \frac{U_{eff}T}{U_{max}},\quad T = \frac{T_E U_{max}}{U_{eff}},\quad U_{eff} = V_T U_{max}$$

式中 U_{eff}——电压有效值（V）；

U_{max}——最高电压值（V）；

T_E——开通时间（s）；

T——周期（s）；

V_T——占空比（%）。

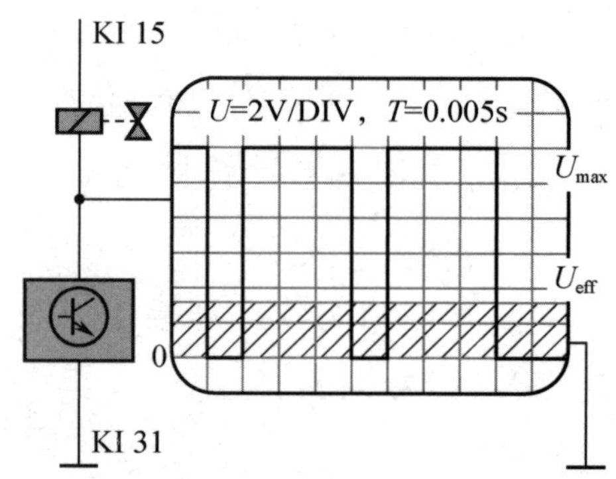

图 5-7　占空比信号的有效电压值

5.3.2.3　认识弯道灯系统的控制原理–工作页

1．认知弯道灯控制系统（可参看维修手册（节选），也可参看其他维修手册）。

（1）请从汽车修理厂信息系统中获取参考资料所显示的信息，回答在哪些条件下静态弯道灯会打开。

（2）需要哪些输入信号，静态弯道灯才能实现其功能？

2．完成静态弯道灯的控制回路。将下面的符号按正确的控制顺序排列。

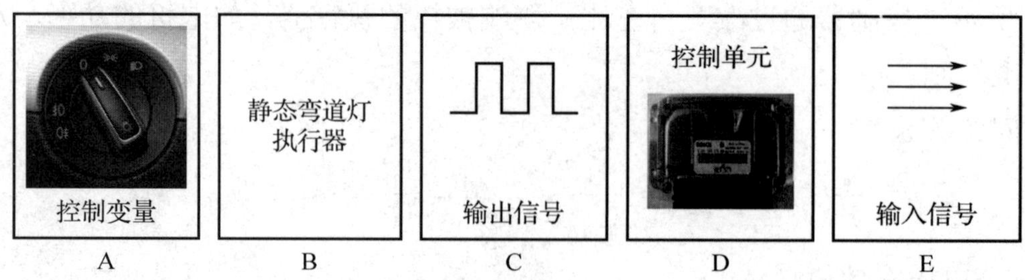

3．客户汽车装配有一个由 PWM 控制的弯道灯（转向灯），客户提到左弯道灯损坏。修复车辆需要弯道灯系统的知识，请独立完成以下任务。

（1）PWM 的含义是什么？

（2）下图显示了完好的左侧弯道灯在不同灯光强度下的信号电压（下拉信号）。

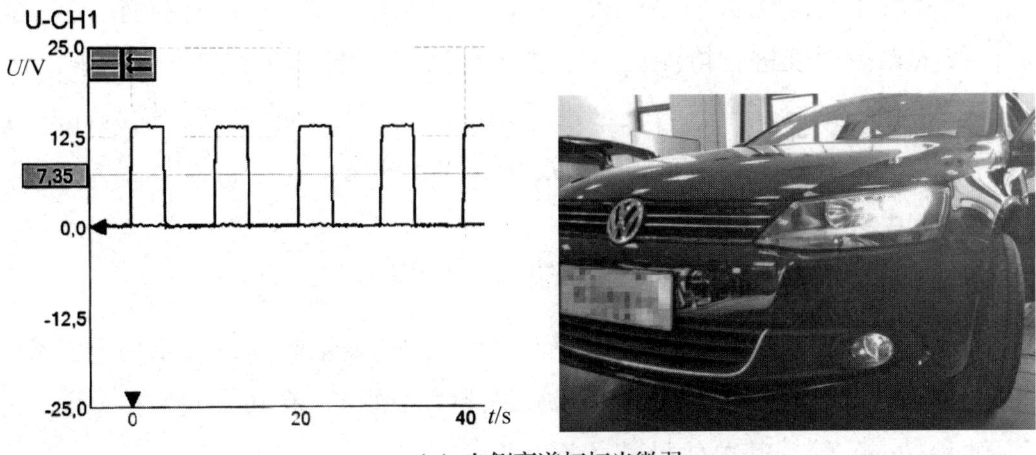

（a）左侧弯道灯灯光微弱

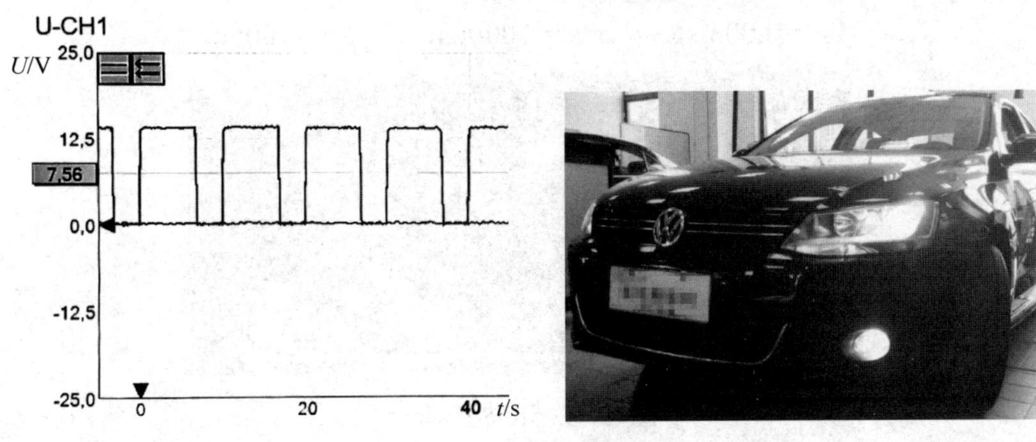

（b）左侧弯道灯灯光强

① 请对比两种不同的信号波形，并描述为什么灯泡的发光亮度不同。

② 请在波形图中标出开通时间 T_E 和关闭时间 T_A，并测量各自的值。

（3）占空比和频率是 PWM 信号的两个特性值。请采用你对题（2）的解答结果，进行以下两个值的计算。

① 计算信号电压的占空比和有效值。

② 计算信号电压的周期和频率。

5.3.3　使用示波器检测波形信号

汽车示波器基本功能介绍

示波器是一种用途十分广泛的电子测量仪器，它能把肉眼看不见的电信号变换成看得见的波形图，直观反映出电信号的变化规律，便于研究各种电信号的变化过程。随着汽车智能化水平的不断提升，对汽车电子控制系统控制精度及速度的要求越来越高，仅仅依靠万用表进行检测已经不能满足汽车上电子设备的工作要求。比如，万用表无法测出 PWM 信号的真实变化，无法准确地对汽车弯道灯故障进行检测，此时，就需要使用汽车用示波器来对 PWM 信号的变化情况进行准确测量。

5.3.3.1 示波器的基本功能

1. 示波器的显示界面

打开示波器，便会出现图 5-8 所示的界面。横坐标轴表示时间，表示信号源变化的频率，可以对每一小格代表的时间进行设置，改变波形的时间单位，单位一般为秒（s）、毫秒（ms）、微秒（μs）、纳秒（ns）等，其单位换算关系为

$$1s = 1000ms,\quad 1ms = 1000\mu s,\quad 1\mu s = 1000ns$$

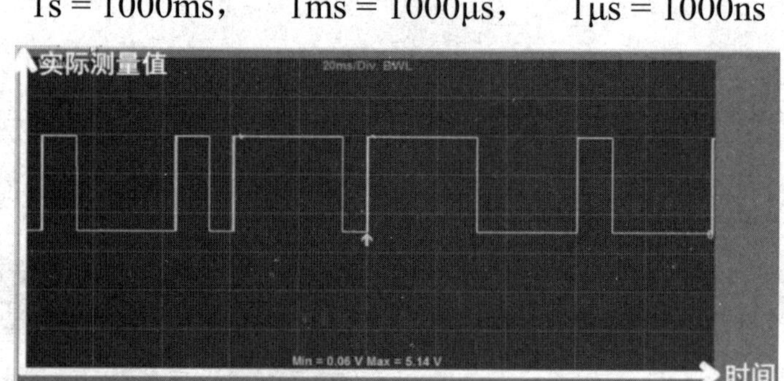

图 5-8 示波器界面

纵坐标轴代表实际测量值，表示信号波形变化的幅度；可以是电压，单位为伏特（V），也可以是电流，单位为安培（A）。通过调整每一小格代表的测量值，可以改变波形的振幅。

2. 选择测试通道

示波器可同时显示 2～4 个测试通道的信号波形，信号源可从测试表笔或外围传感器输入，未经选择和配置的通道以“-----”来表示，通道设置可在测量中进行，不同通道以不同的颜色加以区分。如图 5-9 所示的示波器测试通道，Ch1 表示通道 1，#3 表示信号源是从 #3 接口进入的，10V 表示测量标尺的刻度范围，其他通道以此类推。

Ch1#3	10V	Ch1#3	------

图 5-9 示波器测试通道

3. 选择耦合方式

示波器一般提供直流（DC）、交流（AC）和接地（GND）三种耦合方式，一般选用直流（DC）耦合方式。交流（AC）耦合方式能过滤信号中的直流部分，只显示交流分量，常用于两线磁电式传感器信号、信号中的噪声和发电机漪涟电压（二极管）等极少的信号波形的测量。接地（GND）耦合方式用于判定接地位置或 0V 电压水平，以及显示示波器 0V 电压参考点。

4. 设置触发器

由于汽车上的信号传输速率非常大，靠肉眼无法准确辨别所需要的波形信号，所以可以

借助触发器模式。触发器模式可以理解为当测量值达到预设值后就开始记录波形信号，这样就可以对某些特定的波形进行准确的捕捉，使模糊的、不断闪动的波形稳定下来。通过点击“触发器”按钮可以进入触发器设置界面，按照界面下的各类选项进行相关设置即可，也可直接选择自动模式。

5. 其他功能

示波器上有许多功能，都是有利于进行波形观察与分析的。

（1）信号的记录、存储和播放功能。

（2）“取消”按钮：点击该按钮回到主菜单界面。

（3）“冻结”按钮：点击该按钮冻结所显示的全部画面。

（4）“单热点”按钮：点击该按钮后，一旦满足触发条件，就显示已记录的数据，不进行新的触发。

（5）“指针”按钮：第一次点击该按钮出现时间轴标尺，第二次点击该按钮出现信号幅值标尺，第三次点击该按钮则同时出现时间轴标尺及信号幅值标尺。轻点标尺线后，通过触摸屏或键盘按键可调整标尺位置，还可以看到两个标尺间的数值。

（6）“参考曲线开启”按钮：点击该按钮可在信号测试的同时显示已预先存储在设备中的信号波形。

（7）显示最大值、最小值功能。

5.3.3.2 示波器检测的基本流程

（1）查找电路图，找到需要测量的信号引脚。

（2）选择合适的诊断盒/适配器，连接到诊断电路中，确保在测量过程中电路处于正常连接和工作状态，注意，切断和连接电路前，务必关闭点火开关，如有必要可拆下蓄电池搭铁线。

（3）连接测试表笔，通过诊断盒/适配器将表笔正确连接至测量引脚。测量表笔测试端正极连接需要测试的信号线，负极连接搭铁线，另一端则连接到示波器的测试通道上。示波器一般有 2～4 个测试通道，可以同时测量 2～4 种信号源，测量者可以对相同信号源的信号进行对比分析。

（4）打开示波器，选择正在测试的测试通道/测试源，示波器会自动显示一个初始波形，结合测试波形的特点，可以调节时间和振幅单位，使波形能够完整、清晰地呈现。

（5）和正常波形进行对比，确定波形是否存在异常，从而确定系统信号是否有问题。

5.3.3.3 使用示波器检测波形信号-工作页

1. 客户汽车装配有一个由 PWM 控制的弯道灯（转向灯），客户提到左弯道灯损坏。修复车辆需要弯道灯系统的知识，请独立完成以下任务：根据提供的实验设备，按下图连接电路，并完成下面的实验。

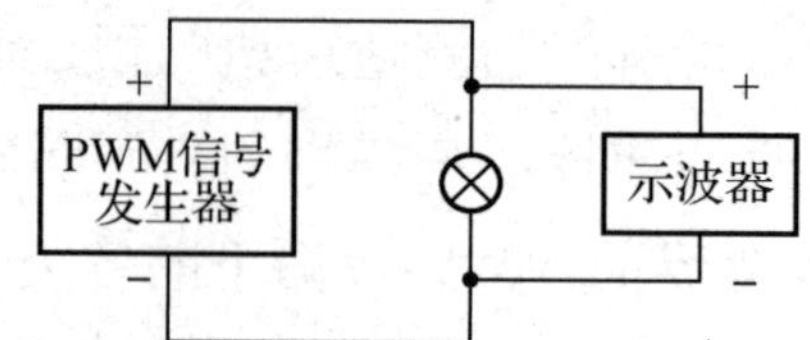

PWM	变量：占空比
（1）请用示波器测量灯泡的电压在占空比分别为20%和80%时的PWM上拉信号，频率为100Hz。请画出各自的波形图。请在波形图中标出比例尺。 占空比为20% 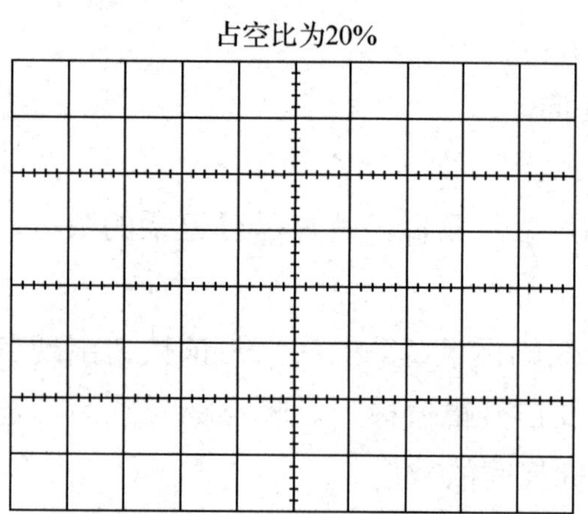 占空比为80% （2）请在两个图形中标出电压信号的开通时间 T_E 和关闭时间 T_A。开通时间和关闭时间分别为多少毫秒？	

PWM	变量：频率
（1）请用示波器测量灯泡的电压频率分别为100Hz和10Hz时的PWM上拉信号，两次测量的占空比为50%。请画出各自的波形图。 频率为100Hz 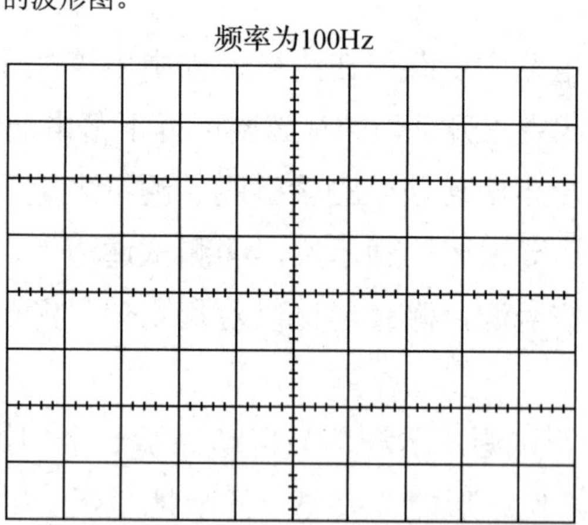 频率为10Hz 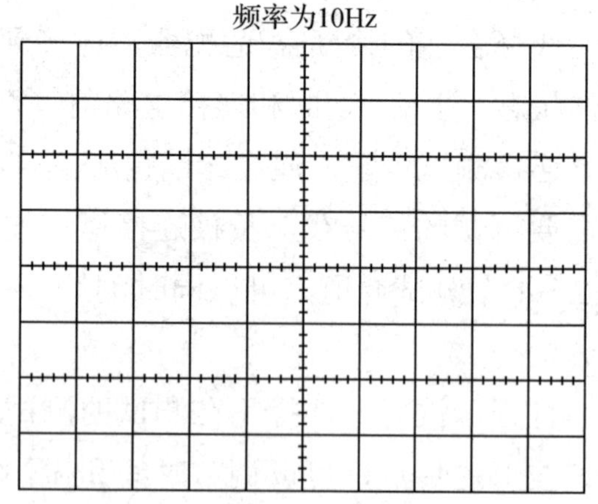 （2）请在两个图形中标出电压信号的开通时间 T_E 和关闭时间 T_A。开通时间和关闭时间分别为多少毫秒？	

5.3.4 分析弯道灯电路

5.3.4.1 上汽大众汽车弯道灯电路图节选

上汽大众汽车弯道灯电路图如图5-10所示。

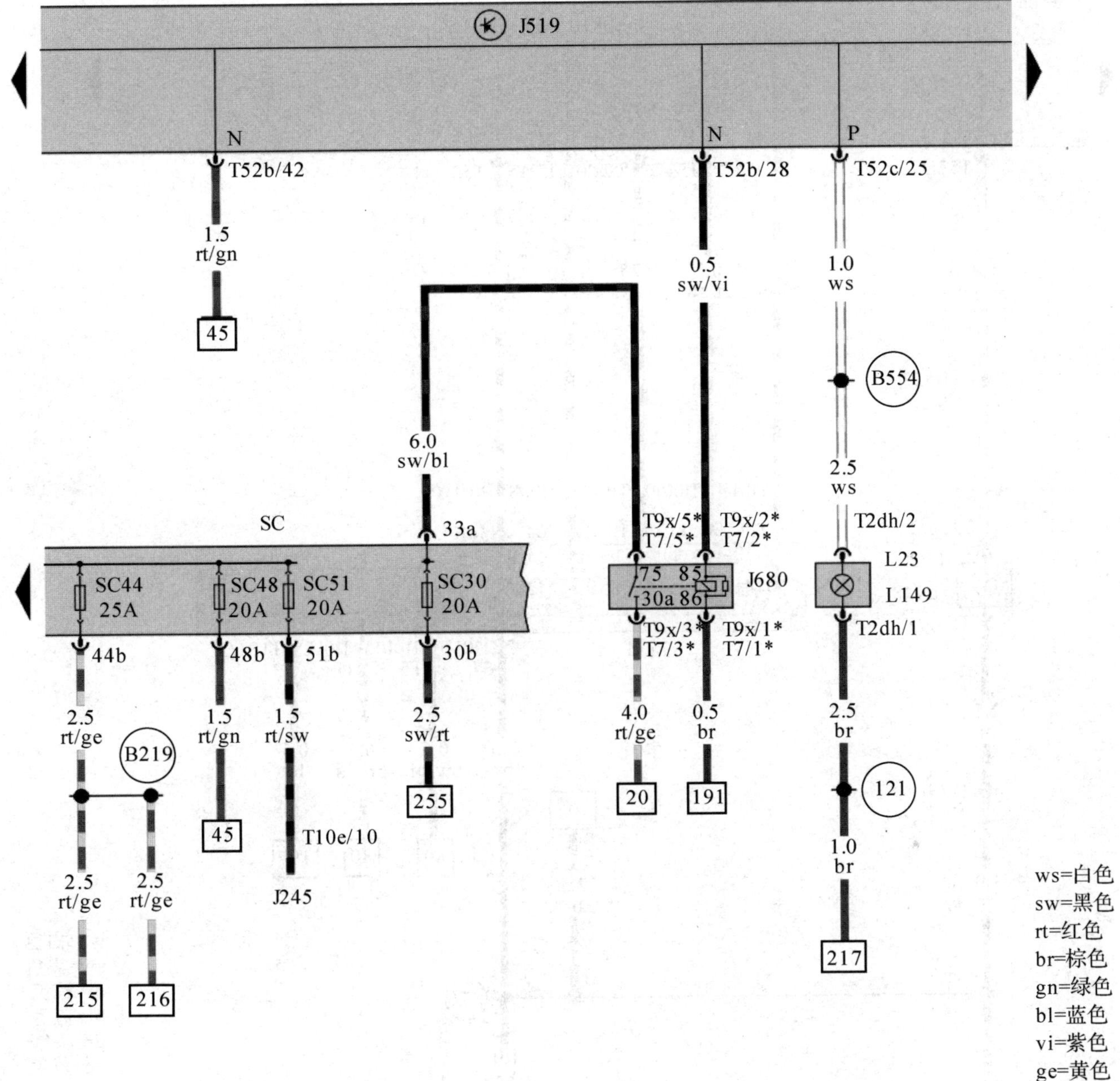

J245—滑动天窗控制单元；J519—车身控制单元；J680—供电继电器 1，端子 75；L23—右侧前雾灯灯泡；L149—右侧弯道灯灯泡；SC—熔断器座 C；SC30—熔断器架 C 上的熔断器 30；SC44—熔断器架 C 上的熔断器 44；SC48—熔断器架 C 上的熔断器 48；SC51—熔断器架 C 上的熔断器 51；T2dh—2 芯插头连接；T9x—9 芯插头连接；T10e—10 芯插头连接；T52b—52 芯插头连接；T52c—52 芯插头连接；(121)—接地连接 2，在右前导线束中；(B219)—正极连接 4（30a），在车内导线束中；(B554)—连接（前雾灯），在主母线束中依汽车装备而定。

（a）

图 5-10　上汽大众汽车弯道灯电路图

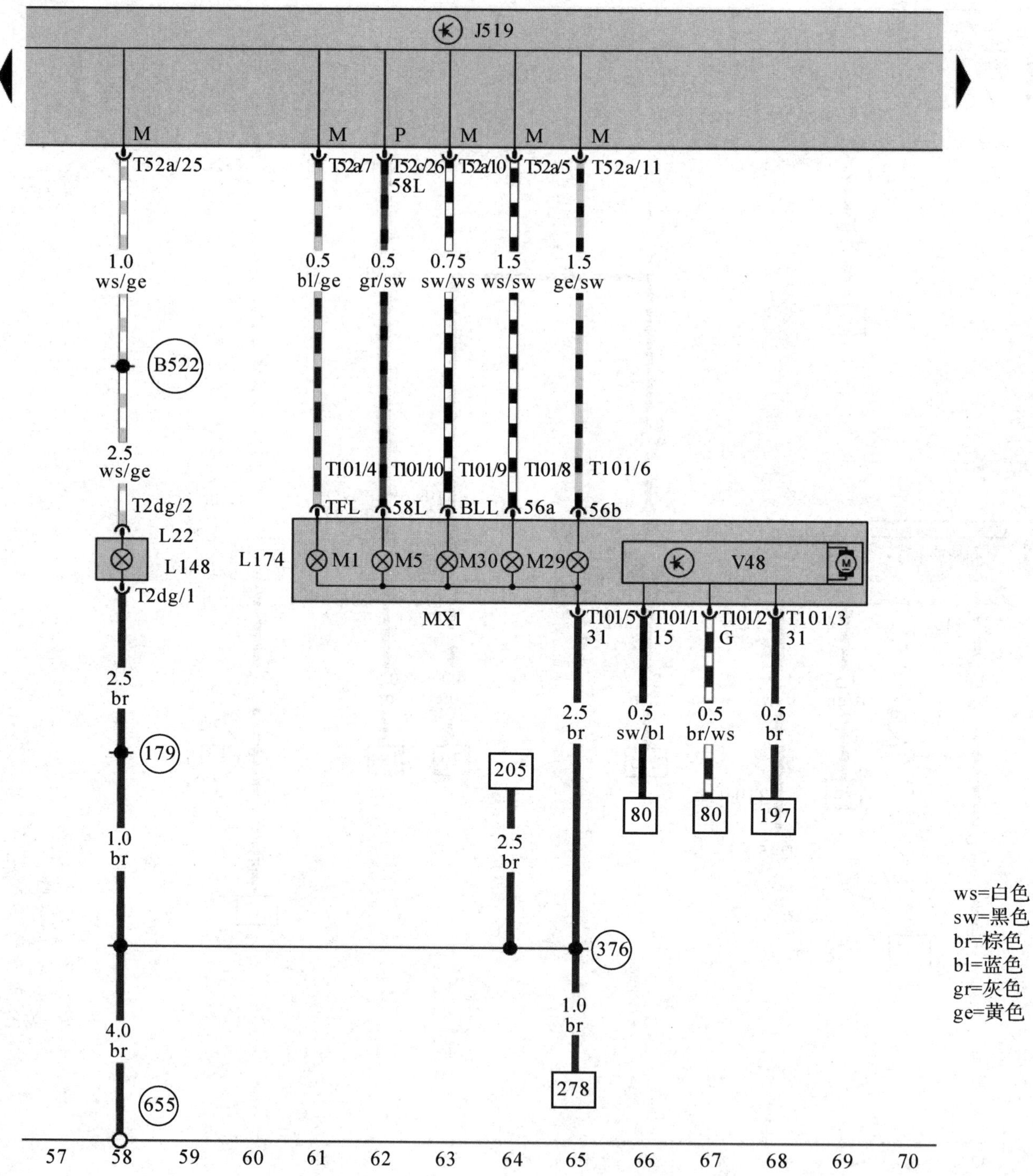

J519—车身控制单元；L22—左侧前雾灯灯泡；L148—左侧弯道灯灯泡；L174—左侧白天行车灯灯泡；MX1—左侧前照灯；M1—左侧停车灯灯泡；M5—左前转向信号灯灯泡；M29—左侧近光灯灯泡；M30—左侧远光灯灯泡；T2dg—2 芯插头连接；T101—10 芯插头连接；T52a—52 芯插头连接；T52c—52 芯插头连接；V48—左侧前照灯照明距离调节伺服马达；(179)—接地连接，在左侧前照灯导线束中；(376)—接地连接 11，在主导线束中；(655)—接地点，在左侧前照灯上；(B522)—连接（NSW），在主导线束中。

（b）

图 5-10　上汽大众汽车弯道灯电路图（续）

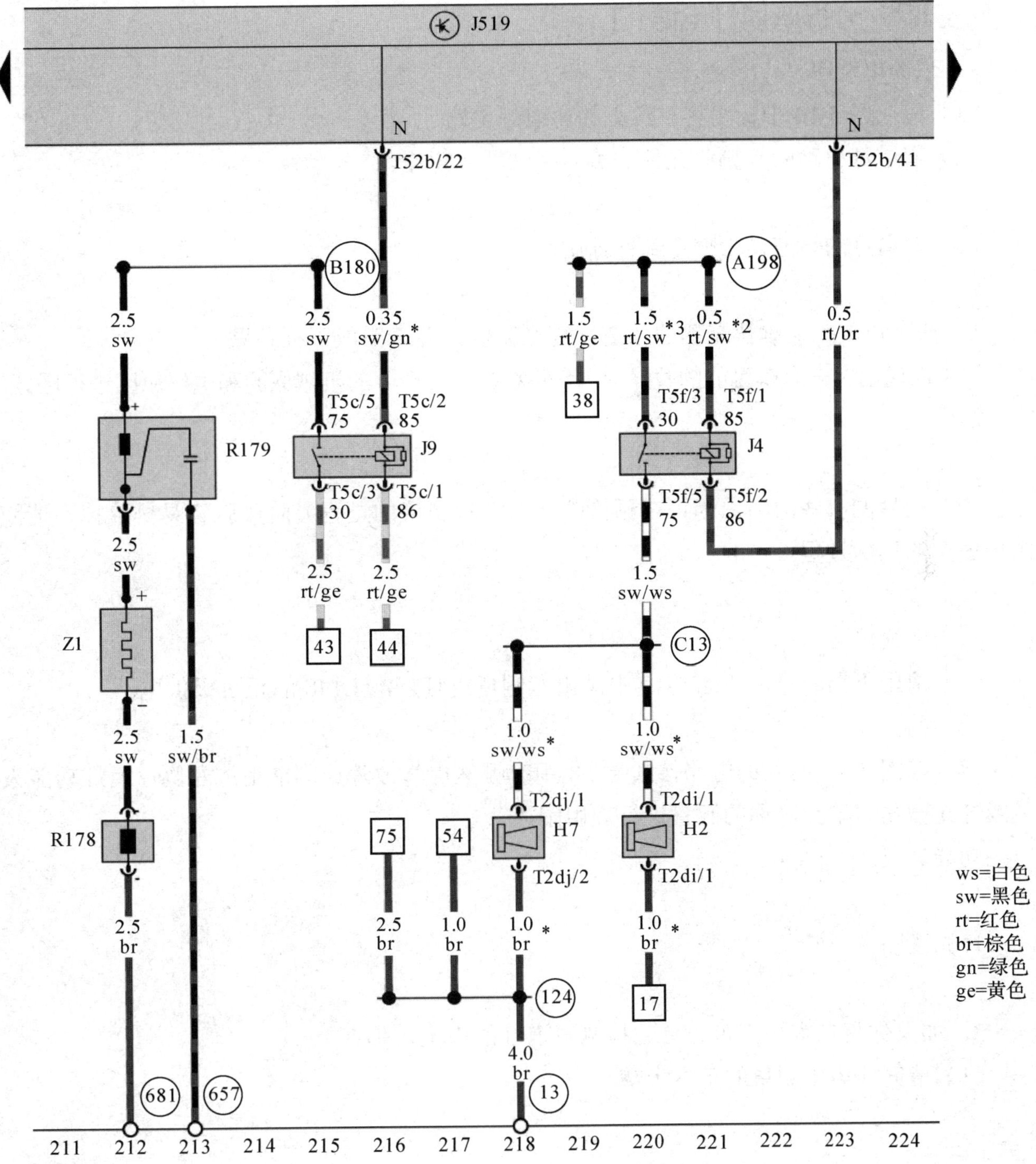

H2—高音喇叭；H7—低音喇叭；J4—双音喇叭继电器；J9—可加热后窗玻璃继电器；J519—车身控制单元；R178—负导线中的调频频率分滤器；R179—正导线中的调频频率分滤器；T2di—2 芯插头连接；T2dj—2 芯插头连接；T5c—5 芯插头连接；T5f—5 芯插头连接；T52b—52 芯插头连接；Z1—可加热式后窗玻璃；(13)—发动机舱内右侧接地点；(124)—接地连接，在发动机舱右侧导线束中；(657)—接地点 1，在后窗玻璃左侧附近；(681)—接地点 2，后右侧面车身部件内；(C13)—正极连接，在双音喇叭导线束中；(A198)—正极连接 6（30a），在仪表盘导线束中；(B180)—连接（可加热后窗玻璃），在车内导线束中；

*—截面积视装备而定；*2—依汽车装备而定；*3—导线颜色取决于装备。

（c）

图 5-10　上汽大众汽车弯道灯电路图（续）

5.3.4.2 分析弯道灯电路-工作页

1．识读电路图。

（1）请在图 5-10 中标出客户汽车的弯道灯电路。

（2）弯道灯电路中有哪些元件的编号，请罗列出来。

（3）弯道灯的灯泡是由哪个部件控制的？

2．在客户汽车上确认左侧的弯道灯灯光微弱，并请完成下列各题。

（1）请说出客户汽车可能的故障原因，并对弯道灯损坏的机械原因和电气原因进行区分。

（2）列举的哪些故障原因可在预诊断（与客户交谈的过程）阶段就轻易排除掉？请简短描述你的排除过程。

（3）请用不同的颜色在图 5-10 中画出左侧弯道灯灯泡 L148 的正负极供电。

（4）在图 5-10 所示的电路接续号 58 中有哪些电气故障原因能造成左侧弯道灯功能失灵或灯光微弱？请针对你的回答进行理由阐述。

功能失灵：

灯光微弱：

3．如果你想在客户汽车上首先检测弯道灯的供电，那么

（1）请简述电压测量的基本步骤。

（2）请在图 5-10 中，正确画出测量供电电压所使用的测量仪器。

（3）请阐述不能使用万用表进行供电电压测量的理由。

4．实车测量。

（1）在完好的弯道灯中测得的点 T52a/25 至点 58（见右图）的电压值为多少（车载电压为13.5V）？

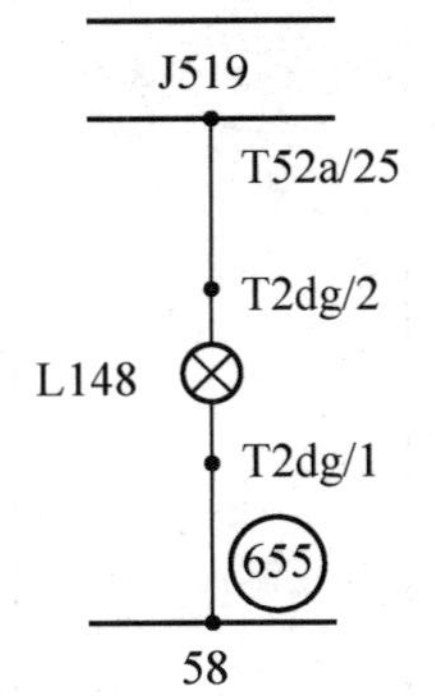

（2）如果在测量点 T2dg/2（见右图）测得的电压仅有6V，你认为是什么原因？请针对你的回答进行理由阐述。

（3）如果在测量点 T2dg/1（见右图）测得的电压有6V，你认为是什么原因？请针对你的回答进行理由阐述。

5.3.5 汽车弯道灯故障的诊断分析

5.3.5.1 汽车弯道灯故障分析

对于出现的组合仪表中的指示灯常亮、弯道灯损坏的故障，由于不同的车型，弯道灯电路的控制过程有所不同，所以在实际检测的过程中，需要识读电路图（查阅维修手册），熟悉弯道灯电路的控制过程，借助电路图和控制过程进行分析，从而确定可能的故障原因，一般为传感器故障、弯道灯故障、保险装置损坏、连接线路短路/断路和线路中存在接触电阻等。

5.3.5.2 汽车弯道灯故障的诊断分析-工作页

1．实车操作：进行正常的弯道灯控制信号的检测。

内　容	任　务	操　作	测　量　值
检测左侧弯道灯信号	请对左侧弯道灯进行信号测量：弯道灯电压、电流、信号周期、开通时间、关闭时间、占空比	连接示波器 U 和 I 接点 启动发动机 弯道灯“开” 左侧转向指示灯“开” 利用准备好的接点 红表笔：接信号线；黑表笔：接地	U_{max}=________ I_{max}=________ T=________ T_E=________ T_A=________ V_T=________

续表

绘制波形图	
阐述哪些因素会改变弯道灯的亮度	

2．实车操作：进行不正常的弯道灯控制信号的检测。

内　容	任　务	操　作	测量值
检测左侧弯道灯信号（接触电阻在电源端）	请对左侧弯道灯进行信号测量：弯道灯电压、电流、信号周期、开通时间、关闭时间、占空比	连接示波器 U 和 I 接点 启动发动机 弯道灯“开” 左侧转向指示灯“开” 利用准备好的接点 红表笔：接信号线；黑表笔：接地	U_{max}=______ I_{max}=______ T=______ T_E=______ T_A=______ V_T=______
绘制波形图			

续表

阐述接触电阻在搭铁端的检测方法	

5.4 计划与决策

5.4.1 制订维修汽车弯道灯损坏故障的工作计划

请回顾任务情境，应用从本学习单元学到的知识和技能，制订维修汽车弯道灯损坏故障的工作计划，为实车操作做准备。

维修汽车弯道灯损坏故障的工作计划

<table>
<tr><td colspan="4">客户需求描述：</td></tr>
<tr><td colspan="4">人员分工：
负责人：
操作员：　　　　　　　　　　记录员：
安全员：　　　　　　　　　　质检员：
双人协作要点：</td></tr>
<tr><td colspan="4">任务计划执行时间：　　　　分钟　　　　　　任务实际执行时间：　　　　分钟</td></tr>
<tr><td colspan="4">一、车辆基本信息</td></tr>
<tr><td>车型</td><td></td><td>VIN 码</td><td></td></tr>
<tr><td>人员分工</td><td colspan="3"></td></tr>
<tr><td colspan="4">二、工具设备、材料准备</td></tr>
<tr><td colspan="4">□车外防护用品　□车内防护用品　□清洁用品　□车钥匙　□车轮挡块　□尾排
□万用表　□拆装工具　□故障诊断仪　□示波器</td></tr>
<tr><td colspan="4">三、确认故障现象</td></tr>
<tr><td colspan="4"></td></tr>
<tr><td colspan="4">四、识读相关电路</td></tr>
<tr><td colspan="4">查找相关维修手册，摘录相关电路图，标明电流流向，写明控制过程。</td></tr>
</table>

续表

五、确认可能的故障原因			
结合电路图列举可能的故障原因： 查找维修手册，确认待检测元件的安装位置：			
六、确定排除故障流程			
七、操作步骤			
步　骤	操作要点及注意事项	人员具体分工	操作情况记录
1．车身防护			□完成
2．安放车轮挡块			□完成
3．检测前的准备工作	（1）检查规定的油液液位，应符合标准。 （2）检查蓄电池电压，应符合规定；蓄电池标准最低电压为__________V		□完成 液位：□合格 □不合格 蓄电池电压：_____V。 结论：____________。
4．检查检修工具			□完成
5．确认并记录所需测量的插头、元件和引脚等			□完成
6．连接故障诊断仪进行故障诊断	测量过程及结果记录：		□完成 依据诊断结果进行判断：
7．连接示波器读取信号波形	测量波形：		□完成 依据测量结果进行判断：

续表

步　　骤	操作要点及注意事项	人员具体分工	操作情况记录
8．按照排除故障流程用万用表对线路、元件进行测量	（1）测量线路电压，应保持电路完整。 （2）测量线路电阻，应将测量线路从总电路中断开。 （3）在连接或拆下检测仪器和拆装电气元件前，必须关闭点火开关，必要时断开蓄电池负极 测量过程及结果记录：		□完成 依据测量结果进行判断：
9．进行故障排除			□完成
10．维修质量检查			□完成

八、维修建议

可供客户选择的维修方案

1．______________________________。□

2．______________________________。□

3．______________________________。□

请在最终选择的维修方案后的“□”内画“√”。

5.4.2　确定任务实施内容及步骤

请确定任务实施内容及步骤要求，工作页见附录 D。

5.5　任务实施

5.5.1　维修汽车弯道灯损坏故障的安全注意事项

在维修汽车弯道灯损坏故障的过程中，一定要按如下规范操作，保证操作安全。

（1）做好维修处的车身防护，避免损坏车漆。

（2）使用维修工具过程中要注意安全，避免伤手。

（3）禁止带电操作，在连接和拆下检测设备、断开和连接电路中的元器件等时，务必要关闭点火开关，必要时断开蓄电池负极，避免对电子元器件造成损坏。

（4）检测仪器使用前、新的元器件安装前，一定要确认性能完好后再使用，避免出现二次故障。

（5）插拔故障诊断仪、示波器前，一定要关闭点火开关，插拔时注意用力方向，避免损坏引脚。

（6）插拔接头和测量导线时，一定要按照要求规范操作，避免损坏元器件、绝缘层，安装时确保牢固，避免出现接触不良的故障。

（7）检测波形时，一定要确保被检测系统此时正处于工作状态，否则无法检测出波形。

5.5.2 维修汽车弯道灯损坏故障的实车操作

操作过程记录：请严格按照工作计划进行实车操作，并在计划表上做好操作记录。

实车操作评价：在维修汽车弯道灯损坏故障时，请依据下面的评价表对操作过程进行评价。

维修汽车弯道灯损坏故障评价表

评价对象		评价人		
操作步骤	评估要点	专业技能		职业素养
		应得分	实得分	
1．工具设备准备	检查工具设备准备得是否齐全，功能是否完好	5		责任担当□5□4□3□2□1 安全规范□5□4□3□2□1 合作沟通□5□4□3□2□1
2．车辆信息收集	查找车型、VIN码，并准确记录	5		责任担当□5□4□3□2□1 安全规范□5□4□3□2□1 合作沟通□5□4□3□2□1
3．安装车身防护	正确使用汽车内外防护、汽车挡块	5		责任担当□5□4□3□2□1 安全规范□5□4□3□2□1 合作沟通□5□4□3□2□1
4．检测前准备	（1）检查规定的油液液位，应符合标准。 （2）检查蓄电池电压，应符合规定。 （3）掌握蓄电池电压的最低标准，并能根据测量结果给出合理建议	5		责任担当□5□4□3□2□1 安全规范□5□4□3□2□1 合作沟通□5□4□3□2□1
5．关闭车内电源	（1）关闭点火开关，若必要可断开蓄电池负极。 （2）做好测量准备工作，如需要选择合适的接口并接入电路	5		责任担当□5□4□3□2□1 安全规范□5□4□3□2□1 合作沟通□5□4□3□2□1
6．电路图的基本使用	（1）能够正确地从电路图上获取元器件相关信息。 （2）能正确分辨电路中的共用和独立部分。 （3）能够从电路图中正确找出相关元器件和线路走向。 （4）能通过电路分析制定高效、规范的诊断策略，诊断思路清晰、正确	10		责任担当□5□4□3□2□1 安全规范□5□4□3□2□1 合作沟通□5□4□3□2□1

续表

操作步骤	评估要点	专业技能		职业素养
		应得分	实得分	
7．故障检测与维修	（1）能准确进行故障现象的确认。 （2）能正确使用故障诊断仪进行诊断查询。 （3）能正确记录故障码，并能依据故障码提示下一步工作。 （4）能正确使用示波器检测波形。 （5）能对示波器的检测结果进行正确的分析和判断。 （6）能准确找到检测部位，并正确连接检测仪器。 （7）会检查万用表电量并进行自检。 （8）能够准确操纵汽车灯光。 （9）能使用电阻法规范检测元件的好坏。 （10）能使用电压法规范检测线路的好坏。 （11）记录插头、模块和线路测量结果，并判断是否正常，未记录或判断不正确此项均不得分。 （12）判断出该汽车线路的故障类型和维修方案，未记录或判断不正确此项均不得分。 （13）在测量过程中如果有用手摸表笔、扭头看数值、用蜂鸣挡测电阻等不规范行为，此项不得分	45		责任担当□5□4□3□2□1 安全规范□5□4□3□2□1 合作沟通□5□4□3□2□1
8．维修质量检查	（1）复查维修位置，确认元器件已经安装到位。 （2）正确确认故障现象已经消失	5		责任担当□5□4□3□2□1 安全规范□5□4□3□2□1 合作沟通□5□4□3□2□1
9．记录并提出维修建议	（1）按要求进行维修过程和结果的记录，字迹清楚，数据准确，结果正确。 （2）维修建议合理、科学，有可靠依据	10		责任担当□5□4□3□2□1 安全规范□5□4□3□2□1 合作沟通□5□4□3□2□1
10．清理现场，工具复位	清洁现场、工具设备，清理汽车并复位	5		责任担当□5□4□3□2□1 安全规范□5□4□3□2□1 合作沟通□5□4□3□2□1
序号	评估否决项	不能发生	是否发生	问题记录
1	测量不能对线路造成损坏，如不能破坏线路绝缘皮、不能造成插头引脚损坏等	否		
2	由于自身操作不当造成电路烧毁或者维修设备故障	否		
3	由于错误操作对汽车、设备工具造成损坏	否		
总计		100		责任担当： 安全规范： 合作沟通：

注：操作拆装、检测调试属于专业技能，按照应得分打分；责任担当、安全规范、合作沟通属于职业素养，直接在对应的分值前面画“√”即可。

5.6 任务评估

5.6.1 任务完成质量检查

质量检查：任务完成质量检查记录单见附录 E。

5.6.2 工位 5S 检查

安全规范检查：工位 5S 检查结果记录单见附录 F。

5.6.3 任务完成安全隐患排查

安全隐患排查：任务完成安全隐患排查记录单见附录 G。

5.6.4 完善改进工作计划

计划改进：请根据实际的维修汽车弯道灯损坏故障的工作，完善改进工作计划（以另一种颜色的笔在工作计划上标注和补充即可）。

5.7 任务反思

5.7.1 撰写维修汽车弯道灯损坏故障报告

撰写报告：任务实施工作报告见附录 H。

5.7.2 任务总结与思考

任务复盘：任务总结与思考记录单见附录 I。

5.8 知识拓展：汽车智能远光灯辅助系统

汽车智能远光灯辅助系统是指行车计算机通过摄像头等智能传感器，实时探测交通和环境因素，依据环境需要自动切换近光灯和远光灯。例如，汽车夜间行驶在照明不足的道路上时，驾驶员如果开启了智能远光灯功能，当系统判断达到远光灯开启条件时，会自动亮起远光灯；当系统识别到会车或跟随车辆较近时，会自动将远光灯切换成近光灯。

随着人工智能技术在汽车上的应用，目前还出现了智能远光灯会车/跟车调节系统，夜间行车时，行车计算机可通过智能传感器实时监控前方同向车或者对向来车的位置，实时自动调节远光灯光形及照射范围，防止跟车或者会车时对前方汽车的驾驶员视线造成干扰，进一步提高夜间行车的安全性。

位于前风挡玻璃上的摄像头智能传感器，扫描到前方行车或迎面来车时，前照灯总成挡板会根据前方车或迎面来车的宽度，自动挡住一部分灯光，并且摄像头会不断扫描本车与他车的距离，时刻控制遮挡面积，通过遮挡前照灯光线，避免灯光对迎面来车或前方行车的驾驶员造成视线干扰，直到前方行车或迎面来车驶离本车一定范围才会取消遮挡。智能远光灯辅助系统如图 5-11 所示。

图 5-11 智能远光灯辅助系统

智能远光灯功能是一种辅助驾驶功能，在条件适宜的情况下可为驾驶员提供最佳的灯光照射方式。但在交通状况和环境条件需要时，驾驶员手动开启远光灯或超车灯均会抑制智能远光灯功能。比如，智能远光灯辅助系统不能正确识别所处的行驶环境，或者在某些环境下如摄像头智能传感器被污物、贴纸、冰雪等遮挡时，可能导致智能远光灯功能不可用等。

5.9 单元测试

一、填空题（每空 1 分，共 20 分）

1．普通汽车前照灯具有____________照射范围，当汽车夜间在弯道上转弯时，由于无法调节________，常常会在弯道内侧出现视野盲区，极大地威胁了驾驶员夜间的行车安全。

2．静态弯道辅助照明系统有两种常见的形式：一种是____________；另一种是____________进行辅助照明。只要____________达到一定角度，就可以____________的弯道灯或者雾灯（侧灯）给予辅助照明。

3．AFS 能够根据__________、__________和__________，不断对前照灯进行________，以适应当前的转向角，保持灯光方向与________一致。

4．若一组事件或现象按________的顺序________出现，则把完成这一组事件或现象的时间或空间间隔，称为周期。常用符号为____________，周期的单位为________，符号为 s。0.235s=________ms=________μs。

5．频率是指单位时间内完成________变化的次数，是描述周期运动频繁程度的量，常用符号为________，频率的单位为________，简称为赫，符号为 Hz。

二、单选题（每题 2 分，共 20 分）

1．AFS 能够根据（　　）不断对前照灯进行动态调节。

A．汽车方向盘角度　　B．汽车偏转率

C．行驶速度　　D．以上都是

2．静态弯道辅助照明系统不采用（　　）进行辅助照明。

A．在前照灯里面额外加装弯道灯　　B．已有的雾灯

C．已有的转向灯　　D．已有的侧灯

3．以下（　　）不是激活轿车弯道灯功能的条件。

A．行驶速度 40km/h 以下

B．打开前照灯开关

C．打开转向灯开关

D．转动方向盘，转向角超过可编程序的界限值

4．以下（　　）不是关闭轿车弯道灯功能的条件。

A．挂倒车挡　　B．行驶速度高于 40km/h

C．方向盘位于直行位置　　D．关闭前照灯开关

5．弯道灯控制过程符合（　　）原理。

A．输入→处理→输出　　B．输入→输出→处理

C．输出→处理→输入　　D．处理→输入→输出

6．脉冲宽度调制（PWM）控制中占空比的计算公式为（　　）。

A．$T=T_E+T_A$　　B．$V_T=\frac{T_E}{T}\cdot 100\%$　　C．$f=\frac{1}{T}$　　D．$U_{eff}=V_T U_{max}$

7．脉冲宽度调制（PWM）控制中占空比信号有效电压的计算公式为（　　）。

A．$U_{eff}=\frac{T_E}{T}U_{max}$　　B．$T_E=\frac{U_{eff}T}{U_{max}}$　　C．$T=\frac{T_E U_{max}}{U_{eff}}$　　D．$V_T=\frac{T_E}{T}\cdot 100\%$

8．脉冲宽度为 2s、信号周期为 5s 的 PWM 信号的占空比为（　　）。

A．0.4　　B．2.5　　C．2　　D．5

9．PWM 信号，U_{max}=12V，占空比为 0.5，则有效电压为（　　）。

A．5V　　B．6V　　C．24V　　D．12V

10．脉冲宽度调制信号的周期为 5s，频率为（　　）。

A．5　　B．5Hz　　C．0.2　　D．0.2Hz

三、判断题（每题 2 分，共 30 分）

1．普通前照灯具有固定的照射范围，无法调节照明角度。（　　）

2．静态弯道辅助照明系统增加一个灯进行辅助照明，可以调节照明角度。（　　）

3．AFS 对前照灯进行动态调节，保持灯光方向与汽车当前的行驶方向一致。（　　）

4．PWM 产生一个在高电平和低电平之间重复交替的输出信号，这个信号被称为 PWM 信号。（　　）

5．PWM 信号是交流信号。（　　）

6．当弯道灯持续打开 2 分钟时，弯道灯会被关闭 2 分钟，以防止弯道灯过热。（　　）

7．只要车辆转弯，弯道灯就会亮起。 （ ）

8．在行驶速度为 40km/h 以下、打开前照灯开关、转动方向盘、转向角超过可编程序的界限值时，速腾轿车弯道灯就会亮起。 （ ）

9．PWM 信号是直流信号。 （ ）

10．PWM 信号应该使用示波器进行检测。 （ ）

11．弯道灯控制信号可以使用万用表进行检测。 （ ）

12．弯道灯搭铁线有接触电阻时，测量弯道灯搭铁线的电压仍然为 0V。 （ ）

13．弯道灯电源线有接触电阻时，测量弯道灯搭铁线的电压，因为有接触电阻，所以电压会下降。 （ ）

14．汽车弯道灯一般是由车身控制单元 J519 直接控制的。 （ ）

15．汽车弯道灯故障的可能故障原因一般为传感器故障、执行器故障、线路故障和控制计算机故障等。 （ ）

四、专用词解释（每题 5 分，共 10 分）

1．PWM：

2．占空比：

五、简答题（每题 5 分，共 10 分）

1．在右图中标出周期、开通时间、关闭时间。

2．计算占空比和频率。

KI 15

U=2V/DIV，T=0.005s

U_{max}

U_{eff}

0

KI 31

六、测量结果分析题（共 10 分）

结合下面的局部电路图进行分析，并完成下列各题。

1．在完好的弯道灯 L148 中测得的点 T52a/25 至点 58（见右图）的电压值为多少（车载电压为 13.5V）？（4 分）

2．如果在测量点 T2dg/2（见右图）测得的电压仅有 8V，你认为是什么原因？请针对你的回答进行理由阐述。（3 分）

3．如果在测量点 T2dg/1（见右图）测得的电压有 4V，你认为是什么原因？请针对你的回答进行理由阐述。（3 分）

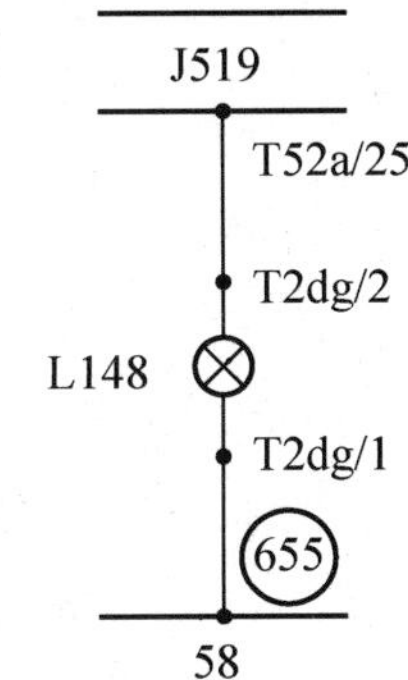

附录A　客户接待话术表

客户维修接待	客　户

附录B　客户接待评价表

评 价 要 素	评 价 等 级	记录能体现优点和不足的具体行为
着装规范	□5□4□3□2□1	做得好： 需改进：
举止得体	□5□4□3□2□1	做得好： 需改进：
表情诚恳	□5□4□3□2□1	做得好： 需改进：
使用礼貌用语	□5□4□3□2□1	做得好： 需改进：
表述清晰	□5□4□3□2□1	做得好： 需改进：
语言简练	□5□4□3□2□1	做得好： 需改进：
专业性强	□5□4□3□2□1	做得好： 需改进：
体现出为客户利益考虑	□5□4□3□2□1	做得好： 需改进：

附录C　客户任务工单

<table>
<tr><td>车主姓名</td><td></td><td>日期</td><td></td></tr>
<tr><td>车　型</td><td></td><td>车牌号</td><td></td></tr>
<tr><td>车架号（VIN 码）</td><td colspan="3"></td></tr>
<tr><td>联系电话</td><td colspan="3"></td></tr>
<tr><td colspan="4">客户需求描述：</td></tr>
<tr><td colspan="4">检查维修记录及建议：</td></tr>
<tr><td colspan="4">更换零部件记录：</td></tr>
<tr><td colspan="2">维修人：</td><td colspan="2">质检员：</td></tr>
</table>

附录D　确定任务实施内容及步骤工作页

请向客户/维修人员展示工作计划，确认工作计划的可实施性，征询他们的意见和建议，并修订工作计划。（包括：是否有几种维修方案可供选择？是否有可做可不做的检修项目？各有什么优缺点？是否考虑工作步骤的正确性、规范性和合理性，是否考虑工作过程的安全性、环保性，是否考虑经济效益、工作效率、美观性和便利性等。）

展示对象：□客户　　□维修人员

工作计划展示的顺序及要点（用关键词的方式书写）：

客户/维修人员的意见和建议：

工作计划的可实施性：　　　　□可以实施　　□不可以实施

建议：

附录E　任务完成质量检查记录单

请进行最终任务检查，进行标记，并说明检查结果。 任务实施操作过程检查□ 存在问题： 处理意见： 改进措施： 任务实施检测结果检查□ 存在问题： 处理意见： 改进措施：

附录F　工位5S检查结果记录单

请在实操结束后对工位进行 5S 检查，进行标记，并说明检查结果。

☐车辆　　☐工位　　☐场地

存在问题：

处理意见：

改进措施：

附录G　任务完成安全隐患排查记录单

请对操作过程和操作结束后车辆存在的安全隐患进行排查、标记，并说明排查结果。 ☐操作过程　　　☐车辆 存在问题： 处理意见： 改进措施：

附录H 任务实施工作报告

一、车辆基本信息
二、故障现象
三、检查过程分析
四、维修建议
五、检查心得

附录I　任务总结与思考记录单

1．请回顾本学习单元和工作的全过程，想想有哪些收获和需要改进的地方。

序　　号	项　　目	收　　获	需 要 改 进
1	素质		
2	知识		
3	技能		
4	其他		

2．请写出在本次学习过程中你最值得别人学习和最需要向别人学习的方面。

3．针对上述需要改进的内容，你有哪些针对性措施？